档案文献·甲

重庆大轰炸档案文献

财产损失
（同业工会部分）（上）

编委会名单

主 任 委 员：李华强　陆大钺

副主任委员：郑永明　潘　樱

委　　　员：李华强　陆大钺　陈治平　李玳明
　　　　　　郑永明　潘　樱　唐润明　胡　懿

主　　　审：李华强　郑永明

主　　　编：唐润明

副　主　编：罗永华

编　　　辑：唐润明　胡　懿　罗永华　高　阳
　　　　　　温长松

重庆出版集团　重庆出版社

图书在版编目(CIP)数据

重庆大轰炸档案文献.财产损失.同业公会部分 / 唐润明 主编. —重庆：重庆出版社，2013.11
ISBN 978-7-229-07048-9

Ⅰ.重… Ⅱ.唐… Ⅲ.日本—侵华事件—档案资料—重庆市 Ⅳ.K265.606.3

中国版本图书馆 CIP 数据核字（2013）第 224600 号

重庆大轰炸档案文献·财产损失（同业公会部分）
CHONGQING DAHONGZHA DANG'AN WENXIAN·CAICHAN SUNSHI
(TONGYE GONGHUI BUFEN)

主编 唐润明　**副主编** 罗永华

出 版 人：罗小卫
责任编辑：吴立平
责任校对：夏　宇
装帧设计：重庆出版集团艺术设计有限公司　陈　永　吴庆渝

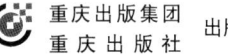　出版

重庆长江二路 205 号　邮政编码：400016　http://www.cqph.com
重庆出版集团艺术设计有限公司制版
自贡兴华印务有限公司印刷
重庆出版集团图书发行有限公司发行
E-MAIL:fxchu@cqph.com　邮购电话：023-68809452
全国新华书店经销

开本：740mm×1030mm　1/16　印张：55.5　字数：900 千
2013 年 11 月第 1 版　2013 年 11 月第 1 次印刷
ISBN 978-7-229-07048-9
定价：119.00 元

如有印装质量问题，请向本集团图书发行有限公司调换：023-68706683

版权所有　侵权必究

《中国抗战大后方历史文化丛书》

编纂委员会

总 主 编：章开沅
副总主编：周　勇

编　　委：（以姓氏笔画为序）
山田辰雄　日本庆应义塾大学教授
马 振 犊　中国第二历史档案馆副馆长、研究馆员
王 川 平　重庆中国三峡博物馆名誉馆长、研究员
王 建 朗　中国社科院近代史研究所副所长、研究员
方 德 万　英国剑桥大学东亚研究中心主任、教授
巴 斯 蒂　法国国家科学研究中心教授
西村成雄　日本放送大学教授
朱 汉 国　北京师范大学历史学院教授
任　　竞　重庆图书馆馆长、研究馆员
任 贵 祥　中共中央党史研究室研究员、《中共党史研究》主编
齐 世 荣　首都师范大学历史学院教授
刘 庭 华　中国人民解放军军事科学院研究员
汤 重 南　中国社科院世界历史研究所研究员
步　　平　中国社科院近代史研究所所长、研究员
何　　理　中国抗日战争史学会会长、国防大学教授
麦 金 农　美国亚利桑那州立大学教授
玛玛耶娃　俄罗斯科学院东方研究所教授

陆大钺	重庆市档案馆原馆长、中国档案学会常务理事
李红岩	中国社会科学杂志社研究员、《历史研究》副主编
李忠杰	中共中央党史研究室副主任、研究员
李学通	中国社会科学院近代史研究所研究员、《近代史资料》主编
杨天石	中国社科院学部委员、近代史研究所研究员
杨天宏	四川大学历史文化学院教授
杨奎松	华东师范大学历史系教授
杨瑞广	中共中央文献研究室研究员
吴景平	复旦大学历史系教授
汪朝光	中国社科院近代史研究所副所长、研究员
张国祚	国家社科基金规划办公室原主任、教授
张宪文	南京大学中华民国史研究中心主任、教授
张海鹏	中国史学会会长,中国社科院学部委员、近代史研究所研究员
陈　晋	中共中央文献研究室副主任、研究员
陈廷湘	四川大学历史文化学院教授
陈兴芜	重庆出版集团总编辑、编审
陈谦平	南京大学中华民国史研究中心副主任、教授
陈鹏仁	台湾中正文教基金会董事长、中国文化大学教授
邵铭煌	中国国民党文化传播委员会党史馆主任
罗小卫	重庆出版集团董事长、编审
周永林	重庆市政协原副秘书长、重庆市地方史研究会名誉会长
金冲及	中共中央文献研究室原常务副主任、研究员
荣维木	《抗日战争研究》主编、中国社科院近代史研究所研究员
徐　勇	北京大学历史系教授
徐秀丽	《近代史研究》主编、中国社科院近代史研究所研究员
郭德宏	中国现代史学会会长、中共中央党校教授
章百家	中共中央党史研究室副主任、研究员
彭南生	华中师范大学历史文化学院教授
傅高义	美国哈佛大学费正清东亚研究中心前主任、教授

温贤美　四川省社科院研究员
谢本书　云南民族大学人文学院教授
简笙簧　台湾国史馆纂修
廖心文　中共中央文献研究室研究员
熊宗仁　贵州省社科院研究员
潘　洵　西南大学历史文化学院教授
魏宏运　南开大学历史学院教授

编辑部成员(按姓氏笔画为序)

朱高建　刘志平　吴　畏　别必亮　何　林　黄晓东　曾海龙　曾维伦

总　序

章开沅

我对四川、对重庆常怀感恩之心，那里是我的第二故乡。因为从1937年冬到1946年夏前后将近9年的时间里，我在重庆江津国立九中学习5年，在铜梁201师603团当兵一年半，其间曾在川江木船上打工，最远到过今天四川的泸州，而起程与陆上栖息地则是重庆的朝天门码头。

回想在那国破家亡之际，是当地老百姓满腔热情接纳了我们这批流离失所的小难民，他们把最尊贵的宗祠建筑提供给我们作为校舍，他们从来没有与沦陷区学生争夺升学机会，并且把最优秀的教学骨干稳定在国立中学。这是多么宽阔的胸怀，多么真挚的爱心！2006年暮春，我在57年后重访江津德感坝国立九中旧址，附近居民闻风聚集，纷纷前来看望我这个"安徽学生"（当年民间昵称），执手畅叙半个世纪以前往事情缘。我也是在川江的水、巴蜀的粮和四川、重庆老百姓大爱的哺育下长大的啊！这是我终生难忘的回忆。

当然，这八九年更为重要的回忆是抗战，抗战是这个历史时期出现频率最高的词语。抗战涵盖一切，渗透到社会生活的各个层面。记得在重庆大轰炸最频繁的那些岁月，连许多餐馆都不失"川味幽默"，推出一道"炸弹汤"，即榨菜鸡蛋汤。……历史是记忆组成的，个人的记忆汇聚成为群体的记忆，群体的记忆汇聚成为民族的乃至人类的记忆。记忆不仅由文字语言承载，也保存于各种有形的与无形的、物质的与非物质的文化遗产之中。历史学者应该是文化遗产的守望者，但这绝非是历史学者单独承担的责任，而应是全社会的共同责任。因此，我对《中国抗战大后方历史文化丛书》编纂出版寄予厚望。

抗日战争是整个中华民族（包括海外侨胞与华人）反抗日本侵略的正义战争。自从19世纪30年代以来，中国历次反侵略战争都是政府主导的片面战争，由于反动统治者的软弱媚外，不敢也不能充分发动广大人民群众，所以每次都惨遭失败的结局。只有1937年到1945年的抗日战争，由于在抗日民族统一战线的旗帜下，长期内战的国共两大政党终于经由反复协商达成第二次合作，这才能够实现史无前例的全民抗战，既有正面战场的坚守严拒，又有敌后抗日根据地的英勇杀敌，经过长达8年艰苦卓绝的壮烈抗争，终于赢得近代中国第一次胜利的民族解放战争。我完全同意《中国抗战大后方历史文化丛书》的评价："抗日战争的胜利成为了中华民族由衰败走向振兴的重大转折点，为国家的独立、民族的解放奠定了基础。"

中国的抗战，不仅是反抗日本侵华战争，而且还是世界反法西斯战争的重要组成部分。

日本明治维新以后，在"脱亚入欧"方针的误导下，逐步走上军国主义侵略道路，而首当其冲的便是中国。经过甲午战争，日本首先占领中国的台湾省，随后又于1931年根据其既定国策，侵占中国东北三省，野心勃勃地以"满蒙"为政治军事基地妄图灭亡中国，独霸亚洲，并且与德、意法西斯共同征服世界。日本是法西斯国家中最早在亚洲发起大规模侵略战争的国家，而中国则是最早投入反法西斯战争的先驱。及至1935年日本军国主义者通过政变使日本正式成为法西斯国家，两年以后更疯狂发动全面侵华战争。由于日本已经与德、意法西斯建立"柏林—罗马—东京"轴心，所以中国的全面抗战实际上揭开了世界反法西斯战争（第二次世界大战）的序幕，并且曾经是亚洲主战场的唯一主力军。正如1938年7月中共中央《致西班牙人民电》所说："我们与你们都是站在全世界反法西斯的最前线上。"即使在"二战"全面爆发以后，反法西斯战争延展形成东西两大战场，中国依然是亚洲的主要战场，依然是长期有效抗击日本侵略的主力军之一，并且为世界反法西斯战争的胜利作出了极其重要的贡献。2002年夏天，我在巴黎凯旋门正好碰见"二战"老兵举行盛大游行庆祝法国光复。经过接待人员介绍，他们知道我也曾在1944年志愿从军，便热情邀请我与他们合影，因为大家都曾是反法西斯的战士。我虽感光荣，但却受之有愧，因为作为现役军人，未能决胜于疆场，日本就宣布投降了。但是法国老兵非常尊重中国，这是由于他们曾经投降并且亡国，而中国则始终坚持英勇抗战，并主要依靠自己的力量赢得最后胜利。尽管都是"二战"的主要战胜国，毕竟分量与地位有所区别，我们千万不可低估自己的抗战。

重庆在抗战期间是中国的战时首都，也是中共中央南方局与第二次国共合作的所在地，"二战"全面爆发以后更成为世界反法西斯战争远东指挥中心，因而具有多方面的重要贡献与历史地位。然而由于大家都能理解的原因，对于抗战期间重庆与大后方的历史研究长期存在许多不足之处，至少是难以客观公正地反映当时完整的社会历史原貌。现在经由重庆学术界倡议，全国各地学者密切合作，同时还有日本、美国、英国、法国、俄罗斯等外国学者的关怀与支持，共同编辑出版《中国抗战大后方历史文化丛书》，这堪称学术研究与图书出版的盛事壮举。我为此感到极大欣慰，并且期望有更多中外学者投入此项大型文化工程，以求无愧于当年的历史辉煌，也无愧于后世对于我们这代人的期盼。

在民族自卫战争期间，作为现役军人而未能亲赴战场，是我的终生遗憾，因此一直不好意思说曾经是抗战老兵。然而，我毕竟是这段历史的参与者、亲历者、见证者，仍愿追随众多中外才俊之士，为《中国抗战大后方历史文化丛书》的编纂略尽绵薄并乐观其成。如果说当年守土有责未能如愿，而晚年却能躬逢抗战修史大成，岂非塞翁失马，未必非福？

2010年已经是抗战胜利65周年，我仍然难忘1945年8月15日山城狂欢之夜，数十万人涌上街头，那鞭炮焰火，那欢声笑语，还有许多人心头默诵的杜老夫子那首著名的诗："剑外忽传收蓟北，初闻涕泪满衣裳！却看妻子愁何在？漫卷诗书喜欲狂。白日放歌须纵酒，青春作伴好还乡。即从巴峡穿巫峡，便下襄阳向洛阳。"

即以此为序。

庚寅盛暑于实斋

（章开沅，著名历史学家、教育家，现任华中师范大学东西方文化交流研究中心主任）

序

中国的抗日战争,是中国人民反对日本帝国主义侵略、争取民族独立和解放所进行的正义战争。抗日战争时期,重庆是中国国民政府的战时首都,是世界反法西斯战争在远东战场的指挥中心。重庆在中国人民抗日战争和世界反法西斯战争中建立了巨大的历史功绩,具有重要的历史地位。

抗战爆发后,特别是抗战进入相持阶段以后,日军集中其陆军和海军的主要航空兵力,从1938年2月至1944年12月,对重庆进行长达7年的战略轰炸,妄图以此彻底"摧毁中国的抗战意志",达到"迅速结束中国事变"的目的。

近年来,随着国际形势的变化,在中国人民抗日战争和世界反法西斯战争历史的研究和评价方面,国内外出现了一些值得注意的动向。这就要求中国学术界进一步挖掘史料,拿出成果,澄清疑虑,更好地为推动人类进步事业和祖国统一大业服务。这就要求我们既要加强对近代以来中华民族遭受侵略和奴役历史的研究,以进一步增强忧患意识和加快发展的紧迫感,又要深入研究日本侵略中国和亚太各国的历史,揭露日本军国主义的残暴罪行,戳穿日本右翼势力歪曲历史、美化侵略的谎言。

"重庆大轰炸"历时之长,范围之广,所造成的灾难之深重,在二战期间和整个人类战争史上创下了新纪录。重庆大轰炸与七七卢沟桥事变、南京大屠杀、旅顺大屠杀、七三一部队细菌战等一样,给中华民族造成了惨痛的牺牲和巨大损失。这是日本军国主义发动侵华战争对中华民族犯下的滔天罪行和不容抵赖的铁证。但是时至今日,日军轰炸重庆的罪行并未受到法律的清算,这对深受战争侵害的重庆人民来说是极不公正的。随着时间的推移,文物资料的散失,幸存者和见证人的辞世将不可避免,特别是当前日本政府对其战争罪行的恶劣态度,因此,抢救文物资料,清算日本军国主义罪行,已经时不我待。否则,造成的损失将难以弥补。

抗日战争爆发70多年来,中外学者一直在对重庆大轰炸进行艰苦的研究。但是与对南京大屠杀、旅顺大屠杀、七三一细菌部队等日军罪行的研究相比,中外学术界对重庆大轰炸的研究相当滞后,研究基础薄弱,研究成果不多,基本上还处于分散自发研究、民间自发索赔的阶段。因此,日军轰炸重庆的情况不清,重庆人民伤亡和财产损失的数字不准,与"重庆大轰炸"的历史影响相比,我们的研究成果影响不大,特别是未能进入西方主流社会。为此,中外学术界都希望重庆学界对此高度重视,拿出一批研究成果,加入到揭露日军侵华暴行的行列之中。

正是基于这样的认识,我们重庆历史学界、档案学界的同仁,秉承"中国立场,国际视野,学术标准"的基本原则,从基础的档案文献史料的搜集整理入手,开始了对重庆大轰炸的深入研究。经过几年的努力,我们从大陆中国第二历史档案馆、重庆市档案馆、重庆市图书馆、四川省档案馆和台湾国史馆、中央研究院近代史研究所、国民党党史馆等单位搜集到一大批档案文献史料,采访并搜集了几百位受害者的证人证言,整理编辑成《重庆大轰炸档案文献史料丛书》出版。

《重庆大轰炸档案文献史料丛书》,主要分为馆藏的档案文献、日志和证人证言三类。

馆藏的档案文献主要内容包括:重庆市档案馆、四川省档案馆、中国第二历史档案馆等和台湾国史馆、中央研究院近代史研究所、国民党党史馆等单位收藏的有关抗战时期日机轰炸重庆经过、人口伤亡、财产损失以及反空袭的档案史料,抗战时期有关区县档案馆所藏的日机轰炸档案史料。

证人证言主要内容包括:经调查采访征集到的有关重庆大轰炸受害者、见证人的证言证词等文字和图片资料等。

重庆大轰炸日志主要内容来自国内外公开出版发行和内部发行的有关重庆大轰炸历史的报、刊、图书文献资料。

我们希望以此为重庆大轰炸的研究提供最基础的史料,作出最实在的贡献。

我们相信,开展"重庆大轰炸"调查与研究工作,具有重大历史和现实意义,有助于揭露日本军国主义的残暴罪行,戳穿日本右翼势力歪曲历史、美化侵略的谎言,防止历史悲剧重演;有助于弘扬以爱国主义为核心的伟大民族精神,增强爱国主义情感;有助于深化中国抗战及世界反法西斯战争的研究,充分发挥历史研究"资政育人"的作用。

周勇

2010年9月3日

抗日战争胜利纪念日

编 辑 说 明

1. 所辑档案资料,一般以一件为一题,其标题以"1.×××(题名+时间)"表示之,且其标题为编者重新拟定;同属一事,且彼此间有紧密联系者,以一事为一题,下属各单项内容,以"1)×××"表示之,且一般用原标题和时间。换言之,本档案资料的标题级数为三级:"一";"1.";"1)"。

2. 所辑档案资料,不论其原档案文本有无标点,均由编者另行标点;如沿用原有标点者,均加注说明。说明统一采用脚注形式。

3. 所有文稿中,编者如遇有其他问题或需要向读者解释和说明的地方,也一律采用脚注方式。

4. 所有文稿中,年份的使用尊重原文,如原文中为公元纪年的,采用公元纪年并用阿拉伯数字表示(如 1939 年 5 月 3 日);原文中为民国纪年的,采用民国纪年并用汉字表示(如民国二十八年五月三日);表格中的年份,虽原文为民国纪年且为汉字,但为排版方便计,一律改为其对应的公元纪年且改用阿拉伯数字。

5. 所有文稿中的数字(无论其原文中为阿拉伯数字"12345"或为汉字数字"一二三四五"),按照出版物的有关规定,均一律改为阿拉伯数字(12345);多位数字(如 123456789)之间,不用分隔符。

6. 所辑档案资料,凡遇残缺、脱落、污损的字,经考证确认者,加口并在口内填写确认的字;无法确认者,则以口代之。错别字的校勘用〔 〕标明之。增补漏字用［ ］标明之。修正衍文用( )标明,内注明是衍文。改正颠倒字句用( )标明,内注明是颠倒。整段删节者,以〈上略〉、〈中略〉、〈下略〉标明之;段内部分内容删节者,以〈……〉标明之;文件附件删略者,以〈略〉标明之。

7. 原稿中的如左如右，在左、右后面一律加〈　〉，并在〈　〉内加上"下、上"字，如原稿中的"如左"，改为"如左〈下〉"，"如右"改为"如右〈上〉"。

8. 鉴于种种原因，原稿中的一些统计数字，其各分项之和与总数并不相符，为保持档案的原貌，未作改动。

9. 本书所辑录的档案资料，全部来自重庆市档案馆馆藏相关全宗。

10. 作为银行，分支机构众多，有的分支机构所遭受的轰炸损失，虽然地域上不在"重庆大轰炸"的范畴内，但仍属这些银行的损失，且为保持资料的完整和留存珍贵史料，我们也一并收录，此点应是向读者特别说明的。

编　者

2013 年 2 月

目 录

总序 ·· 章开沅

序 ·· 周 勇

编辑说明 ·· 1

一、重庆市银行商业同业公会及所属抗战财产损失 ·············· 1

1. 陈砚僮为8月20日会所被炸经过及请示办法给康心如等的报告(1940年8月21日) ·· 1

2. 重庆市银行商业同业公会主席康心如为会所被炸改换办公地点等给重庆市商会的公函(1940年8月28日) ·· 4

3. 重庆市银行商业同业公会第一股主任李法愚空袭被焚损失私物报告表(1940年9月2日) ·· 5

4. 重庆市银行商业同业公会第二股主任李丹崖空袭被焚损失私物报告表(1940年9月8日) ·· 6

5. 重庆市银行商业同业公会记账熊锦程空袭被焚损失私物报告表(1940年9月9日) ·· 7

6. 重庆市银行商业同业公会办事员张永康空袭被焚损失私物报告表(1940年9月2日) ·· 7

7. 重庆市银行商业同业公会办事员倪剑樵空袭被焚损失私物报告表(1940年9月18日) ·· 8

8. 重庆市银行商业同业公会门警周联陞空袭被焚损失私物报告表(1940年9月) ·· 9

9. 重庆市银行商业同业公会茶役闫树荣空袭被焚损失私物报告表(1940年9月) ·· 10

10. 重庆市银行商业同业公会茶役张梁臣空袭被焚损失私物报告表(1940年9月)……11

11. 重庆市银行商业同业公会茶役头目张焕臣空袭被焚损失私物报告表(1940年9月)……12

12. 重庆市银行商业同业公会茶役王季庸空袭被焚损失私物报告表(1940年9月)……13

13. 重庆市银行商业同业公会茶役陈炳权空袭被焚损失私物报告表(1940年9月)……13

14. 重庆市银行商业同业公会厨役徐准川空袭被焚损失私物报告表(1940年9月)……14

15. 重庆市银行商业同业公会茶役王季德空袭被焚损失私物报告表(1940年9月)……15

16. 重庆市银行商业同业公会为抄送抗战期间所属银行直接间接财产损失报告表致重庆市商会函(1946年5月2日)……15

17. 新华银行财产损失报告单(1940年)……48

18. 重庆储金汇业局重庆分局空袭损害调查表(1941年6月27日)……49

19. 中国实业银行空袭损害调查表(1941年6月28日)……49

20. 中南银行空袭损害调查表(1941年7月3日)……50

21. 四川建设银行空袭损害调查表(1941年7月4日)……50

22. 重庆银行空袭损害调查表(1941年7月17日)……51

23. 上海银行重庆分行为填报战事损失致上海银行总经理驻渝办事处文(1942年7月28日)……52

24. 上海银行重庆分行为填报1942年10月份至12月份战事损失致上海银行总经理驻渝办事处文(1943年1月7日)……54

25. 上海银行重庆分行为填报1943年1—9月份间接损失汇总表(1943年10月7日)……55

26. 上海银行重庆分行为填送银钱业战事损失调查表致上海银行驻渝办事处文(1943年10月20日)……55

27. 中国农民银行万县办事处为5月20日梁山库被炸事致中国农民银行重庆分行电(1943年5月21日)……56

28. 中国农民银行万县办事处为5月20日梁山库被炸事致中国农民银行重庆分行文(1943年6月9日) ··· 57

29. 汇通银行重庆分行为填送民营事业损失调查表致重庆市银行商业同业公会文(1945年9月7日) ·· 64

30. 复兴义银行财产直接损失汇报表(1945年9月8日) ················· 65

31. 复兴义银行财产间接损失报告表(1945年9月8日) ················· 65

32. 建国银行总管理处为填送民营事业财产损失调查表致银行公会文(1945年9月8日) ··· 65

33. 安徽地方银行重庆分行为填送财产损失各表致重庆市银行商业同业公会文(1945年9月10日) ··· 66

34. 谦泰豫兴业银行总行为填报民营事业财产损失各表致重庆市银行商业同业公会文(1945年9月10日) ·· 68

35. 四川农工银行重庆总行为填报民营事业财产损失各表致重庆市银行商业同业公会函(1945年9月10日) ·· 68

36. 华康银行总行为填报民营事业财产损失各表致重庆市银行商业同业公会文(1945年9月10日) ··· 69

37. 开源银行总行为报民营事业财产损失各表致重庆市银行商业同业公会文(1945年9月11日) ··· 70

38. 四川兴业银行公司财产间接损失报告表(1945年9月11日) ········· 71

39. 重庆中南银行为填报民营事业财产损失各表致重庆市银行商业同业公会文(1945年9月11日) ··· 71

40. 山西裕华银行为填送财产损失汇报表致重庆市银行公会文(1945年9月12日) ·· 73

41. 中国农工银行总管理处为填送民营事业财产损失各表致重庆市银行公会函(1945年9月13日) ··· 74

42. 通惠实业银行总行为填报民营事业财产损失各表致重庆市银行商业同业公会文(1945年9月13日) ·· 80

43. 华侨联合银行总行为填送民营事业财产损失各表致重庆市银行商业同业公会(1945年9月13日) ·· 81

44. 西亚实业银行重庆总行为填送民营事业财产损失各表致重庆市银行

商业同业公会文(1945年9月13日) ……………………………… 82

45. 重庆川盐银行股份有限公司为报送抗战损失致重庆市银行商业同业公会文(1945年9月14日) ……………………………… 86

46. 川盐银行为遵令造具抗战期间财产损失详表呈财政部文(1947年7月25日) ……………………………… 89

47. 和成银行重庆总行为填报民营事业财产损失各表致重庆市银行商业同业公会文(1945年9月15日) ……………………………… 93

48. 泰裕银行总行为填报民营事业财产损失各表致银行公会文(1945年9月15日) ……………………………… 97

49. 复华银行总管理处为填报民营事业财产损失各表致重庆市银行商业同业公会文(1945年9月20日) ……………………………… 99

50. 建业银行总行为填报民营事业财产损失各表致重庆市银行商业同业公会文(1945年9月20日) ……………………………… 100

51. 光裕银行总行为填报民营事业财产损失各表致重庆市银行商业同业公会文(1945年9月21日) ……………………………… 101

52. 中国实业银行总行为填报民营事业财产损失各表致重庆市银行商业同业公会文(1945年9月24日) ……………………………… 102

53. 中国通商银行总行为填报民营事业财产损失各表致重庆市银行商业同业公会文(1945年10月16日) ……………………………… 104

54. 聚康银行重庆分行为填送抗战间接损失报告表致重庆市银行商业同业公会文(1945年10月30日) ……………………………… 105

55. 大陆银行重庆支行为填送抗战损失各表致重庆市银行商业同业公会文(1945年10月30日) ……………………………… 105

56. 大同银行总管理处为填报抗战损失各表致重庆市银行商业同业公会文(1945年11月3日) ……………………………… 106

57. 胜利银行股份有限公司为填报抗战损失各表致重庆市银行同业公会文(1945年11月3日) ……………………………… 110

58. 长江实业银行重庆分行为填送抗战损失各表致同业公会文(1945年11月3日) ……………………………… 110

59. 和通银行总行为填报抗战损失各表致重庆市银行公会文(1945年11

月3日)……111

60. 永成银行股份有限公司为填送抗战财产损失各表致重庆市银行商业同业公会文(1945年11月3日)……113

61. 中国工矿银行总行为填报抗战损失各表致重庆市银行商业同业公会文(1945年11月6日)……114

62. 川康平民商业银行总管理处为填报抗战损失各表致重庆市银行商业同业公会文(1945年11月7日)……115

63. 重庆银行总行为填报抗战损失各表致重庆市银行商业同业公会文(1945年11月13日)……126

64. 重庆李子坝交通银行为报李行及其所属战时财产间接损失致交通银行渝行文(1946年4月19日)……127

65. 重庆李子坝交通银行为报李、化、坎处抗战期间所受损失给交通银行渝行的代电(1947年7月25日)……129

66. 1937年至1941年抗战直接间接损失数字总表(1942年5月26日)……131

67. 聚兴诚银行全行1937年间接损失报告花单(1942年5月)……134

68. 聚兴诚银行1938年间接损失报告花单(1942年5月)……134

69. 聚兴诚银行1937年间接损失一览表(1942年5月)……135

70. 聚兴诚银行万县分行财产损失报告单(1943年9月29日)……136

71. 聚兴诚银行1941年财产直接损失汇报表(1942年5月23日)……136

72. 聚兴诚银行财产直接损失汇报表(1942年5月23日)……138

73. 聚兴诚银行股份有限公司为填送抗战损失调查表致重庆市银行公会函(1940年4月30日)……140

74. 聚兴诚银行总行秘书处为填送1939年度间接损失报告表致重庆市银行公会函(1940年6月7日)……144

75. 聚兴诚银行上清寺办事处财产损失汇报表(1940年9月27日)……145

76. 聚兴诚银行股份有限公司为填送财产损失报告表致重庆市银行商业同业公会函(1940年9月27日)……146

77. 聚兴诚银行重庆总行1940年8月财产损失报告单(1941年5月1日)……149

78. 聚兴诚银行全行1940年财产直接损失目录(1941年)……………………149

79. 聚兴诚银行各分支行财产损失报告单(1942年)……………………150

80. 聚兴诚银行1938、1939年度财产直接损失报告单(1942年5月)…151

81. 聚兴诚银行全行1937—1941年财产直接损失目录(1942年5月)…151

82. 重庆聚兴诚银行总行战时间接损失(救济、抚恤)调查表(1943年2月)……………………………………………………………………153

83. 重庆聚兴诚银行总行战时间接损失调查表(1943年2月)…………153

84. 重庆聚兴诚银行总行直接损失及员工之伤亡调查表(1943年6月30日)……………………………………………………………………153

85. 重庆聚兴诚银行总行固定资产损失调查表(1943年6月30日)…154

86. 万县聚兴诚银行分行固定资产损失调查表(1943年6月30日)…154

87. 万县聚兴诚银行分行间接损失调查表(1943年6月)………………155

88. 万县聚兴诚银行分行间接损失调查表(1943年6月)………………155

89. 聚兴诚银行财产间接损失报告表(1945年11月5日)………………155

90. 聚兴诚银行财产直接损失汇报表(1945年11月5日)………………156

91. 聚兴诚银行股份有限公司为填报抗战损失致重庆市银行同业公会函(1945年11月6日)……………………………………………………156

92. 聚兴诚银行万县分行为1940年10月13日被炸情形给总行的电报(1940年10月)……………………………………………………157

93. 聚兴诚银行万县分行为呈报修复10月13日、27日被炸行屋及王家坡宿舍费用致总行文(1940年11月)………………………………158

94. 聚兴诚银行万县分行为呈报1941年度被炸损失给相关行处的通报(1941年)……………………………………………………………159

95. 聚兴诚银行万县分行为敌机两次袭万该行当铺街及二马路行址无恙给相关处行的报告(1943年8月)……………………………………159

96. 中国银行重庆分行为转陈该行及辖内所属行处财产损失报告表致总管理处文(1941年6月5日)…………………………………………160

97. 中国银行重庆分行为陈送该行及所属各行处1941年及1942年9月份止战事损失各表呈总管理处文(1942年11月14日)……………213

98. 中国银行重庆分行为陈送1942年度应报各战事损失表致总管理处文（1943年5月4日）……229

99. 中国银行重庆分行为陈送该行及所属各行处1943年12月底国营事业财产损失报告表及通知单致总管理处文（1944年3月22日）……234

100. 中国银行重庆分行为抗战损失各表数字不符请查明原因具报致定处、万处、泸处函（1942年9月28日）……243

101. 中国银行万县办事处为函复1940年以前抗战损失各表不符原因并另制查对更正单请核转事致中国银行重庆分行函（1942年10月6日）……248

102. 中国银行万县办事处为陈报1943年8月23日、24日万县被炸情形致中国银行重庆分行文（1943年8月25日）……250

103. 中国银行重庆分行为转陈万县8月23日、24日被炸情形致总管理处文（1943年9月2日）……251

104. 中国银行重庆分行为陈送职员私人损失报告表致总管理处文（1946年10月8日）……252

105. 四川美丰银行乐处行役田永康8月19日空袭损失调查表（1939年9月15日）……267

106. 四川美丰银行乐处行员何纯□8月19日空袭衣物损失调查表（1939年9月15日）……268

107. 四川美丰银行乐处行警唐开武8月19日空袭损失调查表（1939年9月15日）……269

108. 四川美丰银行乐处行员袁燮寅8月19日空袭衣物损失调查表（1939年9月15日）……270

109. 四川美丰银行泸处1939年9月11日员役被炸损失调查表（1939年9月）……271

110. 四川美丰银行万行员役物损津贴表（1939年11月10日）……272

111. 四川美丰银行渝、万、泸、乐员役炸后物损津贴表（1939年12月21日）……272

112. 四川美丰银行段支行胡培芝被炸损失调查表（1939年）……274

113. 四川美丰银行段支行邱德贵被炸损失调查表（1939年）……274

114. 四川美丰银行万行陈茂实被炸损失调查表(1939年) …… 275
115. 四川美丰银行万行罗绍忠被炸损失调查表(1939年) …… 275
116. 四川美丰银行万行艾孙瑞被炸损失调查表(1939年) …… 276
117. 四川美丰银行万行李季唐被炸损失调查表(1939年) …… 276
118. 四川美丰银行万行刘文映被炸损失调查表(1939年) …… 277
119. 四川美丰银行万行郑玉清被炸损失调查表(1939年) …… 277
120. 四川美丰银行1939年度被炸行处损失表(1940年) …… 277
121. 四川美丰银行各行处1939年度遭受轰炸损失一览表(1940年) … 278
122. 四川美丰银行文书股为8月16日泸处被炸请示事致人事股的签条(1940年8月24日) …… 279
123. 四川美丰银行关支行为8月19日敌机袭渝员役被炸津贴事致人事股的签条(1940年9月6日) …… 281
124. 四川美丰银行文书股为合处被炸津贴事致人事股的签条(1941年2月11日) …… 284
125. 西南物产股份有限公司筹备处为新生路房屋被震事致四川美丰银行信托总部函(1941年7月1日) …… 287
126. 四川美丰银行信托总部为新生路房屋被震事给西南物产股份有限公司的复函(1941年7月4日) …… 288
127. 西南物产股份有限公司筹备处为新生路房屋被震事再次致四川美丰银行信托总部函(1941年7月11日) …… 288
128. 四川美丰银行为填送财产直接间接损失报告表致重庆市银行公会文(1946年3月28日) …… 288
129. 四川美丰银行为填送抗战财产损失报告表致重庆市仓库商业同业公会文(1946年4月29日) …… 292
130. 四川美丰银行为呈送该行及所属分行处抗战期间直接间接各项损失报告表呈财政部文(1947年9月3日) …… 294

二、重庆市五金电料商业同业公会及所属抗战财产损失 …… 306

1. 重庆元益公司为6月26日被炸全毁请查照备案致重庆市五金同业公会文(1940年6月28日) …… 306

2. 重庆仁昌铁号为堆栈6月12日被炸请备案事致重庆市五金电料商业同业公会文(1940年6月30日)……306

3. 重庆永兴五金号为6月26日被炸请转函市所得税局及营业税局备查事致重庆市五金电料商业同业公会文(1940年6月30日)……308

4. 重庆远兴字号为抄呈被炸损失请转函事致重庆市五金电料商业同业公会文(1940年6月30日)……308

5. 资余电料香烟号为7月8日被炸请转知有关机关备案致重庆市五金电料商业同业公会文(1941年7月14日)……309

6. 重庆义成五金号为送呈8月9日被炸损失清单请存查并转有关机关备案事致重庆市五金电料商业同业公会文(1940年8月15日)……310

7. 重庆宏大铁号为送呈8月9日被炸损失清单请存查并汇转事致重庆市五金电料商业同业公会文(1940年8月18日)……311

8. 重庆惠记五金号为送呈8月9日被炸损失清单请存转致重庆市五金电料商业同业公会文(1940年8月22日)……312

9. 重庆更生五金号为送呈8月20日被炸损失请存转致重庆市五金电料商业同业公会文(1940年8月25日)……314

10. 重庆恒裕铜锡五金号为送呈8月20日被炸损失清单请存转致重庆市五金电料商业同业公会文(1940年8月26日)……316

11. 重庆益丰号为送呈8月19日被炸损失请存转致重庆市五金电料商业同业公会文(1940年8月27日)……317

12. 新泰贸易公司为送呈8月20日被炸损失请存转致重庆市五金电料商业同业公会文(1940年8月27日)……318

13. 重庆永利五金号为送呈8月20日被炸损失花单请存转致重庆市五金电料商业同业公会文(1940年8月28日)……320

14. 重庆巨康五金号为送呈8月20日被炸损失请存转事致重庆市五金电料商业同业公会文(1940年8月28日)……322

15. 重庆荣记贸易行为送呈8月20日被炸损失请存转事致重庆市五金电料商业同业公会文(1940年8月31日)……323

16. 重庆慧星电料行为填送8月19日被炸损失请存转呈重庆市电料商业同业公会文(1940年8月)……325

17. 重庆元益公司为8月19、20日千厮门仓库被炸请备案事致重庆市五金电料商业同业公会文(1940年9月1日)··················326

18. 重庆均记电池制造厂为送呈8月19日被炸损失请存转致重庆市五金电料商业同业公会文(1940年9月6日)··················326

19. 重庆穌济电料行为送呈8月19日被炸损失请存转致重庆市五金电料商业同业公会文(1940年9月6日)··················328

20. 重庆鸿达电料行为填报8月19日被炸损失请存转致重庆市五金电料商业同业公会文(1940年9月7日)··················331

21. 重庆余记五金号为呈报8月20日被炸损失清单请存转致重庆市五金电料商业同业公会文(1940年9月7日)··················331

22. 重庆裕昶五金号为送呈8月20日被炸损失清单请存转致重庆市五金电料商业同业公会文(1940年9月8日)··················333

23. 中亚贸易行为补呈8月20日被炸损失单致重庆市五金电料商业同业公会文(1940年9月11日)··················333

24. 重庆仁昌铁号为送呈8月19日被炸损失清单请存转致重庆市五金电料商业同业公会文(1940年9月11日)··················334

25. 重庆永康电料行为送呈8月19日被炸损失清单请存转致重庆市五金电料商业同业公会文(1940年9月11日)··················335

26. 重庆市五金电料商业同业公会为转呈新泰贸易公司8月20日被炸损失请备案事致重庆市社会局文(1940年9月19日)··················335

27. 重庆市五金电料商业同业公会为转呈重庆永美五金号8月19日被炸损失致重庆市社会局文(1940年9月19日)··················338

28. 重庆永记五金号为报送8月20日被炸损失请存转致重庆市五金电料商业同业公会文(1940年9月19日)··················339

29. 重庆同美五金号为送呈8月20日被炸损失请存转致重庆市五金电料商业同业公会文(1940年10月8日)··················342

30. 民新五金车料行重庆总行为送呈8月19日被炸损失请存转致重庆市五金电料商业同业公会文(1940年10月13日)··················343

31. 重庆市旧五金商业同业公会为造报会员被炸损失清册请转报救济致重庆市商会文(1940年10月14日)··················347

32. 仁源号为呈报8月20日被炸损失请存转致重庆市五金电料商业同业公会文(1940年10月22日)…………………………352

33. 重庆市五金电料商业同业公会为转呈永成五金号8月19日被炸损失致重庆市社会局、营业税处等文稿(1940年11月2日)…………352

34. 重庆市华昌铁号为报送10月25日被炸损失请存转致重庆市五金电料商业同业公会文(11月2日)…………………………354

35. 重庆市五金电料商业同业公会为会所及档卷簿据被炸请予备案呈重庆市社会局、中国国民党中央直属重庆市执行委员会文(1940年11月4日)…………………………356

36. 重庆聚光荣为报送8月18、19等日被炸损失请存转致重庆市五金电料商业同业公会文(1940年11月20日)…………359

37. 重庆泉盛电料行1940年8月19日被炸毁损失原料、货物、家具详细报告表(1940年11月20日)…………………………359

38. 陪都群记新成号为报送8月20日被炸损失请存转致重庆市五金电料商业同业公会文(1940年11月23日)…………360

39. 重庆新明电料行为报送8月20日被炸损失致重庆市五金电料商业同业公会文(1940年11月25日)…………………………363

40. 同济五金号为报送10月25日被炸损失请存转致重庆市五金电料商业同业公会文(1940年12月10日)…………………………364

41. 重庆源茂五金行为报送8月20日被炸损失请存转致重庆市五金电料商业同业公会文(1940年12月11日)…………………………366

42. 合记同心协玻璃号为报送8月19日被炸损失请存转致重庆市五金电料商业同业公会文(1940年12月20日)…………367

43. 重庆市五金电料商业同业公会为转报成昌五金号8月19日被炸损失致财政部所得税事务处川康办事处重庆区分处文(1940年12月28日)…………………………368

44. 重庆鑫记五金号为报送8月20日被炸损失请鉴核备查事致直接税事务处重庆分处文稿(1940年12月28日)…………………………369

45. 重庆远大昌记五金号为报送8月19日被炸损失请存转致重庆市五金电料商业同业公会文(1940年12月30日)…………376

46. 丁佑记五金号为5月16日被炸报请停业致财政部川康直接税局重庆

分局文(1941年5月18日) ······················380

47. 重庆鸿昌电业社为报送5月16日被炸损失致重庆市五金电料商业同业公会文(1941年5月18日) ······················380

48. 源鑫五金电料行6月7日被炸财产损失报告单(1941年6月15日) ···381

49. 鯀记复兴厂6月2日被炸财产损失报告单(1941年6月17日) ······382

50. 重庆国光合记五金号6月15日被炸损害调查表(1941年6月23日) ······················383

51. 重庆国光合记五金号6月15日被炸财产损失报告单(1941年6月25日) ······················384

52. 陪都益川电料行6月15日被炸损害调查表(1941年6月25日) ···385

53. 重庆市五金电料商业同业公会会员永大五金水电材料工程行空袭损失报告表(1941年6月) ······················385

54. 重庆市五金电料商业同业公会为转报永茂五金号6月1日被炸损失致财政部川康直接税局重庆分局函(1941年7月4日) ···············386

55. 重庆市五金电料商业同业公会会员北平鼎记达明电器行空袭损失报告表(1941年7月23日) ······················387

56. 重庆市五金电料商业同业公会会员益丰电池厂空袭损失报告表(1941年7月28日) ······················388

57. 重庆市五金电料商业同业公会会员清华电业社空袭损失报告表(1941年7月) ······················388

58. 同济五金号为报送7月30日被炸损失情形致重庆市五金电料商业同业公会文(1941年8月4日) ······················388

59. 重庆市五金电料商业同业公会为转报霖元贸易行6月7日及29日被炸损失致财政部川康直接税局重庆分局文(1941年8月7日) ······390

60. 重庆荣记贸易行为补报被炸损失单致重庆市五金电料商业同业公会文(1941年9月17日) ······················391

61. 重庆永瑞字号为报送7月30日被炸损失请存转致重庆市五金电料商业同业公会文(1941年9月6日) ······················393

62. 重庆永茂五金号为报送7月30日被炸损失请存转致重庆市五金电料商业同业公会文(1941年12月22日) ······················393

63. 重庆市五金电料商业同业公会会员瑞渝五金号财产损失报告单(1945年8月28日) ……394

64. 重庆市五金电料商业同业公会会员信义商行财产损失报告单(1945年8月30日) ……395

65. 重庆市五金电料商业同业公会会员重庆元益公司运货木船被炸财产损失报告单(1945年8月30日) ……396

66. 重庆市五金电料商业同业公会会员重庆元益公司仓库被炸财产损失报告单(1945年8月30日) ……396

67. 重庆市五金电料商业同业公会会员重庆元益公司1940年6月26日被炸财产损失报告单(1945年8月30日) ……397

68. 重庆市五金电料商业同业公会会员重庆义昌五金号财产损失报告单(1945年8月30日) ……398

69. 重庆市五金电料商业同业公会会员□昌五金贸易行财产损失报告单(1945年8月30日) ……398

70. 重庆市五金电料商业同业公会会员重庆永光电料行财产损失报告单(1945年8月30日) ……399

71. 重庆市五金电料商业同业公会会员重庆德华贸易公司财产损失报告单(1945年9月10日) ……400

72. 重庆市五金电料商业同业公会会员重庆裕生公司财产损失报告单(1945年9月21日) ……401

73. 重庆市五金电料商业同业公会会员重庆裕生公司海防财产损失报告单(1945年9月21日) ……401

74. 重庆市五金电料商业同业公会会员重庆裕生公司1939年5月财产损失报告单(1945年9月21日) ……402

75. 重庆市五金电料商业同业公会会员重庆裕生公司1940年财产损失报告单(1945年9月21日) ……402

76. 重庆市五金电料商业同业公会会员重庆百乐门电器行香港、金华运货损失报告单(1945年9月21日) ……402

77. 重庆市五金电料商业同业公会会员重庆百乐门电器行海防、香港运货损失报告单(1945年9月21日) ……403

78. 重庆市五金电料商业同业公会会员重庆百乐门电器行西贡、海防运货财产损失报告单(1945年9月21日)··············404

79. 重庆市五金电料商业同业公会会员华孚五金号财产损失报告单(1945年9月30日)··············405

80. 重庆市五金电料商业同业公会会员□隆五金号财产损失报告单(1945年9月)··············406

81. 重庆市五金电料商业同业公会会员达昌五金号财产损失报告单(1945年10月1日)··············407

82. 重庆市五金电料商业同业公会会员重庆永泰五金号财产损失报告单(1945年10月3日)··············408

83. 重庆市五金电料商业同业公会会员重庆中华鑫记汽车材料商行财产损失报告单(1945年10月5日)··············409

84. 重庆市五金电料商业同业公会会员重庆民新五金电料行重庆总行财产损失报告单(1945年11月3日)··············410

85. 重庆市五金电料商业同业公会会员益康商号财产损失报告单(1945年11月4日)··············410

86. 重庆市五金电料商业同业公会会员重庆华记行港粤财产损失报告单(1945年11月15日)··············412

87. 重庆市五金电料商业同业公会会员重庆华记行越缅财产损失报告单(1945年11月15日)··············412

88. 重庆市五金电料商业同业公会会员重庆华记行被炸财产损失报告单(1945年11月15日)··············413

89. 重庆市五金电料商业同业公会会员永利贸易股份有限公司财产损失报告单(1945年11月16日)··············414

90. 重庆市五金电料商业同业公会会员永利贸易股份有限公司行号财产损失报告单(1945年11月16日)··············414

三、重庆市纱商业同业公会及所属抗战财产损失··············415

1. 重庆市纱商业同业公会为8月20日会所被炸觅定陕西街余家巷23号为临时会所请备查事给重庆市商会的公函(1940年8月)··············415

2. 重庆市纱商业同业公会为8月19日、20日该会所属被炸损失情形给重庆市商会的公函(1940年9月1日) ……415

3. 重庆市纱商业同业公会为余家巷23号不适办公改于望龙门街23号办公给重庆市商会的公函(1940年9月1日) ……416

4. 重庆市纱商业同业公会为报送该会及所属8月19日、20日被炸损失呈重庆市社会局文(1940年10月1日) ……416

四、重庆市干菜商业同业公会及所属抗战财产损失 ……425

1. 重庆永泰号为8月20日被炸受损请存转事给重庆市干菜商业同业公会的报告(1940年8月22日) ……425

2. 重庆市干菜商业同业公会为该会会所8月20日被炸暂假和丰行栈办公给重庆市商会的公函(1940年8月25日) ……427

3. 重庆集森祥号为8月20日中弹受损报请存转事给重庆市干菜商业同业公会的报告(1940年8月25日) ……428

4. 重庆义和永号为8月20日中弹受损报请存转事给重庆市干菜商业同业公会的报告(1940年8月31日) ……428

5. 重庆顺成祥号、茂盛荣号为8月19日被炸损失请存转事给重庆市干菜商业同业公会的报告(1940年8月) ……429

6. 重庆德成祥记为8月19日中弹受损请存转事给重庆市干菜商业同业公会的报告(1940年8月) ……430

7. 重庆同义生号为8月19日中弹受损请存转事给重庆市干菜商业同业公会的报告(1940年8月) ……430

8. 重庆仁和记为8月9日被炸受损请存转事给重庆市干菜商业同业公会的报告(1940年8月) ……431

9. 重庆聚义丰记为8月19日中弹受损请存转事给重庆市干菜商业同业公会的报告(1940年8月) ……431

10. 重庆德康号为报送8月20日中弹损失请存转事给重庆市干菜商业同业公会的报告(1940年8月) ……432

11. 上海新义源号为8月20日中弹受损借本复业事给重庆市干菜商业同业公会的报告(1940年8月) ……432

12. 重庆蜀新贸易行为8月20日被炸损失请存转事给重庆市干菜商业同业公会的报告(1940年9月8日) ·············· 433

13. 重庆荣升长号为8月19日中弹损失请存转事给重庆市干菜商业同业公会的报告(1940年9月) ·············· 433

14. 泰记老稻香村为8月19日被炸损失请存转事给重庆市干菜商业同业公会的报告(1940年9月17日) ·············· 434

15. 德福源号、荣德祥号为8月19日中弹受损请存转事给重庆市干菜商业同业公会的报告(1940年9月) ·············· 434

16. 重庆诚源商号为其民权路分店6月1日被炸损失请存查分转有关单位事给重庆市干菜商业同业公会的报告(1941年6月13日) ·············· 435

17. 重庆泰记号为6月15日行栈被炸请核转备查事给重庆市干菜商业同业公会的报告(1941年6月25日) ·············· 436

18. 蜀新贸易行为呈报6月7日被炸损失请核转备查事给重庆市干菜商业同业公会的报告(1941年7月31日) ·············· 437

19. 重庆市干菜商业同业公会为转报义和行6月15日被炸损失请鉴核备查事致直接税重庆分局文(1941年9月4日) ·············· 439

20. 重庆市干菜商业同业公会为会员宝山号迭次被炸受损请鉴核备查事致直接税重庆分局函(1941年9月28日) ·············· 440

21. 重庆合记同昌商号为迭次被炸受损请存转事给重庆市干菜商业同业公会的报告(1940年9月) ·············· 442

22. 冠生园荣城商店为8月20日被炸受损请存转事给重庆市干菜商业同业公会的报告(1940年9月) ·············· 444

23. 新记为8月20日中弹受损报请存转事给重庆市干菜商业同业公会的报告(1940年9月) ·············· 444

24. 重庆太和支号为送呈8月19日被炸损失请存转事致重庆市干菜商业同业公会文(1940年10月2日) ·············· 445

25. 会员德新长为8月20日被炸受损请存转事给重庆市干菜商业同业公会的报告(1940年10月) ·············· 446

26. 会员荣盛号为迭次中弹受损请存转事给重庆市干菜商业同业公会的报告(1940年10月) ·············· 446

27. 重庆永康海味号为8月19日中弹燃烧受损请存转事给重庆市干菜商业同业公会的报告(1940年10月) ··447

28. 重庆协茂号为10月25日被炸损失请存转事给重庆市干菜商业同业公会的报告(1940年11月) ··448

29. 会员商号天吉齐为10月25日被炸损失请存转事给重庆市干菜商业同业公会的报告(1940年11月) ··································449

30. 会员商号同心长为8月19日被炸损失请存转事给重庆市干菜商业同业公会的报告(1940年11月) ··································450

五、重庆市绸布商业同业公会及所属抗战财产损失 ···············451

1. 重庆市绸布商业同业公会为8月20日该会会所被炸损失事给重庆市商会的公函(1940年8月25日) ·······································451

2. 华新绸缎商号为6月26日被炸损失请鉴核备案事呈重庆市社会局文(1940年7月27日) ··452

3. 重庆市绸布商业同业公会为转报会员少成美号8月20日被炸损失请鉴核备查事呈重庆市社会局文(1940年8月18日) ·······452

4. 重庆市中兴绸缎号为8月20日被炸损失请备案并申请暂行停业事呈重庆市社会局文(1940年8月23日) ·······················453

5. 重庆市绸布商业同业公会为转报会员华光商号3次被炸损失请鉴核备查事呈重庆市社会局文(1940年9月18日) ···········458

6. 重庆市绸布商业同业公会为转报隆泰商号8月19日被炸损失请鉴核备查事呈重庆市社会局文(1940年9月18日) ···········459

7. 重庆市绸布商业同业公会为转报复兴商号8月20日被炸损失请鉴核备查事呈重庆市社会局文(1940年9月18日) ···········460

8. 重庆市绸布商业同业公会为转报一德商号8月20日被炸损失请鉴核备查事呈重庆市社会局文(1940年9月18日) ···········461

9. 重庆市绸布商业同业公会为转报合记商号8月19日被炸损失暨转移途中被劫等事呈重庆市社会局文(1940年9月18日) ···462

10. 重庆市绸布商业同业公会为转报新昌商号8月19日被炸复被盗损失请鉴核备查并转咨各治安机关等事呈重庆市社会局文(1940年9月18日) ··464

11. 重庆市绸布商业同业公会为转报成大商号8月20日被炸损失请鉴核备查事呈重庆市社会局文(1940年9月18日) ……………465

12. 重庆市绸布商业同业公会为转报豫丰豫商号8月20日被炸损失请鉴核备查事呈重庆市社会局文(1940年9月19日) ……………473

13. 重庆市绸布商业同业公会为转报丰成字号8月20日被炸损失请鉴核备查事呈重庆市社会局文(1940年9月20日) ……………479

14. 重庆市绸布商业同业公会为转报裕民商店10月25日被炸货物被窃请鉴核备查事呈重庆市社会局文(1940年11月5日) ……………480

15. 重庆市绸布商业同业公会为转报民德贸易部5月3日被炸损失请鉴核备查事致财政部川康直接税局重庆分局文(1941年5月10日) …481

16. 重庆永通字号为报送5月3日被炸损失情形呈财政部川康直接税局重庆分局文(1941年5月) ……………482

17. 重庆市绸布商业同业公会为转报合记商号5月3日被炸损失请予备查事致财政部川康直接税局重庆分局文(1941年5月14日) ………482

18. 重庆市绸布商业同业公会为转报翕记久孚绸布号5月3日被炸损失请备查事致财政部川康直接税局重庆分局文(1941年5月14日) …483

19. 重庆市绸布商业同业公会为转报一心布店5月3日被炸损失请备查事致财政部川康直接税局重庆分局文(1941年5月22日) ………484

20. 重庆市绸布商业同业公会为转报信和商号5月3日被炸损失请备查事致财政部川康直接税局重庆分局文(1941年6月4日) ………485

21. 重庆仁丰呢绒绸布号为迭遭轰炸损失惨重请备案事呈财政部川康直接税局重庆区分局文(1941年6月11日) ……………487

22. 重庆市绸布商业同业公会为转报惠川公司匹头部6月15日被炸损失请备查事致财政部川康直接税局重庆分局文(1941年6月26日) …488

23. 重庆市绸布商业同业公会为转报义成字号6月14日、15日被炸损失请备查事致财政部川康直接税局重庆分局文(1941年7月6日) …489

24. 重庆市绸布商业同业公会为转报复畅原记6月29日被炸损毁请备查事致财政部川康直接税局重庆分局文(1941年7月9日) ………490

六、重庆市木商业同业公会及所属抗战财产损失 ·················491

1. 协诚木行为报告5月3日被炸损失情形请备查事呈重庆市所得税局文（1941年5月4日） ·················491

2. 重庆市木商业同业公会为转报美裕木号5月9日被炸损失请查核备案事致财政部川康直接税局重庆分局文（1941年5月21日） ·················493

3. 重庆市木商业同业公会为转报泉清木号5月16日被炸损失请查核备案事致财政部川康直接税局重庆分局文（1941年5月25日） ·················493

4. 重庆市木商业同业公会为转报天昌祥木厂5月9日被炸损失请查核备案事致财政部川康直接税局重庆分局文（1941年5月25日） ·················494

5. 重庆市木商业同业公会为转报远胜木行合江失慎及6月2日被炸损失请查核备案事致财政部川康直接税局重庆分局文（1941年6月8日） ·················495

6. 重庆市木商业同业公会为转报民益木厂6月14日被炸损失请查核备案事致财政部川康直接税局重庆分局文（1941年6月28日） ·················495

7. 重庆市木商业同业公会为转报德泰裕木厂6月14日被炸损失请查核备案事致财政部川康直接税局重庆分局文（1941年6月28日） ·················496

8. 重庆市木商业同业公会为转报重庆合荣木厂5月16日被炸损失请查核备案事致财政部川康直接税局重庆分局文（1941年6月28日） ·················496

9. 重庆市木商业同业公会为转报春记木厂7月10日被炸损失请备查事致财政部川康直接税局重庆分局文（1941年8月6日） ·················498

10. 重庆市木商业同业公会为转报天成裕木厂7月16日被炸损失请备查事致财政部川康直接税局重庆分局文（1941年8月6日） ·················499

11. 渝北华茂木厂为8月14日被炸损失请存查事给财政部川康直接税局重庆分局的报告（1941年8月15日） ·················500

12. 益大木行重庆分行为8月10日被炸损失请鉴核备查事呈重庆市直接税局分局文（1941年8月） ·················501

13. 重庆市木商业同业公会为转报永大竹木行8月9日被炸损失请备查事致财政部川康直接税局重庆分局文（1941年9月7日） ·················503

14. 重庆市木商业同业公会为转报泉清木号8月9日被炸损失请备查事致财政部川康直接税局重庆分局文（1941年9月8日） ·················504

15. 重庆市木商业同业公会为转报同福永木厂7月10日被炸损失请查核备案事致财政部川康直接税局重庆分局文(1941年9月17日) ⋯505

16. 重庆市木商业同业公会为转报春森木行8月被炸损失请查核备案事致财政部川康直接税局重庆分局文(1941年9月25日) ⋯⋯⋯⋯506

17. 重庆市木商业同业公会为转报信记木厂8月30日被炸损失请查核备案事致财政部川康直接税局重庆分局文(1941年9月27日) ⋯⋯507

18. 重庆市木商业同业公会为转报和记木厂8月30日被炸损失请查核备案事致财政部川康直接税局重庆分局文(1941年10月3日) ⋯⋯508

19. 重庆市木商业同业公会为转报民益木厂8月13日被炸损失请查核事致财政部川康直接税局重庆分局文(1941年10月4日) ⋯⋯⋯509

20. 重庆市木商业同业公会为转报森记木厂8月30日被炸损失请查核备案事致财政部川康直接税局重庆分局文(1941年11月4日) ⋯⋯510

七、重庆市西药商业同业公会及所属抗战财产损失 ⋯⋯⋯⋯⋯512

1. 重庆广源兴参茸行为呈报8月20日被炸损失请备案并恳勘验赐恤事呈重庆市市政府文(1940年8月20日) ⋯⋯⋯⋯⋯⋯⋯⋯⋯512

2. 晋吉泰记为8月20日被炸损失请备案并恳勘验赐恤事呈重庆市市政府文(1940年8月21日) ⋯⋯⋯⋯⋯⋯⋯⋯⋯⋯⋯⋯⋯⋯⋯⋯512

3. 重庆市西药商业同业公会为转报中央药房、中华药房都邮街支店被炸焚毁请备案事呈重庆市社会局文(1940年9月19日) ⋯⋯⋯⋯513

4. 重庆市西药商业同业公会为报送会员8月19、20日被炸损失调查表致重庆市商会文(1940年9月23日) ⋯⋯⋯⋯⋯⋯⋯⋯⋯⋯⋯513

5. 重庆市药材输出业同业公会为汇报会员商号财产损失报告单呈请鉴核办理事致重庆市社会局文(1940年10月9日) ⋯⋯⋯⋯⋯519

6. 重庆市西药商业同业公会为转呈复记东北药房8月19日被炸停业事致财政部所得税事务处川康办事处重庆区分处文(1940年10月11日)
⋯⋯⋯⋯⋯⋯⋯⋯⋯⋯⋯⋯⋯⋯⋯⋯⋯⋯⋯⋯⋯⋯⋯⋯⋯⋯⋯⋯532

7. 汉口亚洲药房重庆分行为报告被炸损失并增加资本等请备案事呈重庆市社会局文(1940年10月) ⋯⋯⋯⋯⋯⋯⋯⋯⋯⋯⋯⋯⋯532

8. 重庆市药材输出业同业公会为汇报祥源等财产损失报告单请予鉴核事致重庆市社会局文(1940年12月29日) ⋯⋯⋯⋯⋯⋯⋯⋯537

9. 重庆市西药商业同业公会为转报九福西药行5月3日被炸损失请查照备案事致财政部川康直接税局重庆分局文(1941年5月14日) ……540

10. 重庆市西药商业同业公会为转报震亚大药房6月2日被炸损失请查照事致财政部直接税局重庆分局文(1941年6月12日) ……543

11. 武汉刘有余堂参燕药号重庆支店为报告1940年7月两次被炸请准免税事呈直接税局重庆分局文(1941年6月20日) ……545

12. 重庆同济大药房为呈报6月1日被炸损失请登记事致川康直接税局重庆分局文(1941年6月) ……545

13. 重庆市西药商业同业公会为转报西北药房6月29日被炸损失请备案事致直接税局重庆分局文(1941年7月15日) ……551

14. 汉口亚洲药房重庆分行为报告6月2日配货房被炸损失请备案事致财政部直接税局重庆分局文(1941年7月19日) ……554

15. 重庆市国药商业同业公会会员保康参号为1940年两次被炸损失请免所得税事呈所得税局文(1942年4月3日) ……557

16. 重庆市药材输出业同业公会为填报抗战损失汇报表请查照存转事致重庆市商会文(1945年9月21日) ……558

八、重庆市旅栈、茶业商业同业公会及所属抗战财产损失 ……560

1. 重庆市旅栈商业同业公会为8月19日会所被炸焚毁迁新址办公请查照备案事致重庆市商会文(1940年9月4日) ……560

2. 重庆市旅栈商业同业公会为转报行都饭店10月25日被炸损失请查核备案事呈财政部川康直接税局重庆分局文(1941年2月) ……560

3. 楼外楼大旅馆为10月25日被炸损失请存案备查事致重庆市所得税局文(1941年3月25日) ……576

4. 大陆旅馆为报告6月1日被炸损失请鉴核备案事致所得税川康办事处文(1941年6月2日) ……578

5. 和记协庆旅馆为6月14日被炸损失请备查事呈重庆市直接税局文(1941年6月17日) ……578

6. 合记仿庐旅社为炸毁过巨账据焚尽另行改组无法具报恳予备案存查事呈财政部川康直接税局重庆市第一分局文(1941年6月21日) ……579

7. 重庆汇源商店为7月4日被炸受灾报请备查事呈所得税局文(1941年7月) ……580

8. 千厮门泗海旅社为6月20日被炸停业等情呈川康直接税局所得税局文(1941年12月22日) ……580

9. 民生招待所为报告存放于民生公司仓库内之单据被炸经过请鉴核备查事呈财政部川康直接税局文(1942年5月19日) ……581

10. 重庆市茶商业同业公会为报送会员杭州茶庄、大生茶庄、吉庆余10月25日被炸损失请存查事呈重庆市社会局文(1940年11月) ………581

11. 北平正大茶庄为呈报6月5日、7日被炸损失情形请备查事呈重庆市直接税分局文(1941年6月9日) ……582

12. 长亭茶社为呈报6月2日被炸损失请鉴核备案事呈直接税局重庆区分局文(1941年6月) ……583

13. 原北平正大茶庄经理孙善亭为6月7日被炸损失请鉴核抚恤注销损失俾便免税致川康直接税局重庆分局文(1941年10月2日) ………584

九、重庆市制革业、木器、纸烟同业公会及所属抗战财产损失 ……586

1. 重庆市制革商业同业公会为报告8月9日会址被炸及暂设林森路办公等情形呈重庆市商会文(1940年8月11日) ……586

2. 渝记新新制革厂为报告6月5日被炸损失情形请存案备查事呈重庆市所得税局文(1941年6月19日) ……586

3. 西南制革厂为报告6月29日被炸损失请派员查勘事致川康所得税局文(1941年7月) ……587

4. 第十二区南坪镇第十三保保长郭治平等为中华制革厂被炸所开之证明(1947年12月) ……587

5. 第三区东升楼镇第一保保长李泽三等为中华制革厂被炸所开之证明(1947年12月) ……588

6. 重庆市社会局为转呈第一区制革工业同业公会会员中华制革厂等民营财产损失报告表请予鉴核事呈重庆市市长文(1948年3月16日) …588

7. 重庆市木器商业同业公会为补送抗战损失报告表请查照事致重庆市商会文(1946年5月17日) ……594

8. 兴记信义长经理萧权镒为具报该号7月30日被炸损失请勘查事呈重庆市所得税局文(1941年7月31日) ………………………………………613

9. 协记美利坚木器公司为报告8月14日被炸损失情形请存查事呈财政部所得税局川康区办事处重庆分处文(1941年8月15日) …………614

10. 森昌经理为报告5月3日被炸损失情形请派员查勘事呈财政部川康区直接税局重庆分局文(1941年5月5日) ……………………………615

11. 重庆公记商号为报送5月9日被炸损失情形请派员查勘事呈财政部所得税局文(1941年5月14日) …………………………………………615

12. 协记和成永为报告5月3日被炸损失请派员查勘并准予备案事呈财政部川康直接税局重庆分局文(1941年5月15日) ………………616

十、重庆市服装、文化用品、油商、迁川工厂联合会及所属抗战财产损失 …617

1. 重庆市服装商业同业公会为报送1941年6月以前各会员商号被炸损失表致重庆市商会的公函(1941年6月30日) ……………………617

2. 洪盛长典衣庄王汉卿为报送7月31日被炸损失情形请转请赈济事呈重庆市警察局第三分局文(1939年8月2日) …………………………624

3. 重庆市服装商业同业公会为报送各会员商号8月19、20日被炸损失调查表请查照备查事给重庆市商会的公函(1940年9月30日) ………624

4. 重庆市服装商业同业公会为汇报会员商号8月19、20日被炸损失请鉴核备查事呈重庆市社会局文(1940年10月) ……………………628

5. 大公商行为报告6月7日被炸损失情形请存查事呈直接税处重庆分局文(1941年6月11日) …………………………………………………630

6. 重庆市油商业同业公会为8月19日会址被炸迁移新会址办公请备查事给重庆市商会的公函(1940年9月10日) ……………………………631

7. 重庆群裕字号为报送6月14日被炸损失情形请备查并派员查验事呈财政部川康所得税重庆分局文(1941年6月19日) …………………631

8. 重庆万康上海酱园厂为报告6月1日被炸损失情形请备案事呈财政部直接税局重庆分局文(1941年6月9日) ……………………………632

9. 春美祥记为报陈空袭损失经过并新建营业请备案事呈财政部所得税事务处川康办事处重庆区分处文(1941年2月24日) …………………632

10. 百味村酱园为报送5月3日被炸损失情形请备查事呈川康直接税局重庆分局文(1941年5月6日) ································633

11. 天成美商号为迭遭空袭损失惨重停止营业请注销税务事呈重庆所得税局文(1941年7月13日) ································634

12. 森记留香园为报送1941年8月22日被炸情形请核减税额事呈财政部川康直接税局重庆分局文(1942年6月12日) ································634

13. 重庆市晴雨布店为报告6月12日被炸损失情形请派员查勘事呈重庆市社会局文(1940年6月21日) ································635

14. 纶华布店为报告8月20日被炸损失情形请存查事呈重庆市社会局文(1940年8月7日) ································636

15. 重庆同益字号为报告8月20日被炸损失情形请存查事呈重庆市社会局文(1940年8月) ································637

16. 重庆市土布工业同业公会为报告8月19日该会会所被炸及新迁办事处等请查照事给重庆市商会的公函(1940年9月3日) ································637

17. □□布店经理田少明为报陈8月20日被炸损失情形请鉴核事呈重庆市社会局文(1940年9月10日) ································637

18. 重庆仁丰呢绒绸布号为报告货物被炸损失情形及停业事请备查事呈直接税局重庆分局文(1941年7月) ································638

19. 重庆友谊布店为呈报6月7日账目被炸请鉴核备查事呈所得税局文(1941年10月29日) ································639

20. 重庆联镒字号为报告被炸损失情形请备案存查事呈财政部川康直接税局重庆分局文(1941年11月) ································639

21. 重庆北新书局为呈报6月12日被炸损失情形恳予鉴核备查事呈财政部川康直接税局文(1941年2月1日) ································640

22. 中国联力商行为报陈6月2日被炸损失情形请派员勘查等事呈所得税直接税处重庆区分处文(1941年6月10日) ································644

23. 新生图书文具公司为报陈6月7日被炸损失情形请备案事呈所得税局文(1941年6月12日) ································644

24. 复记德胜祥为报告6月1日被炸损失情形请备案事呈财政部川康直接税局重庆分局文(1941年6月28日) ································645

25. 永庆祥为报告5月28日、7月30日被炸损失情形请鉴核备查事呈财政部川康直接税局重庆分局文(1941年8月)……646

26. 重庆市纸张商业同业公会为证明会员天泰祥8月20日被炸损失请查照并准予证明事致财政部川康直接税局重庆分局文(1941年9月25日)……647

27. 重庆市纸张商业同业公会为转报会员同昌祥纸庄1939年5月4日被炸损失情形请查照赐转致重庆市商会文(1946年5月29日)……648

28. 重庆善成堂书局傅用平为该书局抗战期间被炸损失致友人函(1948年5月25日)……649

29. 行政院赔偿委员会为善成堂书局财产损失报告单内所列各项损失核有未合并附审查单请查照转知事给重庆市政府的复函(1948年6月)……649

30. 迁川工厂联合会为转报会员美艺钢器公司10月25日被炸损失情形请备案事给财政部直接税处重庆分处的公函(1941年2月5日)……650

31. 迁川工厂联合会为转报会员美艺钢器公司7月30日被炸损失情形请备案事给川康区直接税局重庆分局的公函(1941年9月13日)……651

十一、重庆市鞋帽业同业公会及所属抗战财产损失……653

1. 重京鞋帽庄为报告8月20日被炸损失情形并重添资本事呈四川省所得税局文(1940年10月)……653

2. 重庆市新记永盛帽鞋商店为报告8月20日被炸损失情形请备查事呈重庆市社会局文(1940年9月3日)……653

3. 元元帽鞋分庄为具报1940年被炸损失货品呈财政部所得税重庆区分处文(1941年2月26日)……654

4. 青年鞋店为报告营业地址数次被炸情形邀请当地保甲证明并予备查等事呈财政部所得税川康区办事处重庆分处文(1941年3月)……655

5. 东亚鞋店为报告营业地址数次被炸情形邀请当地保甲证明并予备查等事呈财政部所得税川康区办事处重庆分处文(1941年3月)……656

6. 青年鞋店为报告6月1日、7日被炸损失情形请予鉴核存查呈财政部重庆直接税局文(1941年6月21日)……656

7. 元元鞋帽庄为报告6月7日被炸损失情形及24日被压坏各货情形请查核备案事呈直接税局文(1941年6月25日) ……657

8. 上海大中国帽行为6月29日被炸请补报陆地兵险事呈重庆市社会局文(1941年9月25日) ……658

十二、重庆市餐馆、饭店业同业公会及所属抗战财产损失 ……659

1. 重庆市中西餐食商业同业公会为呈报会员久华源等抗战财产损失请鉴核事致重庆市商会文(1947年11月30日) ……659

2. 大三元酒家总店为报陈6月12日被炸受损请鉴核更正事实呈重庆市警察局文(1940年6月12日) ……662

3. 重庆市警察局第一分局局长李济中为报告遵查大三元酒家被难损失一案情形请鉴核事呈重庆市警察局文(1940年6月25日) ……662

4. 大三元酒家经理高坤伦为补陈该店6月15日被炸损失情形请查核备案事呈重庆市社会局文(1941年9月9日) ……664

5. 邹园饭店为报告7月16日被炸损失情形请派员查勘并酌予补助等呈重庆市社会局文(1940年7月17日) ……664

6. 武凤成为其所开设之河南山东饭店6月份被炸歇业迁移新址复业请准予备案事呈重庆市社会局文(1940年7月25日) ……665

7. 重庆粉江饭店为8月20日被炸损失请登记事呈重庆市政府文(1940年8月) ……665

8. 重庆粉江饭店为8月20日被炸损失请登记备案事呈重庆市社会局文(1940年8月) ……666

9. 裕记稻香村糖食糕饼生理为报陈历年被炸损失请鉴核备查事呈重庆市社会局文(1940年10月23日) ……666

10. 傅治平为报陈其所开设之嘉鱼号迭次被炸情形请鉴核事呈财政部川康直接税局重庆区分局文(1941年5月) ……667

11. 邝德成为补报其所经营之德成源饭馆1940年9月25日被炸损失情形请免查账据事呈财政部川康直接税局重庆分局文(1941年6月)…667

12. 中国饭店经理范伯溶为陈报该店7月29日被炸损失情形请派员勘验并准予备案存查事呈财政部川康直接税事务所文(1941年8月2日) ……668

13. 凯歌归餐馆经理为报陈该餐馆6月29日被炸损失情形请鉴核备案事呈重庆市社会局文(1941年8月) ················ 668

14. 广东大酒家经理刘冠海为报陈该店6月7日被炸及理赔情形请加盖局印事呈重庆市社会局文(1941年9月8日) ················ 669

15. 上海五芳齐菜社经理张震国为陈报该店6月15日被炸损失情形请加盖印章及备案事呈重庆市社会局文(1941年9月11日) ················ 669

16. 吴佩球为补报奇美食品商店8月13日被炸损失情形请存案备查事呈重庆市社会局文(1941年10月6日) ················ 670

17. 重庆汇利大饭店经理高治平为报陈该店迭次被炸损失情形请存案备查事呈重庆市社会局文(1942年2月19日) ················ 670

十三、重庆市百货业同业公会及所属抗战财产损失 ················ 671

1. 重庆均益百货商行经理李百先为报陈该店6月24日被炸损失情形请鉴核备案事呈重庆市社会局文(1940年7月1日) ················ 671

2. 重庆均益百货商行经理李百先为报陈被炸损失情形请备案事呈重庆市社会局文(1940年8月25日) ················ 672

3. 同昌商号经理况治平为报陈该号9月16日被炸损失情形请存案备查事呈重庆市社会局文(1940年9月) ················ 672

4. 大庆百货号为报陈5月3日被炸损失情形请派员查勘并准予备查事呈财政部川康直接税局重庆分局文(1941年5月5日) ················ 673

5. 重庆益记商号为报陈5月3日被炸损失情形请备查事呈财政部川康直接税局重庆分局文(1941年5月) ················ 674

6. 永丰百货号为报陈6月7日被炸损失情形并宣告停业请派员调查事呈财政部直接税局重庆分局文(1941年6月) ················ 676

7. 重庆宝元渝百货商店为报陈迭次被炸损失情形请鉴核并准予提付空袭损失事呈财政部川康直接税局重庆分局文(1941年8月6日) ················ 676

8. 重庆华茂百货商店为补报6月7日被炸损失情形请备案事呈重庆市社会局文(1941年9月6日) ················ 677

9. 重庆西南百货商店为报陈6月2日被炸损失情形请鉴核备案事呈重庆市社会局文(1941年9月12日) ················ 677

10. 重庆宝元渝百货商店为报陈6月2日被炸损失情形请鉴核并准予提付空袭损失事呈财政部川康直接税局重庆分局文(1941年11月7日) ……678

11. 重庆公记渝商号为呈报6月1日被炸损失情形及增资经过请鉴核备案事呈财政部直接税局重庆分局文(1941年11月28日) ……678

12. 重庆市百货商业同业公会为证明会员三星牙刷厂被炸属实转请查照事致财政部直接税局重庆分局文(1941年12月3日) ……680

13. 重庆市百货商业同业公会为填报抗战损失报告表请查核汇转事致重庆市商会文(1945年10月3日) ……680

十四、其他 ……682

1. 王瑞霖等为报陈8月20日被炸损失情形请求抚恤事致重庆市干菜商业同业公会文(1940年9月) ……682

2. 重庆市理发商业同业公会主席为报告8月9日会址被炸毁及迁住地点情形请备查事呈重庆市商会文(1940年8月) ……684

3. 重庆市人力车商业同业公会为报告该会车辆被炸损失情形请查照备案事致重庆市工务局车务管理处文稿(1940年7月20日) ……685

4. 重庆永生号报陈被炸损失情形请彻查事呈财政部所得税事务处川康办事处重庆区分处文(1940年8月) ……688

5. 重庆市颜料业同业公会为报陈8月19、20日该会会员被炸损失情形请查照事给重庆市商会的公函(1940年8月22日) ……688

6. 美丽加布店经理蒋世忠为报陈8月21日被炸损失情形并停业请存查事呈重庆市社会局文(1940年8月31日) ……688

7. 世丰合号经理李慧亭为报陈厨工刘万全乘空袭拐走货物情形请鉴核备查事呈重庆市社会局文(1940年8月) ……689

8. 苏州野荸荠号经理彭锦缘为报陈该号8月19日被炸损失情形请备案事呈重庆市社会局文(1940年8月) ……689

9. 民社总干事李炳卫为报告8月20日被炸损失情形呈重庆市政府文(1940年9月1日) ……690

10. 齐文玉为报陈其华光楼街房产8月20日被炸损失情形请备查事呈重庆市政府文(1940年9月3日) ……690

11. 重庆市面食商业同业公会为报陈8月19日会所被炸迁新址办公请查照事致重庆市商会文(1940年9月17日) …………690

12. 重庆市棉花商业同业公会为转报会员协盛长、德记等被炸损失情形请查照备案事给重庆市商会的公函(1940年9月28日) …………691

13. 重庆市运输商业同业公会为报陈8月19、20日会所及会员被炸损失情形给重庆市商会的公函(1940年9月) …………692

14. 王绎齐为报陈南京永盛贸易行8月19日被炸损失情形请备案并予以救济事呈重庆市社会局文(1940年9月) …………692

15. 群益拍卖行经理萧福春为报陈8月20日被炸损失情形请备案事呈重庆市社会局文(1940年10月) …………693

16. 商民赵明森为报告10月26日商栈被炸损失情形请备案事呈重庆市社会局文(1940年11月6日) …………694

17. 重庆市警察局局长唐毅为报告中正路80号日商汉和洋行存物被炸焚一案调查情形请鉴核呈重庆市市长文(1940年11月15日) ………695

18. 商民王资德为报告华兴利钟表行迭遭轰炸损失及复业增资等情形请鉴核备案事呈财政部所得税局重庆办事处文(1940年11月19日) …695

19. 大同商店为报陈8月20日被炸损失情形请备案事呈直接税处文稿(1941年1月) …………696

20. 韦绍农为报告其堆放于大石盘之杉条被炸损失情形请备案事呈财政部所得税重庆区分处文(1941年5月16日) …………698

21. 重庆建都贸易商行为报陈5月3日被炸损失情形请备案事呈财政部川康直接税局重庆分局文(1941年5月19日) …………698

22. 重庆信孚寿衣部为报陈6月1日被炸损失情形请派员踏勘并备案事呈财政部川康区重庆市所得税局文(1941年6月2日) …………699

23. 重庆知行记为呈报6月2日被炸损失情形请备案事呈直接税局文(1941年6月5日) …………700

24. 和记炭号为报陈6月7日被炸损失情形请备案存查事呈财政部川康直接税局重庆分局文(1941年6月15日) …………701

25. 大同商号为报陈5月3日、6月7日被炸损失情形及损失清单请备案事呈财政部川康直接税局重庆分局文(1941年6月18日) …………702

26. 华府商场经理吴子承为报陈6月1日被炸损失情形请备案事呈川康区直接税局文(1941年6月19日) ……705

27. 重庆荣记三合长商店为报陈5月16日被炸损失详情请鉴核并豁免所得税事呈重庆市直接税处文(1941年6月20日) ……707

28. 天诚字号经理刘汉章为报陈天诚夏布庄6月15日被炸损失情形请鉴核备查事呈财政部川康直接税局重庆分局文(1941年6月30日) …708

29. 合记巴渝印刷所为报陈6月1日、2日、7日被炸损失情形请派员踏勘事呈财政部川康区直接税局重庆分局文(1941年6月) ……709

30. 商号宝元渝为报陈5月16日被炸损失情形请鉴核并准予提付空袭损失事呈财政部川康直接税局重庆分局文(1941年6月) ……710

31. 重庆春和商店为报告6月2日被炸损失情形请派员查勘并准予备案事呈直接税处重庆分处文(1941年6月) ……712

32. 同德瓷号经理徐勤俊为报告6月7日被炸损失情形申请备案事呈直接税局重庆分局文(1941年7月5日) ……712

33. 大同公寓胡素芳为报告7月29日被炸损失情形申请停业事呈财政部所得税川康办事处重庆市第二区办事处文(1941年7月5日) ……713

34. 重庆瑞诚商行为报告6月7日被炸损失情形请备案存查事呈财政部川康区直接税局重庆分局文(1941年7月16日) ……714

35. 重庆市警察局第四分局局长李子谦等为证明瑞诚商行6月7日被炸属实呈财政部川康区直接税局重庆分局文(1941年7月16日) ……716

36. 重庆和记商行为报告7月18日被炸损失略情请派员查勘事呈川康直接税局重庆分局文(1941年7月19日) ……716

37. 重庆生记炭号为报告6月8日、7月8日被炸损失情形请鉴核并予扣算税款事呈四川省财政局直接税局文(1941年7月19日) ……717

38. 重庆德生福为报告6月15日被炸损失情形请鉴核备查事呈川康直接税局文(1941年7月) ……717

39. 成都德孚渝分号周克俊为报告7月5日被炸损失情形请备案事呈财政部川康直接税局重庆分局文(1941年7月) ……719

40. 复兴祥瓷器店为报告7月30日被炸损失请登记备案事呈重庆市所得税局文(1941年8月3日) ……719

41. 富源商行重庆运输部经理杨述之为报告8月10日被炸损失情形请查核备案事呈财政部川康直接税局重庆分局文(1941年8月)……720
42. 重庆市竹商业同业公会为转报会员永大竹木行8月9日被炸损失情形请派员查勘并予备案事呈重庆市所得税局文(1941年9月4日)……722
43. 义泰和经理习竹钦为报告6月15日被炸损失情形请备查事呈重庆市社会局文(1941年9月8日)……723
44. 重庆三益公商号为报陈7月30日被炸损失详单请查照备案事呈财政部川康直接税局重庆分局文(1941年9月)……724
45. 大华商店秦毓昶为报告8月13日被炸损失情形请示续保兵险事呈重庆市社会局文(1941年9月25日)……726
46. 重庆市银楼商业空袭损害调查表(1941年11月30日)……726
47. 金山公司总店黄正光为报告7月29日被炸损失情形请准予续保兵险事呈重庆市社会局文(1941年10月16日)……727
48. 重庆积成公字号为报告被炸损失情形并设临时办公处等请备查事呈财政部川康直接税局重庆分局文(1941年11月)……727
49. 重庆瑞记报关行为报告迭遭轰炸损失等情请备查事呈财政部川康直接税局重庆分局文(1942年2月4日)……728
50. 重庆荣庆祥雨伞店为报陈被炸损失情形请豁免税款维持救济事呈财政部川康直接税局重庆分局文(1943年1月)……728
51. 重庆市粮食商业同业公会为转报稣丰米厂被炸情形请查核备案事给重庆市商会的公函(1945年9月26日)……729
52. 安纪建筑公司1940年6月12日被炸财产损失报告单(1945年12月13日)……730
53. 天府营告公司1940年7月20日被炸烧财产损失报告单(1945年12月14日)……730
54. 重庆市承揽运送商业同业公会为填报该会抗战财产损失报告表请转报给重庆市商会的公函(1946年4月23日)……731
55. 重庆市浴池商业同业公会为补报抗战财产损失报告单请备查事给重庆市商会的公函(1946年5月22日)……732
56. 重庆市玻璃商业同业公会为补报抗战财产损失报告表以备查照给重庆市商会的公函(1946年5月27日)……733

57. 重庆市仓库商业同业公会为补送会员美丰银行第一仓库抗战财产损失表请查照事给重庆市商会的公函(1946年6月18日) ············740

58. 重庆市板车商业同业公会为填报抗战公私损失调查表请查照汇转事给重庆市商会的公函(1948年1月19日) ············741

附

重庆市营业税处为呈送重庆市被炸商户清册致重庆市政府文(1940年11月14日) ············743

后记 ············841

一、重庆市银行商业同业公会及所属抗战财产损失

1. 陈砚僮为8月20日会所被炸经过及请示办法给康心如等的报告(1940年8月21日)

查本月二十日渝市续遭空袭,敌机投下大量烧夷弹,商业区、银行区同被灾害,本会会所亦不幸全部焚毁。经僮亲临视察,合将经过详情,缮具报告,敬乞察核。

(A)被灾经过

按,本会建筑全系砖造,临街窗户均系铜质,平时绝少火灾危险。后面木窗用砖堵塞,亦无可虑。此次被灾,系由厨房楼上中一燃烧弹,安徽地方银行曾有详细调查(安徽财厅杨厅长亲临查勘,断为中弹起火)。本日庶务员杨世义督工挖掘结果,拾得搪瓷漱盂1个,底部内外均有硫磺粉痕迹(现存临时办事处),证实不虚。同时又因半边街周吉臣铺房中一燃烧弹被焚塌下,引燃本会左侧板房,风势助虐,瞬息即成燎原。是时本会原有茶房头目张焕琛暨工友二人在附近民生公司防空洞内,于第一批敌机投弹后本可奔出抢出,无如中央银行工程材料处亦中一烧夷弹,火焰向洞口拂扫,张等欲出不得,防护团复加劝阻。及第二批敌机跟从投弹去后,张等出洞奔赴火场,本会建筑左侧方已全部着火矣。

(B)抢救结果

据茶房头目张焕臣面称,渠发现舍所着火时急欲施救,而苦无工具,附近亦无防护团及消防队可以呼助,同时第三批、第四批敌机复跟从而至。及张等人入

洞暂避再度出视时，火已烧及交易所侧门，张等目视施救无从，只冒险进入抢出零星什物若干件（如附件）。

（C）视察实况

僅是日适在接圣街四川省银行防空洞内避难，于警报解除后立即驰赴灾区。经辗转到达模范市场口，则见本会会所二楼三楼火舌齐向窗口喷出，面对街之植物油料厂房屋亦在猛烈燃烧，无法逼近。本会驻会员工均在空场守候，不特无救火车施救，即消防队亦未见一人（且水源早断）。当以本会二十八、二十九年度档卷大部分尚在保险库内，欲待火势平息，进入查看，偕各员工立候良久。先后有会员代表顾敦夫、衷玉麟、李现林诸君莅场目睹，并承慰问。

（D）损失情形

甲：档卷

子、专案文件，即与本会有直接利害关系之文卷早移南岸凉风垭，重要证件则在化龙桥临时办事处。

丑、历届大会及执委会决议录全部完整。

寅、二十七年度以前档卷大部存化龙桥临时办事处。

卯、最近办理未完案卷，随携入防空洞，未损失。

辰、二十八、二十九年度档卷因备随时查阅，存放保险库内，殊以该库顶层不坚，且燃烧过久，致塌下复压。现仍发热烧燃，俟扑灭余火，全部挖掘，看能保全几许，容再报告。（今晨破库入视及挖掘余烬，发现全部焚毁。）

乙：建筑物

全部被毁，另摄影备查。

丙：家具

除事前搬移化龙桥极少部分外，全部被毁。

丁：印刷文具

各项文具全部损失，印刷品有少部分存化龙桥，可供暂时应用，其余存储保险库内及办公室之一部，均全部被焚。

（E）善后处理

甲：守护准备

因会所内有保险柜数只,及建筑用钢骨钢管甚多,将来可得相当售价,故指派茶役严密守护,并由庶务员督率挖掘,先救档卷,次救器材。

乙:员工维持

由员私人及庶务处各垫款发给维持费,俟全部处理就绪后,再报请核销。

请示各项如后:

(一)会址问题

甲:办公地点拟全部暂移化龙桥庞家岩本会临时办事处。

乙:开会。每次开会拟暂向四川美丰银行商借议场。

丙:通讯。本会驻城通讯处,拟暂假钱业公会地点。

(二)员工损失津贴

查驻会职员及工役,所有随身衣服行李大多未及救出。因本会曾规定,工役每遇警报发生,应将本会文件箱随携入洞,不得先顾自己行李。兹既遭受损失,似可参照其他公务及事业机关之成例,酌给津贴,以示体恤。其办法如左<下>:

1. 驻会各员工所有未及抢出之随身衣服行李,应据实开具损失清单呈核。
2. 驻会而在假之员工,得复查损失情形,酌给少量津贴。
3. 未在会内住宿之员工,不得请求津贴。
4. 津贴损失总数以不超过本会全体员工一个月薪额为度。

(三)今后会务进行

甲:工作效率

大多数员工(除留工役二人驻城外)既移郊外办公,因交通工具之困难,传送公文较多,不免滞缓,惟遇有紧急事件,仍当设法加紧办理,以免贻误。

乙:活动范围

本会今后活动范围,拟暂以与本业有直接利害关系者为限。其他一切社会活动,拟暂缓普遍参加,以省人力。

丙:公务接洽

因僅本人现仍常川驻城(已辞去重庆郊外市场营建委员会兼职,改就四川省银行职务),在每日营业时间内,我主席、常委如有嘱办事件,即当遵前奉洽不误。

所呈是否有当？敬候核示只遵！此上心如主席,心雅、广迟、昌猷、芷村常委,诸公赐鉴。

附清单一纸

陈砚僮　谨呈

八月二十一日

台灯	1盏
窗帘	5根
台帕	1根
椅垫	4个
茶碗	1个
法规大全	10册

2. 重庆市银行商业同业公会主席康心如为会所被炸改换办公地点等给重庆市商会的公函(1940年8月28日)

查本会会所原在本市第一模范市场,门牌第47号,不幸于本年八月二十日,遭敌机进犯市空,投下大量烧夷弹,会所厨房楼上中弹燃烧,同时打铁街坡下周吉臣铺房亦中一弹,被焚坍塌,引燃会所左侧板房,加以风势助虐,瞬息即至燎原,施救不及,全部遂竟焚毁。所有存会档卷、家具、什物等项,均付一炬。现经常委会商讯〔决〕,暂就城内钱业公会设置驻城通讯处,以便接收公文;另于市区化龙桥庞家岩门牌第6号原建临时办事处即日开始办公。除分别呈函外,相护函请贵会烦为查照备案。此致:

重庆市商会

主席　康心如

中华民国二十九年八月二十八日

3. 重庆市银行商业同业公会第一股主任李法愚空袭被焚损失私物报告表（1940年9月2日）

物品名称	品质	数量	价值（国币元）	备考
被盖		2床	120.00	
褥子		1床	20.00	
毯子	线料	1床	20.00	
油绸		1床	15.00	
棉枕		2个	10.00	
凉草席		2床	10.00	
洗脸盆	洋瓷	1个	18.00	
漱口盅	洋瓷	1个	2.00	
呢帽		1顶	20.00	
皮鞋	纹皮	2双	60.00	黄黑各1双
丝棉袍	绸面驼绒里	1套	100.00	
薄棉袍		1件	30.00	
夹衫	华大呢	1件	50.00	
单衫		5件	80.00	灰绸1件、白麻布1件、毛呢1件、蓝布2件
汗衫	花布	2套	30.00	
夹裤		2件	30.00	
背心	毛线	1件	30.00	
绒衬衫		1件	20.00	
短裤		1件	3.00	
毛巾		2件	4.00	
袜子		7双	16.00	丝2双、棉2双、厚棉3双
皮箱		1口	15.00	
竹箱		2口	5.00	
合计			708.00	书籍数十种约值数百元及零星小物均未列入

右＜上＞开物品，确系因空袭被毁，谨呈：

秘书长陈　转呈

主席康

填报人职务　第一股主任

姓名　李法愚

二十九年九月二日

审核意见：查该员常驻会内办公最勤，此次损失重大，确系实情，拟从优核洽救助津贴350.00元。九月十八日。

4. 重庆市银行商业同业公会第二股主任李丹崖空袭被焚损失私物报告表（1940年9月8日）

物品名称	品质	数量	价值（国币元）	备考
被盖		1床	62.00	
夹衫	芝麻呢及青斜纹	2件	54.00	
夹裤	青□□及冲哔叽	2件	38.00	
驼绒袍子	冲华达呢	1件	46.00	
棉裤	直贡呢及里布	1件	32.00	
白绒汗衣		2件	18.00	
白绒汗裤		2件	18.00	
棉袜		2双	4.00	
细篾凉席		1床	17.00	
汗衣汗裤		2套	41.00	
衣扁皮箱		1口	8.00	
琅磁菜盒		1件	20.00	
磁茶壶		1件	9.00	
镜子		1口	8.00	
合计			376.90	此外零星应用物品并未列入

右<上>开物品，确系因空袭被毁，谨呈：

秘书长陈　转呈

主席康

填报人职务　第二股主任

姓名　李丹崖

二十九年九月八日

审核意见：查该员于行址被焚时适告假在家，姑念该员服务最久，损失亦系确情,拟核给救助津贴140.00元。九月十八日。

5. 重庆市银行商业同业公会记账熊锦程空袭被焚损失私物报告表(1940年9月9日)

物品名称	品质	数量	价值(国币元)	备考
丝棉被盖	丝棉	1床	70.00	重4斤,以现在价估计
棉絮	棉花	1床	20.00	重5斤
毯子	线	1床	25.00	
席子	篾	1床	7.00	
洗脸帕	线	1根	1.50	
防毒面具		2只	15.00	
合计			150.00①	此外零星应用物品并未列入

右<上>开物品,确系因空袭被毁,谨呈:

秘书长陈　转呈

主席康

填报人职务　记账

姓名　熊锦程

二十九年九月九日

审核意见:查该员驻会时间甚少,姑念损失确实,拟核给救助津贴65.00元。九月十八日。

6. 重庆市银行商业同业公会办事员张永康空袭被焚损失私物报告表(1940年9月2日)

物品名称	品质	数量	价值(国币元)	备考
被盖	围花背面,市布包罩	1床	60.00	
长衫	双纱灰色	1件	23.40	
汗衣	开市米条子花	2件	22.50	
小衣	开市米条子花	2条	17.40	

---

① 合计应为138.50元,原文为150.00元。

续表

物品名称	品质	数量	价值（国币元）	备考
夹裤	香灰色花缎绒里	1条	22.50	
枕头	市布装沪花	1付	6.00	
袜子	冲鸭绒	2双	7.20	
袜子	各纱棉袜	2双	5.00	
包帕	市布	1根	3.00	
皮鞋	黄纹皮	1双	36.00	
皮拖鞋	黄皮	1双	7.00	
平鞋	青直贡	1双	12.00	
席子	竹	2根	12.00	草席凉席各1根
枕席	竹	1根	1.00	
洗脸盆	搪瓷	1口	18.00	
漱口盂	搪瓷	1只	1.50	
胶鞋	全胶	1双	9.00	
棉袍	冲毛□	1件	50.00	
	合计		253.65	

右<上>开物品,确系因空袭被毁,谨呈:

秘书长陈　转呈

主席康

填报人职务　办事员
姓名　张永康
二十九年九月二日

审核意见:查该员奉职尚勤,常以驻会,拟核给救助津贴120.00元。九月十八日。

7. 重庆市银行商业同业公会办事员倪剑樵空袭被焚损失私物报告表(1940年9月18日)

物品名称	品质	数量	价值（国币元）	备考
请假返里,损失不明,故无法填报。				

右<上>开物品,确系因空袭被毁,谨呈:

秘书长陈　转呈
主席康

　　　　　　　　　　　　　　　　填报人职务　办事员
　　　　　　　　　　　　　　　　姓名　倪剑樵(熊锦程代填)
　　　　　　　　　　　　　　　　二十九年九月十八日

　　审核意见:查该员平时服公尚称得力。此次虽系在假,经调查其损失情形,拟核给救助津贴40.00元。九月十八日。

8. 重庆市银行商业同业公会门警周联陞空袭被焚损失私物报告表(1940年9月)

物品名称	品质	数量	价值(国币元)	备考
被盖	棉	6斤	30.00	
白宽洋布包单	花直贡呢面	1床	38.00	
花条子白宽洋布卧罩		1根	24.00	
黄油布	帆布	1根	15.00	
枕头	白市布	1个	4.00	
席子	竹	1根	5.00	
颈身	青直贡呢	1件	18.00	
上下颈身	白花绒	1套	28.00	
衬衣	白市布咔叽	1件	15.00	
衬衣	标准蓝布	1件	15.00	
摇裤	黄咔叽	1件	8.00	
袜子	青棉	2双	5.00	
面盆	白瓷	1个	14.00	
毛巾	白色	1张	2.00	
牙刷	牛骨	1把	0.80	
牙膏	三星牌	1支	1.20	
合计			223.00	

　　右<上>开物品,确系因空袭被毁,谨呈:

秘书长陈　转呈
主席康

　　　　　　　　　　　　　　填报人职务　门警

　　　　　　　　　　　　　　姓名　周联陛

　　　　　　　　　　　　　　二十九年九月

审核意见：查该告假回家，有失厥职，姑念损失确实，拟核给救助津贴80.00元。九月十八日。

9. 重庆市银行商业同业公会茶役闫树荣空袭被焚损失私物报告表（1940年9月）

物品名称	品质	数量	价值（国币元）	备考
被盖	棉	5斤	25.00	
皮箱	白皮	1口	14.00	
蓝布衫	蓝布	2件	42.00	
布毯	蓝条花	1床	20.00	
颈身	灰哗叽棉的	1件	18.00	
线汗衣	线的	1件	8.00	
汗衣	蓝布	1套	18.00	
鞋子	青布	1双	3.00	
袜子	棉的	1双	2.00	
草席	蒲草	1根	4.00	
枕头	市布	1个	4.00	
合计			158.00	

　　右<上>开物品，确系因空袭被毁，谨呈：

秘书长陈　转呈

主席康

　　　　　　　　　　　　　　填报人职务　茶役

　　　　　　　　　　　　　　姓名　闫树荣

　　　　　　　　　　　　　　二十九年九月

审核意见：查该员常以驻会，损失确实，拟核给救助津贴70.00元。九月十八日。

10. 重庆市银行商业同业公会茶役张梁臣空袭被焚损失私物报告表(1940年9月)

物品名称	品质	数量	价值(国币元)	备考
被盖	棉	6斤	30.00	
白宽洋布包单	花条子面子	1床	38.00	
被褥	棉	5斤	20.00	
被毯	蓝条子花	1根	21.00	
枕头	十字布	1对	8.00	
席子	青麦	1根	5.00	
竹箱	竹	1口	4.00	
蓝布衫	蓝洋布	1件	24.00	
夹衫	青洋布	1件	30.00	
夹裤	青毛葛	1条	15.00	
汗衣	白市布	1套	20.00	
颈身	条子呢棉的	1件	22.00	
袜子	线	3双	6.00	
鞋子	直贡呢	1双	12.00	
帽子	缎子	1顶	4.00	
胶鞋	帆布	1双	12.00	
毛巾	白色	1张	2.00	
牙刷	牛骨	1把	0.80	
漱口盂	瓷器	1个	2.00	
牙粉	无敌牌	1盒	1.00	
合计			274.80	

右<上>开物品,确系因空袭被毁,谨呈:

秘书长陈　转呈

主席康

　　　　　　　　　　　　　　　填报人职务　茶役

　　　　　　　　　　　　　　　姓名　张梁臣

　　　　　　　　　　　　　　　二十九年九月

　　审核意见:查该役常以驻会,颇能尽职,损失亦尚确实,拟核给救助津贴135.00元。九月十八日。

11. 重庆市银行商业同业公会茶役头目张焕臣空袭被焚损失私物报告表(1940年9月)

物品名称	品质	数量	价值(国币元)	备考
被盖	棉	6斤	28.00	
白洋布包单	毛呢蓝面子	1床	35.00	
被盖	棉	3斤	15.00	
白洋布包单	蓝花呢面	1床	35.00	
毛蓝布衫子	布	2件	48.00	
枕头	白市布	1对	16.00	
皮鞋		1双	30.00	
青呢鞋	呢	1双	12.00	
洗面盆	搪瓷	1个	14.00	
牛毛毯		1床	8.00	
席子	竹	1根	6.00	
草席	蒲草	1根	6.00	
皮箱	皮	1口	16.00	
合计			269.00	

右<上>开物品,确系因空袭被毁,谨呈:

秘书长陈　转呈

主席康

　　　　　　　　　　　　　　　填报人职务　茶役头目

　　　　　　　　　　　　　　　　　　姓名　张焕臣

　　　　　　　　　　　　　　　　　　二十九年九月

审核意见:查该役常以驻会,颇能尽职,损失亦系实情,拟核给救助津贴135.00元。九月十八日。

12. 重庆市银行商业同业公会茶役王季庸空袭被焚损失私物报告表（1940年9月）

物品名称	品质	数量	价值（国币元）	备考
被盖	棉	6斤	30.00	
白宽洋布包单	花彪布面子	1床	35.00	
毯子	白咔叽	1床	26.00	
枕头	白帆布	1对	6.00	
帽子	呢帽	1顶	8.00	
皮鞋	黑色	1双	27.00	
桃箱	竹	1口	5.00	
黄油布	帆布	1床	17.00	
席子	竹	1根	6.00	
毛巾	白色	1张	2.00	
合计			157.00	

右<上>开物品，确系因空袭被毁，谨呈：

秘书长陈　转呈

主席康

　　　　　　　　　　　　　　　　　填报人职务　茶役

　　　　　　　　　　　　　　　　　姓名　王季庸

　　　　　　　　　　　　　　　　　二十九年九月

审核意见：查该役平时颇能尽职，此次会所被焚，适告假在家，姑念损失确实，拟核给救助津贴60.00元。九月十八日。

13. 重庆市银行商业同业公会茶役陈炳权空袭被焚损失私物报告表（1940年9月）

物品名称	品质	数量	价值（国币元）	备考
棉絮	棉	1床	30.00	
席子	竹	1床	6.00	
合计			36.00	

右<上>开物品，确系因空袭被毁，谨呈：

秘书长陈　转呈
主席康

　　　　　　　　　　　　　　　　　　　　填报人职务　茶役
　　　　　　　　　　　　　　　　　　　　姓名　陈炳权
　　　　　　　　　　　　　　　　　　　　二十九年九月

　　审核意见：查该役常以驻会，损失确实，拟核给救助津贴25.00元。九月十八日。

14. 重庆市银行商业同业公会厨役徐准川空袭被焚损失私物报告表（1940年9月）

物品名称	品质	数量	价值（国币元）	备考
被盖	棉	7斤	30.00	
白洋布包单	花彪布面子	1床	40.00	
大衣	灰咔叽	1件	20.00	
枕头	白洋布	1个	3.00	
席子	竹	1根	7.00	
毛巾	白色	1张	3.00	
合计			87.00	

　　右<上>开物品，确系因空袭被毁，谨呈：

秘书长陈　转呈
主席康

　　　　　　　　　　　　　　　　　　　　填报人职务　厨役
　　　　　　　　　　　　　　　　　　　　姓名　徐准川
　　　　　　　　　　　　　　　　　　　　二十九年九月

　　审核意见：查该役驻会服务，损失确实，拟核给救助津贴40.00元。九月十八日。

15. 重庆市银行商业同业公会茶役王季德空袭被焚损失私物报告表(1940年9月)

物品名称	品质	数量	价值(国币元)	备考
被盖	棉	6斤	30.00	
白印花布	桶棉	1床	34.00	
线毯	线	1床	28.00	
牛毛毯		1床	10.00	
枕头	白市布	1个	4.00	
席子	竹	1床	6.00	
鞋子	黄帆布	1双	4.00	
毛巾	白色	1张	2.00	
合计			118.00	

右<上>开物品,确系因空袭被毁,谨呈:

秘书长陈　转呈

主席康

　　　　　　　　　　　填报人职务　茶役

　　　　　　　　　　　姓名　王季德

　　　　　　　　　　　二十九年九月

审核意见:查该役驻会服务,损失确实,拟核给救助津贴50.00元。九月十八日。

16. 重庆市银行商业同业公会为抄送抗战期间所属银行直接间接财产损失报告表致重庆市商会函(1946年5月2日)

案准贵会商三字第2997号大函,为前送抗战财产直接间接损失报告表各41份业电请社会局核转,惟尚需各原表一份存查,嘱各照抄一份送会,等由,自应照办。兹特随函各抄一份送请贵会存查为荷。此致:

重庆市商会

附送报告表各41份

　　　　　　　　　　　　　重庆市银行商业同业公会启

附抄:抗战财产直接间接损失行名单:

四川农工银行	川盐银行	复兴义银行	山西裕华银行	金城银行
谦泰豫银行	中南银行	四川建设银行	华康银行	开源银行
四川省银行	华侨联合银行	永利银行	美丰银行	通惠银行
泰裕银行	安徽地方银行	亚西实业银行	和丰银行	四川兴业银公司
和成银行	中国实业银行	汇通银行	复华银行	中国农工银行
建国银行	建业银行	光裕银行	中国工矿银行	中国通商银行
川康平民商业银行	聚兴诚银行	重庆商业银行	大同银行	重庆市银行公会
胜利银行	长江银行	大陆银行	聚康银行	和通银行
永成银行				

附表1:四川农工银行财产损失报告[①](1945年)

1)四川农工银行财产直接损失汇报表

事件:空袭

日期:二十八年至三十二年

地点:重庆

分类	价值(国币元)
共计	500000.00
建筑物	
器具	
现款	
图书	
仪器	
文卷	
医药用品	500000.00
原料	
产品	
其他	

---

① 各银行呈报顺序按档案原文,编者注。

2)四川农工银行财产间接损失报告表

分类	数额(国币元)
共计	10300000.00
迁移费	500000.00
防空设备费	2000000.00
疏散费	800000.00
救济费	1000000.00
抚恤费	
可能生产额减少	
可获纯利额减少	6000000.00

附表2：山西裕华银行财产损失报告(1945年)

1)山西裕华银行财产直接损失汇报表

　　　　事件：轰炸

　　　　时间：二十九年六月

　　　　地点：重庆

分类	价值(国币元)
共计	18000.00
建筑物	15000.00
器具	3000.00
现款	
图书	
仪器	
文卷	
医药用品	
原料	
产品	
其他	

2)山西裕华银行财产间接损失报告表

分类	数额(国币元)
共计	2863743.34
迁移费	
防空设备费	
疏散费	2863743.34
救济费	
抚恤费	
可能生产额减少	
可获纯利额减少	

附表3:中南银行财产损失报告(1945年)

1)中南银行财产直接损失汇报表

事件:空袭

日期:二十八年至三十四年

地点:重庆

分类	价值(国币元)
共计	117250.00
建筑物	33600.00
器具	83650.00
现款	
图书	
仪器	
文卷	
医药用品	
原料	
产品	
其他	

2)中南银行财产间接损失报告表

分类	数额(国币元)
共计	1403550.00
迁移费	
防空设备费	1403550.00
疏散费	
救济费	
抚恤费	
可能生产额减少	
可获纯利额减少	

附表4:开源银行财产间接损失报告表(1945年)

分类	数额(国币元)
共计	9500000.00
迁移费	
防空设备费	3000000.00
疏散费	2000000.00
救济费	4500000.00
抚恤费	
可能生产额减少	
可获纯利额减少	

附表5:永利银行财产间接损失报告表(1945年)

分类	数额(国币元)
共计	997000.00
迁移费	300000.00
防空设备费	447000.00
疏散费	250000.00
救济费	
抚恤费	
可能生产额减少	
可获纯利额减少	

附表6：泰裕银行财产损失报告（1945年）

1）泰裕银行财产直接损失汇报表

地点：长沙老河口分行

分类	价值（国币元）
共计	1800000.00
建筑物	1000000.00
器具	800000.00
现款	
图书	
仪器	
文卷	
医药用品	
原料	
产品	
其他	

2）泰裕银行财产间接损失报告表

分类	数额（国币元）
共计	20878000.00
迁移费	7000000.00
防空设备费	358000.00
疏散费	3720000.00
救济费	4800000.00
抚恤费	
可能生产额减少	
可获纯利额减少	45000000.00

附表7：和丰银行财产间接损失报告表(1945年)

分类	数额(国币元)
共计	408000.00
迁移费	
防空设备费	408000.00
疏散费	
救济费	
抚恤费	
可能生产额减少	
可获纯利额减少	

附表8：中国实业银行财产间接损失报告表(1945年)

时间：二十八年至三十四年

分类	数额(国币元)
共计	3951626.17
迁移费	1345066.80
防空设备费	1116253.94
疏散费	1490305.45
救济费	
抚恤费	
可能生产额减少	
可获纯利额减少	

附表9：中国农工银行财产损失报告(1945年)

1) 中国农工银行财产直接损失汇报表

事件：空袭

地点：各地分支行

分类	价值(国币元)
共计	
建筑物	329573.08
器具	945260.87

续表

分类	价值（国币元）
现款	83000.00
图书	2000.00
仪器	2000.00
文卷	
医药用品	1000.00
原料	
产品	
其他	2747500.00

2）中国农工银行财产间接损失报告表

分类	数额（国币元）
共计	
迁移费	19960.00
防空设备费	22000.00
疏散费	1733935.10
救济费	3000.00
抚恤费	3000.00
可能生产额减少	
可获纯利额减少	2000.00
其他	1893350.05
放款损失	600000.00

附表10：川盐银行财产损失报告（1945年）

1）川盐银行财产直接损失汇报表

分类	价值（国币元）
共计	831420000.00
建筑物	606000000.00
器具	85420000.00
现款	120000000.00
图书	20000000.00

续表

分类	价值(国币元)
仪器	
文卷	
医药用品	
原料	
产品	
其他	

2)川盐银行财产间接损失报告表

分类	数额(国币元)
共计	2292000000.00
迁移费	50000000.00
防空设备费	40000000.00
疏散费	120000000.00
救济费	
抚恤费	2000000.00
可能生产额减少	
可获纯利额减少	2000000000.00
职工损失	80000000.00

附表11:金诚银行财产损失报告(1945年)

1)金诚银行财产直接损失汇报表

　　事件:轰炸

　　地点:重庆

分类	价值(国币元)
共计	2972727.00
建筑物	2972727.00
器具	
现款	
图书	

续表

分类	价值(国币元)
仪器	
文卷	
医药用品	
原料	
产品	
其他	

2) 金诚银行财产间接损失报告表

分类	数额(国币元)
共计	
迁移费	120000.00
防空设备费	177534.55
疏散费	
救济费	50000.00
抚恤费	
可能生产额减少	
可获纯利额减少	
其他	

附表12：四川建设银行财产损失报告(1945年)

1) 四川建设银行财产直接损失汇报表

事件：轰炸

地点：重庆

分类	价值(国币元)
共计	226917906.00
建筑物	174000000.00
器具	39000000.00
现款	
图书	11417906.00
仪器	

续表

分类	价值(国币元)
文卷	
医药用品	2500000.00
原料	
产品	
其他	

2)四川建设银行财产间接损失报告表

分类	数额(国币元)
共计	122773620.00
迁移费	8759600.00
防空设备费	54595520.00
疏散费	20000000.00
救济费	14418500.00
抚恤费	5000000.00
可能生产额减少	20000000.00
可获纯利额减少	

附表13:四川省银行财产损失报告(1945年)

1)四川省银行财产直接损失汇报表

事件:轰炸

地点:重庆

分类	价值(国币元)
共计	
建筑物	36000.00
器具	50000.00
现款	
图书	
仪器	
文卷	
医药用品	

续表

分类	价值（国币元）
原料	
产品	
其他	50000.00
运输工具	40000.00
间接损失	390000.00

2）四川省银行财产间接损失报告表

分类	数额（国币元）
共计	
迁移费	100000.00
防空设备费	40000.00
疏散费	
救济费	5000.00
抚恤费	5000.00
可能生产额减少	
可获纯利额减少	

附表14：四川美丰银行财产损失报告（1945年）

1）四川美丰银行财产直接损失汇报表

　　事件：轰炸

　　日期：二十八年至三十四年

　　地点：重庆

分类	价值（国币元）
共计	31316900.00
建筑物	28488900.00
器具	1428000.00
现款	1400000.00
图书	
仪器	
文卷	

续表

分类	价值(国币元)
医药用品	
原料	
产品	
其他	

2)四川美丰银行财产间接损失报告表

分类	数额(国币元)
共计	227945437.00
迁移费	
防空设备费	147637457.00
疏散费	76308000.00
救济费	
抚恤费	4000000.000
可能生产额减少	
可获纯利额减少	

附表15：重庆市银行公会财产损失报告(1945年)

1)重庆市银行公会财产直接损失汇报表

  事件:轰炸

  日期:二十九年九月二十日

  地点:重庆

分类	价值(国币元)
共计	23000000.00
建筑物	20000000.00
器具	3000000.00
现款	1400000.00
图书	
仪器	
文卷	
医药用品	

续表

分类	价值(国币元)
原料	
产品	
其他	

2)重庆市银行公会财产间接损失报告表

分类	数额(国币元)
共计	600000.00
迁移费	500000.00
防空设备费	
疏散费	
救济费	100000.00
抚恤费	
可能生产额减少	
可获纯利额减少	

附表16:安徽地方银行财产损失报告(1945年)

1)安徽地方银行财产直接损失汇报表

事件:轰炸

日期:二十九年

地点:重庆

分类	价值(国币元)
共计	122392.60
建筑物	
器具	113740.00
现款	8652.60
图书	
仪器	
文卷	
医药用品	
原料	
产品	
其他	

2)安徽地方银行财产间接损失报告表

分类	数额(国币元)
共计	
迁移费	1000000.00
防空设备费	3000000.00
疏散费	
救济费	
抚恤费	
可能生产额减少	
可获纯利额减少	4500000.00

附表17:四川兴业银公司财产间接损失报告表(1945年)

分类	数额(国币元)
共计	
迁移费	
防空设备费	173600.00
疏散费	
救济费	
抚恤费	
可能生产额减少	
可获纯利额减少	

附表18:汇通银行财产损失报告表(1945年)

1)汇通银行财产直接损失汇报表

地点:重庆

分类	价值(国币元)
共计	
建筑物	
器具	
现款	394000.00
图书	
仪器	

续表

分类	价值(国币元)
文卷	
医药用品	
原料	
产品	
其他	

2)汇通银行财产间接损失报告表

分类	数额(国币元)
共计	
迁移费	
防空设备费	394000.00
疏散费	
救济费	
抚恤费	
可能生产额减少	
可获纯利额减少	

附表19：建国银行财产损失报告(1945年)

1)建国银行财产直接损失汇报表

事件：轰炸

地点：重庆

分类	价值(国币元)
共计	500000.00
建筑物	500000.00
器具	
现款	
图书	
仪器	
文卷	
医药用品	

续表

分类	价值(国币元)
原料	
产品	
其他	

2)建国银行财产间接损失报告表

分类	数额(国币元)
共计	
迁移费	
防空设备费	1400000.00
疏散费	
救济费	
抚恤费	
可能生产额减少	
可获纯利额减少	

附表20:复兴义银行财产损失报告(1945年)

1)复兴义银行财产直接损失汇报表

  事件:轰炸

  地点:重庆

分类	价值(国币元)
共计	12000000.00
建筑物	9000000.00
器具	3000000.00
现款	
图书	
仪器	
文卷	
医药用品	
原料	
产品	
其他	

2) 复兴义银行财产间接损失报告表

分类	数额(国币元)
共计	
迁移费	1000000.00
防空设备费	
疏散费	
救济费	
抚恤费	
可能生产额减少	2300000.00
可获纯利额减少	

附表21：谦泰豫兴业银行财产间接损失报告表(1945年)

分类	数额(国币元)
共计	
迁移费	600000.00
防空设备费	2600000.00
疏散费	
救济费	
抚恤费	
可能生产额减少	
可获纯利额减少	

附表22：华康银行财产损失报告(1945年)

1) 华康银行财产直接损失汇报表

事件：轰炸

日期：三十年七月

地点：重庆

分类	价值(国币元)
共计	16500000.00
建筑物	9500000.00
器具	7000000.00

续表

分类	价值(国币元)
现款	
图书	
仪器	
文卷	
医药用品	
原料	
产品	
其他	

2) 华康银行财产间接损失报告表

分类	数额(国币元)
共计	
迁移费	
防空设备费	7280000.00
疏散费	
救济费	800000.00
抚恤费	
可能生产额减少	
可获纯利额减少	

附表23：华侨联合银行财产损失报告(1945年)

1) 华侨联合银行财产直接损失汇报表

  事件：撤退

  日期：三十三年九月

  地点：柳州等地

分类	价值(国币元)
共计	1273440.48
建筑物	566885.08
器具	706555.40

续表

分类	价值(国币元)
现款	
图书	
仪器	
文卷	
医药用品	
原料	
产品	
其他	

2)华侨联合银行财产间接损失报告表

分类	数额(国币元)
共计	
迁移费	1726087.32
防空设备费	100000.00
疏散费	
救济费	100000.00
抚恤费	
可能生产额减少	
可获纯利额减少	2000000.00

附表24：通惠银行财产损失报告(1945年)

1)通惠银行财产直接损失汇报表

事件：中弹

日期：二十九年

地点：重庆

分类	价值(国币元)
共计	1200000.00
建筑物	950000.00
器具	150000.00
现款	

续表

分类	价值(国币元)
图书	
仪器	
文卷	
医药用品	
原料	
产品	
其他	
运输工具	100000.00

2)通惠银行财产间接损失报告表

分类	数额(国币元)
共计	
迁移费	50000.00
防空设备费	650000.00
疏散费	
救济费	
抚恤费	
可能生产额减少	
可获纯利额减少	

附表25：亚西银行财产损失报告(1945年)

1)亚西银行财产直接损失汇报表

  事件：撤退

  日期：三十三年

  地点：衡阳、柳州、梧州、长沙等地

分类	价值(国币元)
共计	17000000.00
建筑物	9500000.00
器具	6500000.00
现款	

续表

分类	价值(国币元)
图书	
仪器	
文卷	
医药用品	
原料	
产品	
其他	
抵押品	1000000.00

2)亚西银行财产间接损失报告表

分类	数额(国币元)
共计	
迁移费	11500000.00
防空设备费	
疏散费	
救济费	
抚恤费	
可能生产额减少	
可获纯利额减少	

附表26：和成银行财产损失报告(1945年)

1)和成银行财产直接损失汇报表

事件：轰炸、撤退

地点：重庆及办事处

分类	价值(国币元)
共计	73360000.00
建筑物	20260000.00
器具	9100000.00
现款	35900000.00

续表

分类	价值(国币元)
图书	
仪器	
文卷	
医药用品	
原料	
产品	
其他	
运输工具	8100000.00

2)和成银行财产间接损失报告表

分类	数额(国币元)
共计	
迁移费	
防空设备费	
疏散费	12300000.00
救济费	
抚恤费	
可能生产额减少	
可获纯利额减少	

附表27：复华银行财产间接损失报告表(1945年)

分类	数额(国币元)
共计	14499400.00
迁移费	
防空设备费	12486650.00
疏散费	
救济费	
抚恤费	
可能生产额减少	
可获纯利额减少	2012750.00

附表28：建业银行财产直接损失汇报表①（1945年）

日期：三十三年

地点：长沙和柳州

分类	价值（国币元）
共计	3638651.56
建筑物	
器具	602860.50
现款	
图书	
仪器	
文卷	
医药用品	
原料	
产品	
其他	

附表29：光裕银行财产损失报告（1945年）

1）光裕银行财产直接损失汇报表

事件：撤退

日期：三十三年

地点：衡阳、柳州、梧州等地

分类	价值（国币元）
共计	73537100.00
建筑物	8003000.00
器具	3700000.00
现款	21228000.00
图书	
仪器	
文卷	
医药用品	

---

① 该表之统计数字似不完整，档案原文如此。编者注。

续表

分类	价值(国币元)
原料	
产品	
其他	
保管品	40600000.00
有价证券	6100.00

2) 光裕银行财产间接损失报告表

分类	数额(国币元)
共计	
迁移费	600000.00
防空设备费	
疏散费	
救济费	750000.00
抚恤费	
可能生产额减少	
可获纯利额减少	3900000.00

附表30:中国通商银行财产损失报告(1945年)

1) 中国通商银行财产直接损失汇报表

事件:撤退

地点:桂林等分支行

分类	价值(国币元)
共计	11364549.50
建筑物	
器具	4314645.64
现款	
图书	
仪器	
文卷	

续表

分类	价值(国币元)
医药用品	
原料	1687592.02
产品	
其他	5362311.84

2)中国通商银行财产间接损失报告表

分类	数额(国币元)
共计	15090932.06
迁移费	3391960.04
防空设备费	232046.00
疏散费	9728765.00
救济费	
抚恤费	
可能生产额减少	
可获纯利额减少	
呆滞账款	1256421.02
其他	481740.00

附表31：聚兴诚银行财产损失报告(1945年)

1)聚兴诚银行财产直接损失汇报表

日期：二十六年至三十四年

地点：各地

分类	价值(国币元)
共计	2599384.54
建筑物	1411516.90
器具	16259.08
现款	12076.03
图书	
仪器	

续表

分类	价值(国币元)
文卷	
医药用品	
原料	
产品	
其他	370181.75
抵押品	610420.53
有价证券	178930.25

2)聚兴诚银行财产间接损失报告表

分类	数额(国币元)
共计	
迁移费	4451420.27
防空设备费	11982184.62
疏散费	
救济费	241251121.02
抚恤费	31945.58
可能生产额减少	
可获纯利额减少	

附表32：大同银行财产损失报告(1945年)

1)大同银行财产直接损失汇报表

　　事件：撤退

　　地点：各分行

分类	价值(国币元)
共计	
建筑物	3950000.00
器具	3300000.00
现款	
图书	

续表

分类	价值(国币元)
仪器	
文卷	
医药用品	
原料	
产品	
其他	6850000.00

2) 大同银行财产间接损失报告表

分类	数额(国币元)
共计	
迁移费	5450000.00
防空设备费	1800000.0
疏散费	
救济费	4750000.00
抚恤费	
可能生产额减少	1500000.00
可获纯利额减少	27000000.00

附表33：胜利银行财产间接损失报告表(1945年)

地点：重庆

分类	数额(国币元)
共计	7128500.00
迁移费	1578000.00
防空设备费	1953000.00
疏散费	2654000.00
救济费	943500.00
抚恤费	
可能生产额减少	
可获纯益额减少	

附表34：长江银行财产间接损失报告表(1945年)

地点：重庆

分类	数额(国币元)
共计	9000000.00
迁移费	
防空设备费	2000000.00
疏散费	900000.00
救济费	1200000.00
抚恤费	
可能生产额减少	
可获纯利额减少	4900000.00

附表35：大陆银行财产损失报告(1945年)

1) 大陆银行财产直接损失汇报表

事件：轰炸

时间：二十九年

地点：重庆

分类	价值(国币元)
共计	1550000.00
建筑物	
器具	600000.00
现款	
图书	
仪器	
文卷	
医药用品	
原料	
产品	
其他	300000.00
印刷费	650000.00

2）大陆银行财产间接损失报告表

分类	数额（国币元）
共计	1100000.00
迁移费	750000.00
防空设备费	150000.00
疏散费	
救济费	200000.00
抚恤费	
可能生产额减少	
可获纯利额减少	

附表36：聚康银行财产间接损失报告表（1945年）

分类	数额（国币元）
共计	305000.00
迁移费	
防空设备费	305000.00
疏散费	
救济费	
抚恤费	
可能生产额减少	
可获纯利额减少	

附表37：和通银行财产损失报告（1945年）

1）和通银行财产直接损失汇报表

事件：轰炸

日期：二十八年

地点：重庆

分类	价值（国币元）
共计	6737000.00
建筑物	3197000.00
器具	2650000.00

续表

分类	价值(国币元)
现款	390000.00
图书	50000.00
仪器	
文卷	150000.00
医药用品	300000.00
原料	
产品	
其他	

2)和通银行财产间接损失报告表

分类	数额(国币元)
共计	4200000.00
迁移费	250000.00
防空设备费	1000000.00
疏散费	950000.00
救济费	500000.00
抚恤费	
可能生产额减少	1500000.00
可获纯利额减少	

附表38：永成银行财产损失报告(1945年)

1)永成银行财产直接损失汇报表

地点：重庆

分类	价值(国币元)
共计	2450000.00
建筑物	600000.00
器具	350000.00
现款	
图书	

续表

分类	价值（国币元）
仪器	
文卷	
医药用品	
原料	
产品	
其他	1500000.00

2）永成银行财产间接损失报告表

分类	数额（国币元）
共计	3100000.00
迁移费	600000.00
防空设备费	
疏散费	500000.00
救济费	
抚恤费	
可能生产额减少	
可获纯利额减少	2000000.00

附表39：中国工矿银行财产损失报告（1945年）

1）中国工矿银行财产直接损失汇报表

地点：重庆

分类	价值（国币元）
共计	15567192.95
建筑物	3220289.12
器具	4327369.15
现款	
图书	
仪器	
文卷	
医药用品	

续表

分类	价值(国币元)
原料	
产品	
其他	8019534.68

2)中国工矿银行财产间接损失报告表

分类	数额(国币元)
共计	25446165.44
迁移费	4111135.50
防空设备费	138225.00
疏散费	19328735.76
救济费	1540654.24
抚恤费	327414.94
可能生产额减少	
可获纯利额减少	

附表40:川康银行财产损失报告(1945年)

1)川康银行财产直接损失汇报表

地点:重庆

分类	价值(国币元)
共计	40500000.00
建筑物	34700000.00
器具	5800000.00
现款	
图书	
仪器	
文卷	
医药用品	
原料	
产品	
其他	

2)川康银行财产间接损失报告表

分类	数额(国币元)
共计	
迁移费	1300000.00
防空设备费	4000000.00
疏散费	
救济费	
抚恤费	
可能生产额减少	
可获纯利额减少	

附表41：重庆商业银行财产直接损失汇报表(1945年)

地点：重庆

分类	价值(国币元)
共计	104000000.00
建筑物	97000000.00
器具	7000000.00
现款	
图书	
仪器	
文卷	
医药用品	
原料	
产品	
其他	

17. 新华银行财产损失报告单(1940年)

事件：敌机炸毁

日期：二十九年八月二十日

地点：中正路174号

损失项目	单位	数量	价值(国币元)
行用房屋	座	4楼房屋1座	105000.00
行用器具		营业室、客室等	53712.00
同人行李		宿舍	69114.00
合计			227826.00

18. 重庆储金汇业局重庆分局空袭损害调查表(1941年6月27日)

(单位:国币元)

商号名称	主体人姓名	住址	损失情形					营业状况		备考
			人			物			未炸前	被炸后	
			伤	亡	种类	名称	价值总额	被炸月日		
邮政储金汇业局重庆分局	经理王祖廉	都邮街	无	无	房屋用具		20000.00余元(修理及添置费)	1941年5、6两月迭次被震坏一部分	不受影响	

说明:

1. "损失情形"一栏,对于"人"一项,应分别轻伤、重伤;"物"一项包括房屋、现金、货品、用具等项,均以估计之数字填入,但估计之数字必须与实际情形相合;

2. "营业状况"应填明未炸前之荣枯及被炸后能否继续,以简短之文字记载;

3. 如各商号能自行详细填报,则由各该商号自填,交由公会转报,否则,由公会代为查填,均由公会及填报人加具印章。

19. 中国实业银行空袭损害调查表(1941年6月28日)

(单位:国币元)

商号名称	主体人姓名	住址	损失情形					营业状况		备考
			人			物			未炸前	被炸后	
			伤	亡	种类	名称	价值总额	被炸月日		
中国实业银行		中正路161号	无	无	房屋	米花街144号至170号共14幢	约100000.00	6月7日		

说明：

1. "损失情形"一栏，对于"人"一项，应分别轻伤、重伤；"物"一项包括房屋、现金、货品、用具等项，均以估计之数字填入，但估计之数字必须与实际情形相合；

2. "营业状况"应填明未炸前之荣枯及被炸后能否继续，以简短之文字记载；

3. 如各商号能自行详细填报，则由各该商号自填，交由公会转报，否则，由公会代为查填，均由公会及填报人加具印章。

20. 中南银行空袭损害调查表（1941年7月3日）

（单位：国币元）

商号名称	主体人姓名	住址	损失情形					营业状况		备考
			人		物					
			伤	亡	种类	名称	价值总额	被炸月日	未炸前	被炸后	
中南银行	孙荫浓	模范市场21号	无	无	屋	瓦、天花板、窗	1200.00	6月15日			
同上	同上	李子坝19号	无	无	屋	瓦、天花板、窗、木器	1500.00	6月9日			

说明：

1. "损失情形"一栏，对于"人"一项，应分别轻伤、重伤；"物"一项包括房屋、现金、货品、用具等项，均以估计之数字填入，但估计之数字必须与实际情形相合；

2. "营业状况"应填明未炸前之荣枯及被炸后能否继续，以简短之文字记载；

3. 如各商号能自行详细填报，则由各该商号自填，交由公会转报，否则，由公会代为查填，均由公会及填报人加具印章。

21. 四川建设银行空袭损害调查表（1941年7月4日）

（单位：国币元）

商号名称	主体人姓名	住址	损失情形					营业状况		备考
			人		物					
			伤	亡	种类	名称	价值总额	被炸月日	未炸前	被炸后	
四川建设银行	郭松年	陕西路226号	无	无	房屋		100000.00	7月4日	经常营业	继续营业	城内本行
同上	同上	同上	无	无	器具		40000.00	同上			

续表

商号名称	主体人姓名	住址	损失情形					营业状况		备考
			人		物			未炸前	被炸后	
			伤	亡	种类	名称	价值总额	被炸月日			
同上	同上	同上	同上	同上	食品		1100.00	同上			
同上	同上	同上	同上	同上	房屋		5000.00	7月10日			城外李子坝建设新村宿舍
同上	同上	同上	同上	同上	器具		7000.00	同上			同上

说明：

1."损失情形"一栏，对于"人"一项，应分别轻伤、重伤；"物"一项包括房屋、现金、货品、用具等项，均以估计之数字填入，但估计之数字必须与实际情形相合；

2."营业状况"应填明未炸前之荣枯及被炸后能否继续，以简短之文字记载；

3.如各商号能自行详细填报，则由各该商号自填，交由公会转报，否则，由公会代为查填，均由公会及填报人加具印章。

22. 重庆银行空袭损害调查表（1941年7月17日）

（单位：国币元）

商号名称	主体人姓名	住址	损失情形					营业状况		备考
			人		物			未炸前	被炸后	
			伤	亡	种类	名称	价值总额	被炸月日			
重庆银行		陕西路	无	无	房屋	重庆村门房	5000.00	5月4日			
同上		同上			同上	重庆村9号	10000.00	5月16日			
同上		同上			同上	重庆村8号	10000.00	7月5日			
同上		同上			同上	重庆村门房	5000.00	7月6日			前炸修复者
同上		同上			同上	重庆村22号	10000.00	同上			

说明：

1."损失情形"一栏，对于"人"一项，应分别轻伤、重伤；"物"一项包括房屋、现金、货品、用具等项，均以估计之数字填入，但估计之数字必须与实际情形相合；

2."营业状况"应填明未炸前之荣枯及被炸后能否继续，以简短之文字记载；

3.如各商号能自行详细填报,则由各该商号自填,交由公会转报,否则,由公会代为查填,均由公会及填报人加具印章。

23.上海银行重庆分行为填报战事损失致上海银行总经理驻渝办事处文①(1942年7月28日)

总经理驻渝办事处钧鉴:

奉钧处通函第41号颁示查报战事损失办法,敬已洽悉。兹遵查明填制三十年份及本年一月至六月底止战事损失总细表各一份,并补抄二十九年一月十一日天报纸二十八年底以前民营事业财产间接损失报告表一副本一份,随函送陈,敬祈钧核汇报。嗣后此项战事损失,当遵每届3个月填报一次。谨此。复肃颂

钧安!

附件

渝行谨启
三十一年七月二十八日

1)上海银行重庆分行1941年及1942年1月至6月底止战事损失总表(1942年7月)

(单位:国币元)

直接损失		间接损失		
种类	金额		种类	金额
房屋	141464.78	费用之增加	拆迁费	—
器具	13730.00		防空费	63922.94
运输工具	—		救济费	—
其他	—		抚恤费	—
总数	155194.78		总数	63922.94

---

① 上海银行全名为"上海商业储蓄银行",后统简称"上海银行"。

2）上海银行重庆分行1941年及1942年1月至6月底止战事损失细表
（1942年7月）

（单元：国币元）

直接损失			间接损失		
科目	摘要	金额	科目	摘要	金额
修缮费	重庆村宿舍修理房屋	10053.47	警备费	扩充嘉陵村防空洞	13749.24
同上	中正路行屋修缮房屋	36948.96	同上	扩充汽车村防空洞	50173.70
同上	嘉陵村宿舍修理房屋	94462.35			
生财	嘉陵村宿舍器具	13730.00			
总数		155194.78	总数		63922.94

3）上海银行重庆分行1939年底以前战事间接损失报告表（1940年1月11日）

分类		数额（国币元）
可能生产额减少		—
可获纯利额减少		—
费用之增加	拆迁费	约100000.00
	防空费	约20000.00
	救济费	约50000.00
	抚恤费	—

4）上海银行重庆分行1940年战事损失总表（1942年7月）

（单元：国币元）

子目	摘要	金额
警备费	李子坝防空洞	1802.40
同上	防毒面具100具运费	880.06
同上	添购防空证10张（川康）	1000.00
同上	建卡车防空洞	2673.47
同上	修理歌乐山防空洞	1657.69
同上	加强防空洞李子坝	8401.24

续表

子目	摘要	金额
同上	建小汽车防空洞	3300.85
修缮费	修理炸后重庆村、嘉陵村宿舍	17154.39
合计		36870.10

24. 上海银行重庆分行为填报1942年10月份至12月份战事损失致上海银行总经理驻渝办事处文（1943年1月7日）

总经理驻渝办事处钧鉴：

查敝处三十一年十月份至十二月份3个月内战事损失，计有间接损失防空费11158.90元，合应列表肃函陈报，敬祈鉴核汇报为祷。肃颂：

钧安！

附件

渝行谨

三十二年一月七日

1）上海银行重庆分行1942年10月1日至1942年12月31日止战事损失总表（1943年1月）

（单位：国币元）

直接损失		间接损失		
种类	金额		种类	金额
房屋	—	费用之增加	拆迁费	—
器具	—	^	防空费	11158.90
运输工具	—	^	救济费	—
其他	—	^	抚恤费	—
总数	—	^	总数	11158.90

2) 上海银行重庆分行 1942 年 10 月 1 日至 1942 年 12 月 31 日止战事损失细表（1943 年 1 月）

（单位：国币元）

直接损失			间接损失		
科目	摘要	金额	科目	摘要	金额
—	—	—	警备费	嘉陵村做防毒门用木料	5114.60
			同上	歌乐山做防毒门用工料	2720.10
				嘉陵村加防毒门5道工料	3159.20
				嘉陵村加防毒门5道拉手	165.00
总数	—	—	总数		11158.90

25. 上海银行重庆分行为填报 1943 年 1—9 月份间接损失汇总表（1943 年 10 月 7 日）

（单位：国币元）

日期	科目	摘要	金额
1943年1—3月份	警备费	美丰防空壕管理费	1800.00
1943年4—6月份	警备费	防空费	23165.00
		拆迁费	27708.00
1943年7—9月份	警备费	防空费	400.00

26. 上海银行重庆分行为填送银钱业战事损失调查表致上海银行驻渝办事处文（1943 年 10 月 20 日）

总经理驻渝办事处钧鉴：

奉通函第49号转发央行调查我国银钱业战事损失调查表，并规定填报办法，嘱填寄，等因，敬悉。兹经遵照规定填就直接损失第二类及间接损失第四类两种调查表各式5份，共计10纸，随函送陈——第一、三类均无损失——敬祈察核汇转是祷。肃颂：

钧安！

附件

渝行启

三十二年十月二十日

1) 上海银行重庆分行战时财产间接损失调查表（1943年9月30日）

（单位：国币元）

| A.建筑防空设备费用 || B.战区及邻近战区各行处因撤退而支出之费用 ||
类别	价值	类别	价值
种类	—	包装费	—
材料	147978.82	搬运费	—
设备	20000.00	旅费	32100.00（三斗坪撤退）
其他	—	其他	—
合计	167978.82	合计	32100.00

2) 上海银行重庆分行战时财产直接损失调查表[①]（1943年9月30日）

（单位：国币元）

类别	名称	数量	估计价值
房屋	宿舍、营业室	宿舍8间、营业室4间	229637.42
家具	宿舍家具	全部	13730.00
运输工具	—	—	—
其他营业用具	营业用器具	部分	50000.00
合计			293367.42

27. 中国农民银行万县办事处为5月20日梁山库被炸事致中国农民银行重庆分行电（1943年5月21日）

接梁山库长萼电开：本日午前六时，敌机袭梁，库址中炸弹及燃烧弹，当经全体员工抢救不及；计库存损失37080.68元，库具全毁，账册表报无恙；办公地暂设郊外宿舍，余详函，等情。据此，除派农贷员魏远舜前往视察情形再行具报外，谨电钧察，并乞转陈总处为祷。万长马。

[①] 原表式样由中央银行经济研究处调查统计组设制，过于复杂。为简便起见，编者在不改变内容的前提下对表式进行了一定的修改。

28. 中国农民银行万县办事处为5月20日梁山库被炸事致中国农民银行重庆分行文(1943年6月9日)

迳陈者。案查五月二十日敌机袭梁,梁山库中弹焚毁,经以辰电转陈钧处并派员前往视察在案。兹据农贷员魏远舜视察报告关于该库被炸情形、抢救库存经过及善后处理建议事项等,报请鉴核前来,正转陈间。复准梁山库五月二十一日梁总字第11号函称:被炸损失情形,附具公物损毁清单及员工空袭损失报告单,请为鉴核陈转,等由,过处。理合检同该库原函、副本、魏农贷员视察报告各2份,转陈钧核示之饬遵。此上:

渝行

附视察报告2份,梁山库原函、副本3份

中国农民银行万县办事处
副主任:贺贤珪

1)农贷员魏远舜视察梁山库5月20日被炸情形之报告(1943年6月3日)

窃职奉派赴梁山库视察被炸情形,遵于五月二十二日前往,至三十一日公毕返行。除已饬该库将损失部分开单另报外,兹将视察经过及善后处理情形分别陈述如后:

(一)梁山库被炸情形

五月二十日,晓钟初起,天空如洗,警报传来。敌机32架分两批袭川,由宜昌经万县续向西飞行,盘旋于万属之武陵。忽折往南飞,侵入梁山上空,于县城中心区域滥施投弹,继掷烧夷弹40余枚。市房燃烧起火,该库亦于同时先炸后焚,巍巍库址顿成瓦砾。敌寇残暴若此,实足以加强吾人抗战之决心也。

(二)抢救库存经过

敌机于盲目投弹后即仓惶逸去,该库李经理选荣即率领全体员役驰赴灾区。斯时库屋已中弹倒塌,壅火燃烧。该库同仁均念及库存在劫,不忍坐视,乃向银箱处力施灌救,以为扑灭银箱外围之火势而减低其所受之热度,籍〔藉〕以保全钞卷于万一,不辞艰困,殊堪嘉许。终将银箱救出,惟以锁孔烧毁,启闭不灵。复以损失究竟不明,故未敢擅自开动,但恐晚间看守不便,并避免意外情事发生起见,遂邀请该县黄县长、驻军魏团长及全体同仁亲临火场,眼同将银箱捣开,形将焚毁之库存币37080.68元幸而全部无恙。当由出纳周伯慈君携存中央银行。此皆人力挽回,功劳不为不大。

(三)善后处理

该库鉴于空袭频繁,为避免无谓之牺牲,早将重要器皿及大部印刷物品均移藏乡间宿舍。此次该库虽不幸被炸,然以事前疏散适宜,故损失甚微,馀少数器具及日用文具因炸而焚毁外,其他损失尚不严重,故于炸后之次日即迅速复业。惟以乡间办公,治安堪虞,交通不便,影响存汇业务。兹查,该县中央银行原在城乡两区均设有办公处,每于雾季则在城营业,交秋即移乡间办公。该库以央行城区办事处目前暂可利用,乃走商该行梁经理(与本处韩主任在旧),请予暂借办公,以便从容部署,另觅新址。当蒙梁君同情,慨然应允。刻拟于简单布置后,即迁移该处。但未迁入以前,在乡间办公期内,似不得不加强警卫,以防患于未来。商诸县府,复蒙协助,并承黄县长条谕,警佐饬警保护,是以该库城乡办公任何之处均无问题。

(四)视察建议

1. 为节省开支并避免空袭危险,借用央行城区办事处暂行营业,自然无不可。惟须于该处之醒目地点多设标示,绘制简单广告,籍〔藉〕资识别而广招徕。

2. 该库银箱被炸,库存无处安置。兹为避免风险,大量现金固可存放央行,即平日库存亦应尽力减少,以不超过5000.00元为原则。在未建库以前,得于每周检查库存一次,俾免公私混淆之弊。

3. 该库逐日传票均未能及时装订,殊为凌乱,万一损失,检查困难。且传票为原始记录之根据,关系至为重要,自应装订成册,以符规定。

4. 查该库存库现金30000.00余元,其所以能保全无恙者,皆因员役灌救之功。忠公忘私,奋勇有嘉。职除面予抚慰外,拟请赐予嘉奖,以资鼓励。

右陈各节,理合报请均核。应如何之处,纾候示遵。此上:
主任韩转陈渝行

职魏远舜谨呈
六月三日于万处

2)四川省梁山县合作金库位函报5月20日该库被炸情形及公私损失致中国农民银行万县办事处函(1943年5月21日)

迳启者。日昨二十日,敌机袭梁,本库首次直接中弹,继复命中烧夷弹。库址及全部生财被毁,保险银箱亦裹于烈火中,曾于翌日分别电陈行处有案。职于敌机离境后即率全体员工警赶赴城内抢救,惟苦于火已封门,加之本县消防队之设置亦有名无实,无法,乃亲督同员警极力扑灭,始得减低火势。至傍晚,余火完全熄灭后,乃请同当地各行政首长监视检查银箱,殊银箱因受火力损毁,锁钥已失开启之效,而银箱周围之铁面亦已焦裂。由黄县长乃安主张,将银箱之侧面毁开,取出库存37080.68元,全部无恙。此亦于翌日代电各别呈报在案。查此次库存之所能完整无损者,亦皆由于员工警之生死不顾,拼力扑灭银箱周围火头之功也,自应请分别酌予奖励。复查本库责司调剂农村金融,未可一日停业,特于即日开始在本库郊外宿舍暂行继续办公。再,本库此次被炸,员工警私人损失亦重,尤以出纳周伯慈君及警库雷天义、熊祖璜,因职务关系,经常住库,此次被炸,全部用品均被毁。除警卫二名,因手头毫无储蓄,大部必需品均由本库同仁代为向外挪借购用,以便安心工作外,相应检附公私损失详表5份,以及炸后库址相片一张<原缺>,即希查核存转,并请迅予从优核发被炸员工私人损失,不胜企盼为叩。此致:
中农万处

附件

四川省梁山县合作金库经理李选荣
三十二年五月二十一日

3) 梁山合作金库5月20日晨遭敌机袭梁烧毁物品清单①(1943年5月)

品名	件数	烧毁程度	备考
办公桌	4张	灰②	
圆桌	1张	灰	
方凳	8个	灰	
椅子	2个	灰	
□□椅	2个	灰	
□牌	2个	灰	
□木牌	2个	灰	
大角	4个	灰	
柜台	2个	灰	
国旗	3面	灰	旧1面,新2面
铁门条	2根	化	
挂钟	1个	化	
木床	4间	灰	
洗脸架	2个	灰	
箱架	1个	灰	
箧箱	1个	灰	
玻板	2个	化	
藤椅	6把	灰	
白皮箱	1口	灰	
合库	1口	毁	
吴国□箱	1个	毁	
算盘	3个	灰	
叫人钟	4个	化	
打印台	5个	灰	
米度尺	4把	灰	
笔架	3个	化	
墨盒	4个	化	
碗柜	1个	灰	
大小锅	各1口	毁	

---

① 该标题系采用原文。
②"灰"的意思就是"被烧成灰"。

续表

品名	件数	烧毁程度	备考
菜刀	1把	毁	
大小碗	各8个	毁	
□□□碟子	各10个	毁	
茶碗	5付	毁	
面巾	1张	灰	
小茶壶	3个	毁	
铁笔	1支	毁	
汤瓢	1个	化	
印泥	4盒	毁	找着1盒
图章架	1个	毁	
四川地图	1幅	灰	
水缸	2口	毁	
茶几	1把	灰	
青制服	3套	灰	库警用
黄军服	1套	灰	
青大衣	1件	灰	
子弹袋	1根	灰	旧
油印机	全套	灰	
信封		灰	
蜡纸		灰	

4)梁山县合作金库出纳周伯慈空袭损失报告单(1943年5月20日)

(单位:国币元)

品名	数量	新旧程度	原购价格	现值约价	毁损程度
自行车	1辆	8分新	2800.00	3500.00	毁烂
棉絮	2床	8分新	800.00	1000.00	灰
斜纹被单	2床	8分新	700.00	900.00	灰
市布被盖	2床	8分新	1100.00	1500.00	灰
花布被面	2床	8分新	420.00	800.00	灰
枕头套	2个	8分新	300.00	400.00	灰
枕头内套	2个	6分新	80.00	100.00	灰

续表

品名	数量	新旧程度	原购价格	现值约价	毁损程度
毛巾	2张	8分新	120.00	160.00	灰
面盆	1个	8分新	250.00	300.00	毁烂
牙刷	2把	7分新	30.00	60.00	灰
牙膏	1瓶	未用	35.00	40.00	灰
肥皂	1个	用 $\frac{3}{10}$	50.00	70.00	灰
皮鞋	1双	9分新	750.00	900.00	灰
衬衣	2件	9分新	800.00	1100.00	灰
衬裤	3条	7分新	150.00	100.00	灰
夹衫	1件	8分新	800.00	1200.00	灰
合计			9185.00	12430.00	

5）梁山县合作金库营业员王绍阳空袭损失报告单（1943年5月20日）

（单位：国币元）

品名	数量	新旧程度	原购价格	现值约价	毁损程度
自行车	1辆	8成	3000.00	2500.00	全部烧毁
胶鞋	1双	9成	180.00	180.00	全部烧毁
各业会计制度	2册	10成	100.00	100.00	全部烧毁
手提布袋	1个	10成	100.00	120.00	全部烧毁
钢笔杆	2支	10成	30.00	30.00	全部烧毁
合计			3410.00	2930.00	

6）梁山县合作金库库警雷天义空袭损失报告单（1943年5月21日）

（单位：国币元）

品名	数量	新旧程度	原购价格	现值约价	毁损程度
被盖	1床	9成	500.00	1500.00	全部烧毁
毯子	1床	6成	170.00	500.00	
汗小衣	1套	5成	170.00	500.00	
短内裤	1条	8成	80.00	20.00	
服装	2套	9成	（公物另报）		

续表

品名	数量	新旧程度	原购价格	现值约价	毁损程度
皮鞋	1双	9成	100.00	300.00	
麻布帐子	1床	7成	170.00	500.00	
毛线汗衣	1件	9成	700.00	2000.00	
驼绒下装	1条	9成	170.00	500.00	
袜子	1双	6成	10.00	30.00	
席子	1床	全新	15.00	100.00	
枕头	1个	全新	18.00	50.00	
毛巾	1张	全新	10.00	30.00	
合计			2113.00	8143.00	

7)梁山县合作金库库警熊祖璜空袭损失报告单(1943年5月21日)

(单位:国币元)

品名	数量	新旧程度	原购价格	现值约价	毁损程度
棉絮	1床	□成	300.00	500.00	化灰
□□□	□□□	□成	170.00	500.00	化灰
箟席子	1床	9成	100.00	100.00	化灰
草席子	1床	9成	□□	50.00	化灰
枕头	1个	9成	70.00	70.00	化灰
皮鞋	1双	9成	300.00	300.00	化灰
服装	2套	□成	(公物另报)		化灰
包单被面	1床	□成	340.00	1000.00	化灰
袜子	2双	□成	50.00	60.00	化灰
面巾	1张	6成	15.00	30.00	化灰
汗小衣	1套	8成	170.00	500.00	化灰
外套	1件	8成	(公物另报)		化灰
驼绒下装	1条	8成	350.00	500.00	化灰
线汗衣	1件	全新	120.00	200.00	化灰
毛毯	1床	5成	100.00	500.00	化灰
合计			□□	□□	

29. 汇通银行重庆分行为填送民营事业损失调查表致重庆市银行商业同业公会文（1945年9月7日）

敬复者。案准大会行字第445号通知,为转颁民营事业损失调查表等表式,饬尅速于一周内填报,以凭汇转财政部核办,等由,附表2份,准此。兹遵照表式填竣2份,相应随函赍奉,即祈察照汇转是荷。此致:

重庆市银行商业同业公会

附表2份

汇通银行重庆分行
中华民国三十四年九月七日

汇通银行重庆分行财产直接损失汇报表（1945年9月6日）

事件:建筑防空洞

日期:三十三年

地点:重庆赣江街

填送日期:民国三十四年九月六日

分类	价值（国币元）
共计	384000.00
房屋	—
器具	—
现款	394000.00
生金银	—
保管品	—
抵押品	—
有价证券	—
运输工具	—
其他	—

30. 复兴义银行财产直接损失汇报表(1945年9月8日)

事件:敌机轰炸

日期:二十八年五月三日,陕西路房屋被炸;

二十九年六月二十七日,化龙桥庞家岩房屋被炸

地点:陕西路154号房屋,化龙桥庞家岩办事处房屋

填送日期:民国三十四年九月八日

分类	价值(国币元)
共计	12000000.00
房屋	9000000.00
器具	3000000.00
现款	—
生金银	—
保管品	—
抵押品	—
有价证券	—
运输工具	—
其他	—

31. 复兴义银行财产间接损失报告表(1945年9月8日)

分类		数额(国币元)
可能生产额减少		2300000.00
可获纯利额减少		—
费用之增加	拆迁费	1000000.00
	防空费	—
	救济费	—
	抚恤费	—

32. 建国银行总管理处为填送民营事业财产损失调查表致银行公会文(1945年9月8日)

案奉贵会行字445号通知,附下部令检发民营事业财产损失汇报及民营

事业间接损失报告表格式各一份,嘱填送过会,以凭汇转,等因,附表式2份,准此,自应遵办。兹经依照格式各填具2份<原缺财产间接损失报告表>,相应函奉,即请查收汇报为荷。此致:

银行公会

附件如文

建国银行总管理处启
中华民国三十四年九月八日

建国银行财产损失汇报表(1945年9月8日)

事件:敌弹震坏房屋

日期:三十年六月五日

地点:重庆小什字

填送日期:民国三十四年九月八日

分类	价值(国币元)
共计	500000.00
房屋	500000.00(敌弹落于小什字本行门口,房屋震坏修理费)
器具	—
现款	—
生金银	—
保管品	—
抵押品	—
有价证券	—
运输工具	—
其他	—

33. 安徽地方银行重庆分行为填送财产损失各表致重庆市银行商业同业公会文(1945年9月10日)

案准行字第445号通知,附财产损失汇报表及财产间接损失报告表各一纸,洽悉。兹依式填奉,即希查收汇报为荷。此致:

重庆市银行商业同业公会

附件如文

安徽地方银行重庆分行启
中华民国三十四年九月十日

1)安徽地方银行重庆分行财产损失汇报表(1945年9月10日)

　　　　事件:敌机轰炸

　　　　日期:二十九年八月十九日

　　　　地点:道门口

　　　　填送日期:民国三十四年九月十日

分类	价值(国币元)
共计	122392.60
房屋	15000.00
器具	113740.00
现款	8652.60
生金银	—
保管品	—
抵押品	—
有价证券	—
运输工具	—
其他	—

2)安徽地方银行重庆分行财产间接损失报告表(1945年9月10日)

分类		数额(国币元)
可能生产额减少		—
可获纯利额减少		—
费用之增加	拆迁费	101370.00
	防空费	89564.00
	救济费	23650.00
	抚恤费	—

34. 谦泰豫兴业银行总行为填报民营事业财产损失各表致重庆市银行商业同业公会文(1945年9月10日)

接准贵会行字第445号通知,为转奉财政部训令关于公私机关抗战损失调查一案,抄附民营事业财产损失汇报表及财产间接损失报告表,嘱即查照,于文到一周内各填送2份,以凭汇报,等由,附表式2份,准此,自应遵办。兹将本行间接损失填具报告表2份,相应随函附上,即请察收,赐予汇报为荷。
此致:
重庆市银行商业同业公会
附表2份

谦泰豫兴业银行总行启
中华民国三十四年九月十日

谦泰豫兴业银行总行财产间接损失报告表(1945年9月10日)

分类		数额(国币元)
可能生产额减少		—
可获纯利额减少		—
费用之增加	拆迁费	600000.00
	防空费	2600000.00
	救济费	—
	抚恤费	—

35. 四川农工银行重庆总行为填报民营事业财产损失各表致重庆市银行商业同业公会函(1945年9月10日)

迳启者。查本行因敌机袭渝所蒙损失,前经遵照贵会三十四年七月九日行字第426号通知填报在案。兹复准贵会本年九月五日行字第445号通知,检发民营事业财产损失会报表及民营事业财产间接损失报告表,嘱即另行填报,等由。查本行自民国二十八年下半年起至三十二年底止,在重庆因敌机空袭而遭受之损失,经按年统计,前后损失总数共为国币10800000.00元整。

准函前由,相应重行列表函送贵会,请烦查照为荷。此致:
重庆市银行商业同业公会
附表2份

四川农工银行总经理○○启
中华民国三十四年九月十日

四川农工银行总行财产间接损失报告表(1945年9月8日)

分类		数额(国币元)
可能生产额减少		—
可获纯利额减少		6000000.00
费用之增加	拆迁费	500000.00(即原报之迁移费)
	防空费	2800000.00(即原报之防空疏散费)
	救济费	1500000.00(内有500000.00原报为医药费)
	抚恤费	—

36. 华康银行总行为填报民营事业财产损失各表致重庆市银行商业同业公会文(1945年9月10日)

迳复者。接准贵会行字第445号通知,为转奉财政部钱戊字第7426号训令为调查公私机关抗战损失,颁附表式2份,嘱即查填,等由。兹经填就,相应送请查照汇报为荷。此致:
重庆市银行商业同业公会

华康银行总行启
中华民国三十四年九月十日

1)华康银行财产损失汇报表(1945年9月10日)
　　　　事件:轰炸
　　　　日期:三十年七月三十日
　　　　地点:重庆市陕西路197号

分类	价值（国币元）
共计	16500000.00
房屋	9500000.00
器具	7000000.00
现款	—
生金银	—
保管品	—
抵押品	—
有价证券	—
运输工具	—
其他	—

附注：1. 本表所列数字概为现值；

2. 房屋部分系基企泰工程司设计，兴华营造厂修建，于三十四年八月十九日开工。

2）华康银行财产间接损失报告表（1945年9月10日）

分类		数额（国币元）
可能生产额减少		—
可获纯利额减少		—
费用之增加	拆迁费	—
	防空费	7280000.00
	救济费	800000.00
	抚恤费	—

附注：1. 防空费系包括三十年七月起至胜利日止一切消极之费用；

2. 救济费系本行职员被灾损失之救济费，如防空壕证费、消防费、防护团员费等；

3. 本表数字系以现值计算。

37. 开源银行总行为报民营事业财产损失各表致重庆市银行商业同业公会文（1945年9月11日）

案奉贵会本年九月五日行字第445号通知，节开为奉财政部训令检发民营事业财产损失汇报表及民营事业财产间接损失报告表，饬转各行赳速查填

一、重庆市银行商业同业公会及所属抗战财产损失　　71

报部核办一案,希于一周内报会,以凭汇转,等由,奉悉一是。关于是项报表,本行曾于本年七月二十五日以源总字184号文填报在卷,兹奉前由,特仍将本行间接损失约计数目依式填就,随文附奉,即祈查照汇转为荷。此上:
重庆市银行商业同业公会
附填表1份

开源银行总行启
中华民国三十四年九月十一日

开源银行总行财产间接损失报告表(1945年9月10日)

分类		数额(国币元)
可能生产额减少		—
可获纯利额减少		4500000.00
费用之增加	拆迁费	1000000.00
	防空费	3000000.00
	救济费	—
	抚恤费	

38. 四川兴业银行公司财产间接损失报告表(1945年9月11日)

分类		数额(国币元)
可能生产额减少		—
可获纯利额减少		—
费用之增加	拆迁费	
	防空费	173600.00
	救济费	
	抚恤费	

39. 重庆中南银行为填报民营事业财产损失各表致重庆市银行商业同业公会文(1945年9月11日)

迳启者。奉贵会三十四年九月五日行字第445号通知,以奉财政部训令检发抗战民营事业财产损失汇报表及民营事业财产间接损失报告表，饬转各行赶速查填报部核办一案，希于文到一周内，各填送2份过会，以凭汇报，等由，准此。兹将该表各照填2份附奉，只请查收汇转。惟查该表所列系就敝行重庆分行损失数字填报，所有收复区内总分支行处之损失均未及列入，容后再当申报。除于该两表内各加以附注外，合并声明，尚希惠察为荷。此致：
重庆市银行商业同业公会
附件

重庆中南银行启

中华民国三十四年九月十一日

1) 重庆中南银行财产损失汇报表（1945年9月10日）

　　　　事件：空袭

　　　　日期：二十八年五月至抗战结束

　　　　地点：重庆

　　　　填送日期：民国三十四年九月十日

分类	价值（国币元）
共计	117250.00
房屋	33600.00（宿舍震毁修理等费）
器具	83650.00（所租行址两次被焚，装修用具等毁尽）
现款	—
生金银	—
保管品	—
抵押品	—
有价证券	—
运输工具	—
其他	—

　　附注：本表所列系就重庆分行损失数字填报，所有收复区内总分支行处之损失，均未及列入，容后再为申报。

2) 重庆中南银行财产间接损失报告表(1945年9月10日)

分类		数额(国币元)
可能生产额减少		—
可获纯利额减少		—
费用之增加	拆迁费	—
	防空费	1403550.00
	救济费	—
	抚恤费	—

附注:本表所列系就重庆分行损失数字填报,所有收复区内总分支行处之损失,均未及列入,容后再为申报。

40. 山西裕华银行为填送财产损失汇报表致重庆市银行公会文(1945年9月12日)

奉大会本年九月五日行字第445号通知,嘱填送民营事业财产损失汇报表,等由,当照办。兹将前表填妥,相应送请大会汇转。此致:
重庆市银行公会
附表2份

山西裕华银行启
中华民国三十四年九月十二日

1) 山西裕华银行财产直接损失汇报表(1945年9月7日)

事件:敌机轰炸

日期:二十九年六月

地点:道门口

填送日期:民国三十四年九月七日

分类	价值(国币元)
共计	18000.00
房屋	15000.00
器具	3000.00

续表

分类	价值（国币元）
现款	一
生金银	一
保管品	一
抵押品	一
有价证券	一
运输工具	一
其他	一

2）山西裕华银行财产间接损失报告表（1945年9月7日）

分类		数额（国币元）
可能生产额减少		一
可获纯利额减少		一
费用之增加	拆迁费	一
	防空费	2863763.34
	救济费	一
	抚恤费	一

41. 中国农工银行总管理处为填送民营事业财产损失各表致重庆市银行公会函（1945年9月13日）

迳启者。接奉行字第445号贵会通知，以准市商会所发抗战损失调查表与此次所奉财部所颁发者略有出入，特再将财部发给表式附抄2份，嘱即填报，以凭汇转，等由，附表式，准此，自应照办。兹再将前项各表详为填制，计共5份，随函附奉，即请查收汇转为荷。此致：

重庆市银行公会

附表5份

中国农工银行总管理处启

中华民国三十四年九月十三日

1)中国农工银行杭州分行财产损失汇报表(1945年9月13日)

事件:奉令撤退

日期:二十六年十月十六日

地点:杭州

填送日期:三十四年九月十三日

分类	价值(国币元)
共计	610713.00
房屋	80000.00
器具	25293.00
现款	—
生金银	—
保管品	—
抵押品	—
有价证券	—
运输工具	5420.00
其他	500000.00

附注:本表所列数字均系以当时原价计算。

2)中国农工银行杭州分行财产间接损失报告表(1945年9月13日)

分类		数额(国币元)
可能生产额减少		—
可获纯利额减少		—
费用之增加	拆迁费	10000.00
	防空费	5000.00
	救济费	10000.00
	抚恤费	—

附注:本表所列数字均系以当时原价计算。

3) 中国农工银行广州分行财产损失汇报表(1945年9月13日)

事件：奉令撤退

日期：二十六年

地点：广州

填送日期：三十四年九月十三日

分类	价值（国币元）
共计	153750.00
房屋	8750.00
器具	40000.00
现款	—
生金银	—
保管品	—
抵押品	—
有价证券	—
运输工具	5000.00
其他	100000.00

附注：本表所列数字均系以当时原价计算。

4) 中国农工银行广州分行财产间接损失报告表(1945年9月13日)

分类		数额（国币元）
可能生产额减少		—
可获纯利额减少		—
费用之增加	拆迁费	3500.00
	防空费	1500.00
	救济费	5000.00
	抚恤费	—

附注：本表所列数字均系以当时原价计算。

一、重庆市银行商业同业公会及所属抗战财产损失 77

5)中国农工银行柳州分行财产损失汇报表(1945年9月13日)

　　　　事件:奉令撤退

　　　　日期:三十三年九月十八日

　　　　地点:柳州

　　　　填送日期:三十四年九月十三日

分类	价值(国币元)
共计	3153824.00
房屋	541424.00
器具	290417.18
现款	—
生金银	—
保管品	—
抵押品	—
有价证券	—
运输工具	—
其他	2321981.94

　　附注:本表所列数字均系以当时原价计算。

6)中国农工银行柳州分行财产间接损失报告表(1945年9月13日)

分类		数额(国币元)
可能生产额减少		—
可获纯利额减少		—
费用之增加	拆迁费	1664605.10
	防空费	—
	救济费	166490.00
	抚恤费	—

　　附注:本表所列数字均系以当时原价计算。

7) 中国农工银行汉口分行财产损失汇报表(1945年9月13日)

事件:汉口沦陷

日期:二十七年十月二十四日

地点:汉口

填送日期:三十四年九月十三日

分类	价值(国币元)
共计	606937.00
房屋	190000.00
器具	42247.00
现款	60000.00
生金银	—
保管品	—
抵押品	—
有价证券	—
运输工具	10690.00
其他	304000.00

附注:本表所列数字均系以当时原价计算。

8) 中国农工银行汉口分行财产间接损失报告表(1945年9月13日)

分类		数额(国币元)
可能生产额减少		—
可获纯利额减少		2000.00
费用之增加	拆迁费	12500.00
	防空费	4000.00
	救济费	45000.00
	抚恤费	2000.00

附注:本表所列数字均系以当时原价计算。

9)中国农工银行南京分行财产损失汇报表(1945年9月13日)

　　　　事件:首都沦陷

　　　　日期:二十六年十一月

　　　　地点:南京

　　　　填送日期:三十四年九月十三日

分类	价值(国币元)
共计	2686970.00
房屋	75000.00
器具	126450.00
现款	23000.00
生金银	—
保管品	—
抵押品	—
有价证券	—
运输工具	14020.00
其他	2448500.00

　　附注:本表所列数字均系以当时原价计算。

10)中国农工银行南京分行财产间接损失报告表(1945年9月13日)

分类		数额(国币元)
可能生产额减少		—
可获纯利额减少		—
费用之增加	拆迁费	2960.00
	防空费	11500.00
	救济费	12330.00
	抚恤费	1000.00

　　附注:本表所列数字均系以当时原价计算。

42. 通惠实业银行总行为填报民营事业财产损失各表致重庆市银行商业同业公会文(1945年9月13日)

敬启者。接准贵会行字第445号通知,嘱填民营事业财产损失报告表,以便汇报财政部,等由,准此,自应照办。兹填送该表1份,请即查照转报财政部为荷。此致:

重庆市银行商业同业公会

附表1份

通惠实业银行总行启
中华民国三十四年九月十三日

1)通惠实业银行总行财产损失汇报表(1945年9月12日)

事件:中弹

日期:民国二十九年七月份

地点:通惠实业银行武器修理所职员宿舍

填送日期:三十四年九月十二日

分类	价值(国币元)
共计	1200000.00
房屋	950000.00
器具	150000.00
现款	—
生金银	—
保管品	—
抵押品	—
有价证券	—
运输工具	100000.00
其他	—

2)通惠实业银行总行财产间接损失报告表(1945年9月12日)

分类		数额(国币元)
可能生产额减少		—
可获纯利额减少		—
费用之增加	拆迁费	50000.00
	防空费	650000.00
	救济费	—
	抚恤费	—

43. 华侨联合银行总行为填送民营事业财产损失各表致重庆市银行商业同业公会(1945年9月13日)

迳启者。兹遵函填送民营事业财产损失汇报表及财产间接损失报告表各2份,即希查照分别存转为荷。此致:

重庆市银行商业同业公会

附件

华侨联合银行总行启
中华民国三十四年九月十三日

1)华侨联合银行总行财产损失汇报表(1945年9月11日)

事件:柳州分行、东兴、揭阳、兴宁等办事处奉令撤退

日期:三十三年九月

地点:柳州、东兴、揭阳、兴宁等地

填送日期:三十四年九月十一日

分类	价值(国币元)
共计	1273440.48
房屋	566885.08
器具	706555.40
现款	—
生金银	—
保管品	—

续表

分类	价值(国币元)
抵押品	—
有价证券	—
运输工具	—
其他	—

2) 华侨联合银行总行财产间接损失报告表(1945年9月11日)

分类		数额(国币元)
可能生产额减少		—
可获纯利额减少		—
费用之增加	拆迁费	2000000.00
	防空费	1726087.32
	救济费	100000.00
	抚恤费	100000.00

44. 西亚实业银行重庆总行为填送民营事业财产损失各表致重庆市银行商业同业公会文(1945年9月13日)

接准贵会本年九月五日行字第445号通知，略开奉发民营事业财产损失汇报表及民营事业财产间接损失报告表，饬转各行填报，希速报会汇转，等由，附表，准此。兹填具本行所属衡、长、梧、柳、回分行报告表各式2份，共8份，随函奉复，即希查收汇转为荷。此致：

重庆市银行商业同业公会

附表8份

西亚实业银行重庆总行启

中华民国三十四年九月十三日

1)西亚实业银行衡阳分行财产损失汇报表(1945年9月)

事件:奉令撤退

日期:三十三年六月二十日

地点:西亚实业银行衡阳分行

填送日期:三十四年九月

分类	价值(国币元)
共计	8000000.00
房屋	4000000.00
器具	3000000.00
现款	—
生金银	—
保管品	—
抵押品	1000000.00
有价证券	—
运输工具	—
其他	—

2)西亚实业银行柳州分行财产损失汇报表(1945年9月)

事件:奉令撤退

日期:三十三年九月十九日

地点:西亚实业银行柳州分行

填送日期:三十四年九月

分类	价值(国币元)
共计	3000000.00
房屋	1000000.00
器具	2000000.00
现款	—
生金银	—
保管品	—
抵押品	—
有价证券	—

续表

分类	价值（国币元）
运输工具	一
其他	一

3) 西亚实业银行长沙分行财产损失汇报表（1945年9月）

  事件：奉令撤退

  日期：三十三年五月二十九日

  地点：西亚实业银行长沙分行

  填送日期：三十四年九月

分类	价值（国币元）
共计	5000000.00
房屋	4000000.00
器具	1000000.00
现款	一
生金银	一
保管品	一
抵押品	一
有价证券	一
运输工具	一
其他	一

4) 西亚实业银行梧州支行财产损失汇报表（1945年9月）

  事件：奉令撤退

  日期：三十三年九月十九日

  地点：西亚实业银行梧州分行

  填送日期：三十四年九月

分类	价值（国币元）
共计	1000000.00
房屋	500000.00
器具	500000.00

续表

分类	价值（国币元）
现款	—
生金银	—
保管品	—
抵押品	—
有价证券	—
运输工具	—
其他	—

5）西亚实业银行衡阳分行财产间接损失报告表（1945年9月）

分类		数额（国币元）
可能生产额减少		—
可获纯利额减少		—
费用之增加	拆迁费	5000000.00
	防空费	—
	救济费	—
	抚恤费	—

6）西亚实业银行柳州分行财产间接损失报告表（1945年9月）

分类		数额（国币元）
可能生产额减少		—
可获纯利额减少		—
费用之增加	拆迁费	2500000.00
	防空费	—
	救济费	—
	抚恤费	—

7）西亚实业银行长沙分行财产间接损失报告表（1945年9月）

分类		数额（国币元）
可能生产额减少		—
可获纯利额减少		—
费用之增加	拆迁费	2500000.00
	防空费	—
	救济费	—
	抚恤费	—

8）西亚实业银行梧州支行财产间接损失报告表（1945年9月）

分类		数额（国币元）
可能生产额减少		—
可获纯利额减少		—
费用之增加	拆迁费	1500000.00
	防空费	—
	救济费	—
	抚恤费	—

45. 重庆川盐银行股份有限公司为报送抗战损失致重庆市银行商业同业公会文（1945年9月14日）

案准贵会行字第445号通知，为奉财政部令调查抗战损失，检附民营事业财产损失汇报表及财产间接损失报表式各1份，嘱为查填送还，以凭汇报，等由，附表2份，准此。业已查填完竣，相应随函检同上表，并抄附敝行战时损失清单1份，一并送请贵会查照办理为荷。此致：
重庆市银行商业同业公会
附表2份、清单1份

重庆川盐银行股份有限公司启
中华民国三十四年九月十四日

1) 川盐银行财产直接损失汇报表（1945年9月13日）

填送日期：民国三十四年九月十三日

分类	价值（国币元）
共计	831420000.00
房屋	606000000.00
器具	85420000.00
现款	120000000.00
生金银	—
保管品	—
抵押品	—
有价证券	—
运输工具	—
其他	20000000.00

2) 川盐银行财产间接损失报告表（1945年9月）

分类		数额（国币元）
可能生产额减少		—
可获纯利额减少		—
费用之增加	拆迁费	2412000000.00
	防空费	40000000.00
	救济费	2000000.00
	抚恤费	2000000000.00

3) 川盐银行战时房屋损失清单（1945年9月）

（单位：国币元）

地点	房别	数量	损失时间	时价	备考
米花街川盐1里	西式洋房	9幢	1939年5月4日	90000000.00	被炸燃烧
真元重巷川盐5里	西式洋房	4幢	1939年5月4日	40000000.00	
小火巷	旧式房屋	3幢	1939年5月12日	15000000.00	
商业场西4街	西式铺房	1间	1939年5月25日	8000000.00	
小梁子川盐6里	洋房后厅	1院	同上	10000000.00	

续表

地点	房别	数量	损失时间	时价	备考
新街口总行	西式洋房	1间	同上	3000000.00	
石灰市川盐2里	西式洋房	2幢	1939年5月26日	20000000.00	
	西式铺房	3间	同上	24000000.00	
七里场川盐3里	西式洋房	1幢	同上	10000000.00	
	西式铺房	4间	同上	32000000.00	
来龙巷川盐4里	西式洋房	5小间	同上	15000000.00	
飞来寺宿舍	西式洋房	一大幢	1940年6月11日	20000000.00	
	西式洋房	2间	同上	6000000.00	
小梁子川盐6里	西式洋房	1幢	1940年6月26日	10000000.00	
	西式铺房	4间	同上	32000000.00	
米花街川盐1里	西式铺房	2间	1940年7月16日	16000000.00	
石灰市川盐2里	西式洋房	8幢	1940年8月19日	80000000.00	
	西式铺房	12间	同上	96000000.00	
猪毛街	捆绑房屋	3间	1940年8月20日	9000000.00	
小火巷	旧式房屋	1间	同上	1000000.00	
新街口总行	5楼左角房屋	晒坝	同上	8000000.00	
	6楼左角房屋	梯路	同上	9000000.00	
三元庙街	旧式房屋	2院	1940年10月25日	10000000.00	
信义街	旧式房屋	1大院	同上	10000000.00	
七星坎川盐3里	西式铺房	4间	1941年6月29日	32000000.00	

4）川盐银行战时器具损失清单（1945年9月）

（单位：国币元）

地点	器具	数量	损失时间	时价	备考
米花街川盐1里	洋磁澡盆	10只	1939年5月4日	3000000.00	
	洋磁面盆	9只	同上	450000.00	
	洋磁尿斗	9只	同上	450000.00	
	洋磁马桶	9只	同上	720000.00	
真元重巷川盐5里	洋磁澡盆	2只	同上	600000.00	
	洋磁面盆	2只	同上	100000.00	
	洋磁尿斗	2只	同上	100000.00	

续表

地点	器具	数量	损失时间	时价	备考
新街口总行	玻璃广片	约180000斤	1939年5月25日	80000000.00	
	门窗	约100道	同上		
	电灯	250盏	同上		
	青岛石	约8000块	同上		
	6楼砖墙		同上		

46. 川盐银行为遵令造具抗战期间财产损失详表呈财政部文（1947年7月25日）

案奉钧部三十六年七月三日财统一字第28749号京统一江代电,略开:"为电仰将抗战时期各项损失详列总表2份,限本年七月底前报部存转",等因,奉此。窃查重庆为战时首都,迭遭敌机猛烈之轰炸最盛;又,四川为抗战根据地,省内各县市亦多为敌机轰炸。属行总行住于重庆,而省内各县亦多设有分行、办事处。抗战八年,牺牲最重。所有损失各项,照目前时值估计,直接损失达550余亿,间接损失达1100余亿,二共国币1660余亿。其当时价值已详损失报告单,可资调查,均属确实。兹奉前因,理合依照院颁格式造具财产直接间接损失汇报表2份,并附具损失报告单6份,一并随文赍呈钧部鉴核,伏乞转请赔偿,并候示遵。谨呈:

财政部

附呈汇报表2份、报告单6份

川盐银行董事长刘○○

1)川盐银行重庆总行及各分行处财产直接损失汇报表(1947年7月25日)

事件:空袭轰炸

日期:二十八年五月至三十年六月

地点:重庆中正路总行、万县分行、内江分行、泸县分行、宜宾办事处、合江办事处

填送日期:民国三十六年七月二十五

分类	价值（国币元）
共计	55115965780.85
房屋	54740000000.00
器具	265700000.00
现款	65780.85（被炸时实数）
生金银	—
保管品	—
抵押品	—
有价证券	200000.00（被炸时统债面额）
运输工具	110000000.00
其他	

2）川盐银行重庆总行及各分行处财产间接损失报告表（1947年7月25日）

分类		数额（国币元）
可能生产额减少		—
可获纯利额减少		—
费用之增加	拆迁费	25000000000.00
	防空费	800000000.00
	救济费	70000000000.00
	抚恤费	16000000000.00

3）川盐银行重庆总行在抗战时期财产损失详细报告单（1947年7月）

（单位：国币元）

种类	所在地	损失时间	被损情形	当时价值	现时估价	备考
西式青砖洋房	米花街川盐1里	1939年5月4日	全部9幢被敌机轰炸燃烧	54000.00	1080000000.00	
西式青砖洋房	真元堂巷川盐5里	同上	全部4幢被敌轰炸燃烧	24000.00	480000000.00	
旧式穿□房屋	千厮门外小火巷	1939年5月12日	全部3幢被敌机轰炸燃烧	9000.00	180000000.00	
西式2楼1底铺房	商业场西4街	1939年5月25日	全部被敌机轰炸燃烧	6000.00	120000000.00	

续表

种类	所在地	损失时间	被损情形	当时价值	现时估价	备考
青砖西式洋房	小梁子川盐6里	同上	全部被敌机轰炸燃烧	10000.00	200000000.00	
钢筋混泥洋房	中正路川盐总行	同上	6楼左角洋房1间被敌机炸中损坏	25000.00	500000000.00	
西式洋房	石灰市川盐2里	1939年5月26日	全部2间被拆火巷拆除	12000.00	240000000.00	
西式铺房	同上	同上	全部3间被拆火巷拆除	12000.00	240000000.00	
西式洋房	七星坎川盐3里	同上	全幢被拆火巷拆除	16000.00	320000000.00	
西式铺房	同上	同上	全部4间被拆火巷拆除	12000.00	340000000.00	
西式住宅洋房	来龙巷川盐4里	同上	全部5间被拆火巷拆除	6000.00	120000000.00	
西式宿舍洋房	飞来寺	1940年6月11日	3大幢全部被敌机轰炸	32000.00	640000000.00	
西式洋房住宅	小梁子川盐6里	1940年6月26日	全幢被敌机炸烧	16000.00	320000000.00	
西式铺房	同上	同上	全部4间被敌机炸烧	40000.00	800000000.00	
青砖西式铺房	米花街川盐1里	1940年7月16日	全部2间被敌机轰炸烧毁	12000.00	240000000.00	
西式住宅洋房	石灰市川盐2里	1940年8月19日	全部8幢被敌机炸烧	80000.00	1600000000.00	
西式铺房	同上	同上	全部12间被敌机炸烧	96000.00	1920000000.00	
捆绑房屋	千厮门猪毛街	1940年8月20日	全部3间被敌机炸烧	6000.00	120000000.00	
穿口房屋	千厮门小火巷	同上	全部被日机炸烧	15000.00	300000000.00	
钢筋混合建筑	中正路川盐总行	同上	5楼左角晒台楼房2大间被日机中弹炸坏	45000.00	900000000.00	
钢筋混合建筑	同上	同上	6楼右后角梯路房屋3间中弹炸坏	55000.00	1100000000.00	

续表

种类	所在地	损失时间	被损情形	当时价值	现时估价	备考
旧式穿□房屋	三元庙街	1940年10月25日	2栋被炸损毁	18000.00	360000000.00	
旧式穿□房屋	信义街	同上	全栋被炸烧毁	42000.00	840000000.00	
西式青砖铺房	临江路七星坎川盐2里	1941年6月29日	4栋被日机炸毁	32000.00	640000000.00	
合计				604800.00	13500000000.00	

4) 川盐银行重庆总行在抗战时期所属在川各分支行处财产损失详细报告单(1947年7月)

(单位:国币元)

房屋情形	所在地	被炸日期	损失情形	当时价值	现时估价	备考
青砖3楼1底西式房	万县二马路	1940年5月14日	全栋房屋33间于被炸后全毁	480000.00	9600000000.00	
2楼1底青砖洋房	内江	1940年6月13日	全栋被炸燃烧	765000.00	15300000000.00	
3楼1底西式铺房	泸县迎晖路	1940年8月19日	一部分被炸震毁	12000.00	240000000.00	修整后所报实数
1楼1底西式铺房	宜宾中正路	1941年1月15日	被震损坏	9500.00	190000000.00	修整后所报实数
1楼1底中式房屋	合江上北街	1941年1月29日	全部中弹燃烧	795500.00	15910000000.00	
合计				2062000.00	41240000000.00	

5) 川盐银行重庆总行在抗战时期被敌机炸毁器物详细报告单[①](1947年7月)

(单位:国币元)

品名	件数	被毁时间	当时价值	现时价值	备考
(一)米花街川盐1里9栋房屋之卫生设备被炸毁					

---

① 在尊重原文内容的前提下,编者对表格的结构进行了一定的调整。

续表

品名	件数	被毁时间	当时价值	现时价值	备考
美国洋磁澡盆	10个	1939年5月4日	700000.00	12000000.00	
美国洋磁面盆	9个	同上	270000.00	2700000.00	
美国洋磁马桶	9个	同上	270000.00	2700000.00	
美国洋磁尿斗	9个	同上	270000.00	2700000.00	
比国12×16玻砖	9块	同上	180000.00	1800000.00	系澡室设备
全部电灯	108盏	同上	270000.00	12960000.00	每栋12盏
(二)真元堂川盐5里被炸毁之器物					
美国洋磁澡盆	2个	1939年5月4日	140000.00	1400000.00	
美国洋磁面盆	2个	同上	60000.00	600000.00	
美国洋磁尿斗	2个	同上	60000.00	600000.00	
比国12×16玻砖	2块	同上	40000.00	400000.00	
全部电灯	32盏	同上	80000.00	3840000.00	
(三)中正路川盐总行被炸毁之器物					
各门窗广片玻片	18000斤	1939年5月25日	90000.00	9000000.00	
震毁电灯	250盏	同上	62500.00	30000000.00	
青岛石	140块	同上	1400.00	70000000.00	
福特跑警报卡车	1辆	1940年8月19日	20000.00	110000000.00	
合计			2753900.00	265700000.00	

47. 和成银行重庆总行为填报民营事业财产损失各表致重庆市银行商业同业公会文(1945年9月15日)

敬启者。接奉大会三十四年九月五日行字第445号通知,为转奉财政部训令检发民营事业财产损失汇报表及民营事业财产间接损失报告表,饬转各行赳速查填报部核办一案,嘱于文到一周内各填送2份过会,以凭汇转,等由。查敝行自抗战以来所受损失,计重庆总行共计法币30460000.00元,涪陵办事处共计法币4700000.00元,柳州办事处共计法币4500000.00元,长沙办事处约计法币18000000.00元,衡阳办事处约计法币28000000.00元,以上共计损失85660000.00元。兹已依照表式分别填缮齐全,随函送请查核汇报为荷。此致:

重庆市银行商业同业公会

附表2份

和成银行重庆总行启

中华民国三十四年九月十五日

1) 和成银行重庆总行财产损失汇报表(1945年9月13日)

事件:总行被敌机轰炸,全部炸毁

日期:民国二十九年八月二十日

地点:重庆中正路总行

填送日期:三十四年九月十三日

分类	价值(国币元)
共计	18160000.00
房屋	12560000.00
器具	5600000.00
现款	—
生金银	—
保管品	—
抵押品	—
有价证券	—
运输工具	—
其他	—

2) 和成银行重庆总行财产间接损失报告表(1945年9月13日)

分类		数额(国币元)
可能生产额减少		—
可获纯利额减少		—
费用之增加	拆迁费	—
	防空费	12300000.00
	救济费	—
	抚恤费	—

附注:自二十七年起至三十四年止,本行总分行处连年防空洞及购置防空证,疏散舟

车等各项防空设备费用,计二十七年总分行处共7处,计用600000.00元;二十八年10处,计用1000000.00元;二十九年15处,计用1600000.00元;三十年18处,计用2400000.00元;三十一年23处,计用3500000.00元;三十二年25处,计用2000000.00元;三十三年27处,计用1000000.00元;三十四年29处,计用200000.00元,合计如左<上>数。

3) 和成银行涪陵办事处财产损失汇报表(1945年9月13日)

事件:敌机轰炸,房屋被炸毁一部分

日期:民国二十九年十月二十五日

地点:涪陵办事处

填送日期:三十四年九月十三日

分类	价值(国币元)
共计	4700000.00
房屋	3600000.00
器具	1100000.00
现款	—
生金银	—
保管品	—
抵押品	—
有价证券	—
运输工具	—
其他	—

附注:1. 房屋照原造价合值现价;

2. 职工衣物及器具,照所损失数目合值现价。

4) 和成银行衡阳办事处财产损失汇报表(1945年9月13日)

事件:沦陷撤退

日期:民国三十三年六月十九日

地点:衡阳办事处

填送日期:三十四年九月十三日

分类	价值(国币元)
共计	28000000.00

续表

分类	价值（国币元）
房屋	1200000.00
器具	800000.00
现款	23000000.00
生金银	—
保管品	—
抵押品	—
有价证券	—
运输工具	3000000.00
其他	—

附注：1. 现款栏内所填数目，系衡行贷款当地工商业款项。因沦陷撤退，借款人之工厂货物遭受损失，至今未能收回之数；

2. 运输工具栏所填数目，系衡行全体员工20人由衡撤退至渝疏散费用。

5）和成银行长沙办事处财产损失汇报表（1945年9月13日）

事件：沦陷撤退

日期：民国三十三年五月二十九日

地点：长沙办事处

填送日期：三十四年九月十三日

分类	价值（国币元）
共计	18000000.00
房屋	1500000.00
器具	1000000.00
现款	12000000.00
生金银	—
保管品	—
抵押品	—
有价证券	—
运输工具	3500000.00
其他	—

附注：1. 现款栏内所填数目，系属长行贷款当地工商业款项。因沦陷撤退，借款人之

工厂货物遭受损失,至今未能收回之数;

  2. 运输工具栏所填数目,系长行全体员工22人由长沙撤退至渝疏散费用。

6)和成银行柳州办事处财产损失汇报表(1945年9月13日)

    事件:沦陷撤退

    日期:民国三十三年九月二十日

    地点:柳州办事处

    填送日期:三十四年九月十三日

分类	价值(国币元)
共计	4500000.00
房屋	1400000.00
器具	600000.00
现款	900000.00
生金银	—
保管品	—
抵押品	—
有价证券	
运输工具	1600000.00
其他	—

  附注:1. 现款栏内所填数目,系属柳行贷款当地工商业款项。因沦陷撤退,借款人之工厂货物遭受损失,至今未能收回之数;

  2. 运输工具栏所填数目,系柳行全体员工11人由衡撤退至渝疏散费用。

48. 泰裕银行总行为填报民营事业财产损失各表致银行公会文 (1945年9月15日)

  迳复者。九月五日,行字第445号大函暨附空白民营事业财产损失汇报表等,均奉悉。兹经依式逐栏填就,相应随函奉上,即希查收汇报为荷。此致:

银行公会

附民营事业财产损失表各2份

泰裕银行总行启

九月十五日

1) 泰裕银行总行财产损失汇报表(1945年9月15日)

事件:敌机轰炸

日期:三十三年五月及三十四年三月

地点:长沙及老河口

填送日期:三十四年九月十五日

分类	价值(国币元)
共计	1800000.00
房屋	1000000.00
器具	800000.00
现款	—
生金银	—
保管品	—
抵押品	—
有价证券	—
运输工具	—
其他	—

2) 泰裕银行总行财产间接损失报告表(1945年9月15日)

分类		数额(国币元)
可能生产额减少		—
可获纯利额减少		5000000.00
费用之增加	拆迁费	10720000.00
	防空费	358000.00
	救济费	4800000.00
	抚恤费	—

49. 复华银行总管理处为填报民营事业财产损失各表致重庆市银行商业同业公会文(1945年9月20日)

迳复者。接准贵会九月六日行字第445号通知,嘱照财政部检发民营事业财产损失及间接损失报告表赶速查填具报一案,查敝行自抗战以还,关于财产方面,仅有间接损失。兹特依式缮具财产间接损失表2份,随函赍请贵会汇转为荷。此致:

重庆市银行商业同业公会

附表4份

复华银行总管理处启
中华民国三十四年九月二十日

1) 复华银行财产间接损失报告表(1945年9月11日)

分类		数额(国币元)
可能生产额减少		—
可获纯利额减少		2012750.00
费用之增加	拆迁费	—
	防空费	12486650.00
	救济费	—
	抚恤费	—

2) 复华银行统计战时间接损失报告表(1945年9月)

(单位:国币元)

损失项目	避难次数	平均每次损失	合计	备考
防空设备费			2151300.00	
职工避难费	485	14960.00	7255600.00	
运输费	485	6350.00	3079750.00	因空袭运输重要账据物品
营业减少纯利损失费	485	4150.00	2012750.00	因空袭虚耗时间,营业受其影响
总计			14499400.00	

50. 建业银行总行为填报民营事业财产损失各表致重庆市银行商业同业公会文(1945年9月20日)

接准贵会行字第445号通知,附民营事业财产损失汇报表,嘱填报凭转,等由。兹根据本行湘柳两分行之开办费及营业用器具费两项损失填列该表,附请察照汇转为荷。此致:

重庆市银行商业同业公会

附件如文

建业银行总行启
中华民国三十四年九月二十日

建业银行长沙、柳州分行财产损失汇报表(1945年9月)

事件:日寇入侵

日期:长沙分行,三十三年六月;柳州分行,三十三年八月

地点:长沙与柳州两处

填送日期:三十四年九月

分类	价值(国币元)
共计	3638631.56
房屋	—
器具	602860.50
现款	—
生金银	—
保管品	—
抵押品	—
有价证券	—
运输工具	—
开办费	3035771.06

51. 光裕银行总行为填报民营事业财产损失各表致重庆市银行商业同业公会文(1945年9月21日)

顷接准贵会行字第445号通知,略以奉财政部训令检发民营事业财产损失汇报表及民营事业财产间接损失报告表,饬转各行赶速查填报部核办一案,希于一周内报会,以凭汇转,等由。兹将本行西南各分支行沦陷撤退时财产损失及财产间接损失数额及价值依照表式各填2份,随函附上,至希查照汇转为荷。此致:

重庆市银行商业同业公会

附件如文

光裕银行总行启
中华民国三十四年九月二十一日

1)光裕银行总行财产损失汇报表(1945年9月20日)

事件:衡、柳等地相继沦陷撤退

日期:三十三年冬季

地点:衡阳、柳州、梧州、东兴、钦县等地

填送日期:三十四年九月二十日

分类	价值(国币元)
共计	73537100.00
房屋	8003000.00
器具	3700000.00
现款	21228000.00
生金银	—
保管品	40600000.00
抵押品	—
有价证券	6100.00
运输工具	—
其他	

2)光裕银行总行财产间接损失报告表(1945年9月20日)

分类		数额(国币元)
可能生产额减少		—
可获纯利额减少		3900000.00
费用之增加	拆迁费	600000.00
	防空费	—
	救济费	750000.00
	抚恤费	

52. 中国实业银行总行为填报民营事业财产损失各表致重庆市银行商业同业公会文(1945年9月24日)

案准贵会行字第445号通知,以奉财政部令为调查抗战损失检发民营事业财产损失汇报表及民营事业财产间接损失报告表式,嘱于一周内填送2份过会,以凭汇报,等由,奉悉。兹遵将本行后方各行处抗战后历年损失截至本年八月底止总共损失数目计39356633.24元,分别填具民营事业财产损失汇报表及民营事业财产间接损失报告表各两份,随函附上。至本行收复区各行处及香港办事处一切损失,俟查明后再为补报,即希察照汇转为荷。此致:
银行商业同业公会
附表如文

中国实业银行总行启
中华民国三十四年九月二十四日

1)中国实业银行总行财产损失汇报表(1945年9月24日)

　　事件:中国实业银行抗战期间之直接损失

　　日期:二十六年十二月起至三十四年八月止

　　地点:见附注

　　填送日期:三十四年九月二十四日

分类	价值(国币元)
共计	21175804.66

续表

分类	价值(国币元)
房屋	4171618.04
器具	2028601.04
现款	85343.67
生金银	—
保管品	92353.13
抵押品	250007.17
有价证券	—
运输工具	5000.00
其他	14542881.61

附注：1. 本表所列各项损失，以本行后方各行处(计渝总行、桂行、瓯行、闽行、梧处、柳处)自二十六年十二月起至三十四年八月止之财产直接损失为限，所有收复区内各行处及香港办事处之损失待查明后补报；

2. 所列共计数字内有7268145.57元曾于二十八年十一月间呈报财政部在案；

3. 本表"其他"栏包括：信用放款、存出保证金、投资等科目。

2) 中国实业银行总行财产间接损失报告表(1945年9月24日)

分类		数额(国币元)
可能生产额减少		—
可获纯利额减少		—
费用之增加	拆迁费	14207560.42
	防空费	1135074.03
	救济费	2838094.13
	抚恤费	100.00

附注：1. 本表所列各项损失，以后方各行处(计渝总行、桂行、瓯行、闽行、梧处、柳处)自二十六年十二月起至三十四年八月止之财产间接损失为限，所有收复区内各行处及香港办事处之损失待查明后补报；

2. 所列共计数字内有100323.67元曾于二十八年十一月间呈报财政部在案。

53. 中国通商银行总行为填报民营事业财产损失各表致重庆市银行商业同业公会文(1945年10月16日)

据本行重庆分行函送贵会转发民营事业财产损失汇报表2份,嘱查填寄送,等由,自应照办。除收复区各行损失俟查明报请财政部京沪特派员核转外,兹填妥本行财产直接、间接损失汇报表一式2份,随函附奉,至希查收汇转为荷。此致:
重庆市银行同业公会
附件

中国通商银行总行启
中华民国三十四年十月十六日

中国通商银行所属内地行处财产直接间接损失汇报表(1945年6月30日)

三十四年六月三十日编制　　　　　　　　（单位:国币元）

行别＼摘要	桂林分行	衡阳分行	西安分行	洛阳办事处	宝鸡办事处	总计	备注
战事损失	14829624.04	5489489.31	1842784.00	4064321.41	229262.80	26455481.56	
直接损失	6300210.06	3654498.47		1409840.97		11364549.50	
器具损失	2954947.30	672868.00		686830.34		4314645.64	
物料	550588.43	655219.90		481783.69		1687592.02	
其他	2794674.33	2326410.57		241226.94		5362311.84	
间接损失	8529413.98	1834990.84	1842784.00	2654480.44	229262.80	15090932.06	
迁移费		1479235.24	459909.00	1452816.80		3391960.04	
疏散费	7645216.60	344755.60	1150830.00	358700.00	229262.80	9728765.00	桂行疏散费内有一部分查系迁移费,当时未分列
防空设备费			232046.00			232046.00	
呆滞账款	519457.38			736963.64		1256421.02	
其他	364740.00	11000.00		106000.00		481740.00	

54. 聚康银行重庆分行为填送抗战间接损失报告表致重庆市银行商业同业公会文(1945年10月30日)

准贵会三十四年十月二十九日银字第101号大函，略以准市商会通知，为奉令催报抗战损失直接间接报告表一案，希迅填报，以凭汇转，等由，准此，自应照办。兹已填就，用特随函附奉，即烦洽收汇转为荷。此致：
重庆市银行商业同业公会

聚康银行重庆分行启
中华民国三十四年十月三十日

聚康银行重庆分行防空费用报告表

（单位：国币元）

支付时间	费用科目	摘要	金额	备注
1944年6月23日	特别	购防空入洞证15个，每个1000.00元	15000.00	备本行同人及工役躲避空袭用
同上		购防空入洞证3个，每个2000.00元	6000.00	同上
1944年12月8日		购防空入洞证3个，每个4000.00元	12000.00	同上
1944年6月30日		多建防空洞建筑费及设备费用	272000.00	备本行同人工役同人眷属躲避及储藏公物用
		合计	305000.00	

55. 大陆银行重庆支行为填送抗战损失各表致重庆市银行商业同业公会文(1945年10月30日)

迳复者。准银字第101号大函，奉悉。随函附奉抗战损失直接间接报告表1份，即祈察收转致为荷。此致：
重庆市银行商业同业公会

大陆银行重庆支行启
中华民国三十四年十月三十日

大陆银行重庆支行财产损失汇报表（1945年10月）

事件：遭炸

日期：二十九年八月九日

地点：第一模范市场锡福里3号

分类	价值（国币元）
共计	1550000.00
房屋	一
器具	600000.00
现款	一
生金银	一
保管品	一
抵押品	一
有价证券	一
运输工具	一
其他	300000.00
印刷费	650000.00

56. 大同银行总管理处为填报抗战损失各表致重庆市银行商业同业公会文（1945年11月3日）

敬启者。案准贵会本年七月九日行字第426号通知及九月五日行字第445号通知，为抄附损失汇报表式，希查照填送2份过会，以凭汇报，各等由，准此。经转知各地分行查填去后，兹据陆续填报前来，相应汇填民营事业财产损失汇报表及民营事业财产间接损失报告表各5份，随函送请查收汇办为荷。此上：

重庆市银行商业同业公会

附件

大同银行总管理处

中华民国三十四年十一月三日

1) 大同银行重庆分行财产间接损失报告表(1945年11月3日)

分类		数额(国币元)
可能生产额减少		—
可获纯利额减少		—
费用之增加	拆迁费	—
	防空费	1800000.00
	救济费	—
	抚恤费	—

2) 大同银行贵阳分行财产间接损失报告表(1945年11月3日)

分类		数额(国币元)
可能生产额减少		1500000.00
可获纯利额减少		—
费用之增加	拆迁费	—
	防空费	—
	救济费	950000.00
	抚恤费	—

3) 大同银行桂林分行财产损失汇报表(1945年11月3日)

事件:因日寇侵桂撤退

日期:三十三年九月

地点:桂林

分类	价值(国币元)
共计	7900000.00
房屋	1800000.00
器具	1600000.00
现款	—
生金银	—
保管品	—
抵押品	—
有价证券	—

续表

分类	价值（国币元）
运输工具	—
其他	4500000.00

4）大同银行桂林分行财产间接损失报告表（1945年11月3日）

分类		数额（国币元）
可能生产额减少		—
可获纯利额减少		13000000.00
费用之增加	拆迁费	4500000.00
	防空费	—
	救济费	2850000.00
	抚恤费	—

5）大同银行柳州分行财产损失汇报表（1945年11月3日）

事件：因日寇侵柳撤退

日期：三十三年十一月

地点：柳州

分类	价值（国币元）
共计	4850000.00
房屋	1500000.00
器具	1000000.00
现款	—
生金银	—
保管品	—
抵押品	—
有价证券	—
运输工具	—
其他	2350000.00

6）大同银行柳州分行财产间接损失报告表（1945年11月3日）

分类		数额（国币元）
可能生产额减少		—
可获纯利额减少		9000000.00
费用之增加	拆迁费	600000.00
	防空费	—
	救济费	850000.00
	抚恤费	—

7）大同银行衡阳分行财产损失汇报表（1945年11月3日）

　　　　事件：因日寇侵衡撤退

　　　　日期：三十三年六月

　　　　地点：柳州

分类	价值（国币元）
共计	1350000.00
房屋	650000.00
器具	700000.00
现款	—
生金银	—
保管品	—
抵押品	—
有价证券	—
运输工具	—
其他	—

8）大同银行衡阳分行财产间接损失报告表（1945年11月3日）

分类		数额（国币元）
可能生产额减少		—
可获纯利额减少		5000000.00
费用之增加	拆迁费	350000.00
	防空费	—
	救济费	100000.00
	抚恤费	

57. 胜利银行股份有限公司为填报抗战损失各表致重庆市银行同业公会文（1945年11月3日）

迳启者。接奉贵会银字第101号通知，为市商会通知为奉令催报抗战损失直接间接报告表一案，除原文在卷不录外，后开"即希查照前发表式，迅填过会，以凭汇转为荷"等由，过行，自应照办。查敝行财产尚无直接损失事件，唯间接损失总共7128500.00元整。兹将间接损失各项，分别填就报告表，随函检奉，即希查照汇转为荷。此致：

重庆市银行同业公会

附表1件

胜利银行股份有限公司启

中华民国三十四年十一月三日

胜利银行财产间接损失报告表（1945年11月3日）

分类	数额（国币元）
共计	7128500.00
迁移费	1578000.00
防空设备费	1953000.00
疏散费	2654000.00
救济费	943500.00
抚恤费	—
可能生产额减少	—
可获纯利额减少	—

58. 长江实业银行重庆分行为填送抗战损失各表致同业公会文（1945年11月3日）

迳复者。顷接贵会本年十月二十九日银字101号通知，以准市商会通知，奉令催报抗战损失直接间接报告表一案，嘱迅填报，以凭汇转，等由，自应遵办。查敝行财产直接方面尚无显著损失，惟间接方面之损失则颇为不赀，兹谨按表核实填就，用特检同送上，即请查照汇转为荷。此致：

同业公会

附表1纸

长江实业银行重庆分行启
中华民国三十四年十一月三日

长江实业银行重庆分行财产间接损失报表(1945年11月)

分类	数额(国币元)
共计	9000000.00
迁移费	—
防空设备费	2000000.00
疏散费	900000.00
救济费	1200000.00
抚恤费	—
可能生产额减少	—
可获纯利额减少	4900000.00

59. 和通银行总行为填报抗战损失各表致重庆市银行公会文（1945年11月3日）

迳启者。接准贵会三十四年十月二十九日银字第101号通知，为奉令催报抗战直接间接损失报告表等由到行，兹特填具本行财产直接损失汇报表暨财产间接损失报表各1份，随函送上，即希查照汇转为荷。此致：

重庆市银行公会

附直接损失汇报表、间接损失报表各1份

和通银行总行启
中华民国三十四年十一月三日

1)和通银行财产损失汇报表(1945年11月)

　　　　事件:日机轰炸

　　　　日期:二十八年九月八日

　　　　地点:中正路175号

分类	价值(国币元)
共计	6737000.00
建筑物	3197000.00
器具	2650000.00
现款	2650000.00
图书	50000.00
仪器	—
文卷	150000.00
医药用品	300000.00
原料	—
产品	—
其他	—

2)和通银行财产间接损失报表(1945年11月)

分类	数额(国币元)
共计	4200000.00
迁移费	750000.00
防空设备费	1000000.00
疏散费	950000.00
救济费	500000.00
抚恤费	—
可能生产额减少	1500000.00
可获纯利额减少	—

60. 永成银行股份有限公司为填送抗战财产损失各表致重庆市银行商业同业公会文(1945年11月3日)

迳启者。十月二十九日接奉大会银字第101号通知,敬悉。兹已如嘱将前所掷下之财产直接间接损失汇报表一纸填妥,随函奉上,即希察收汇转为荷。此致:

银行公会

附件如文

永成银行股份有限公司启
中华民国三十四年十一月三日

1)永成银行财产损失汇报表(1945年11月)

分类	价值(国币元)
共计	2450000.00
建筑物	600000.00
器具	350000.00
现款	—
图书	—
仪器	—
文卷	—
医药用品	—
原料	—
产品	—
其他	1500000.00

2)永成银行财产间接损失报告表(1945年11月)

分类	数额(国币元)
共计	3100000.00
迁移费	600000.00
防空设备费	—
疏散费	500000.00

续表

分类	数额(国币元)
救济费	—
抚恤费	—
可能生产额减少	—
可获纯利额减少	2000000.00

61. 中国工矿银行总行为填报抗战损失各表致重庆市银行商业同业公会文(1945年11月6日)

案准银字第101号通知,以准市商会通知为奉令催报抗战财产直接损失报告表,嘱速填报,以凭汇转,等由。遵将本行抗战财产损失报告表依式填就,随函送达,至希察收赐转为感。此致:

重庆市银行商业同业公会

附件

中国工矿银行总行启

中华民国三十四年十一月六日

1)中国工矿银行财产损失汇报表(1945年11月)

分类	价值(国币元)
共计	15567192.95
建筑物	3220287.12
器具	4327369.15
现款	—
图书	—
仪器	—
文卷	—
医药用品	—
原料	—
产品	—
其他	8019534.68

附注:"其他"栏为撤退行之开办费预付费用及催收放款。

2)中国工矿银行财产间接损失报告表(1945年11月)

分类	数额(国币元)
共计	25446165.44
迁移费	4111135.50
防空设备费	138225.00
疏散费	19328735.76
救济费	1540654.24
抚恤费	327414.94
可能生产额减少	—
可获纯利额减少	—

62. 川康平民商业银行总管理处为填报抗战损失各表致重庆市银行商业同业公会文(1945年11月7日)

迳启者。顷准贵会银字第101号通知催报抗战损失直接间接报告表一案,后开"即希查照前发表式迅填过会,以凭汇转为荷"等由,准此。兹已将本行房屋或租用房屋直接间接受敌机轰炸或防御轰炸所设备之各项损失共计46600000.00元分别按照表式逐一填明,随函送请查收汇转为荷。此致:

银行公会

附表20份

川康平民商业银行总管理处启
中华民国三十四年十一月七日

1)川康平民商业银行都邮街办事处财产损失汇报表(1945年11月)

事件:都邮街办事处全部炸毁(即前平民银行总行5层洋房,计房50余间)

日期:二十八年五月四日

分类	价值(国币元)
共计	15000000.00
房屋	12000000.00
器具	3000000.00

续表

分类	价值(国币元)
现款	一
生金银	一
保管品	一
抵押品	一
有价证券	一
工具	一
其他	一

2)川康平民商业银行(总行后院)财产损失汇报表(1945年11月)

  事件:总行后院被炸

  日期:三十年八月

  地点:打铜街28号

分类	价值(国币元)
共计	1500000.00
房屋	1000000.00
器具	500000.00
现款	一
生金银	一
保管品	一
抵押品	一
有价证券	一
工具	一
其他	一

3)川康平民商业银行陕西街办事处财产损失汇报表(1945年11月6日)

  事件:陕西街办事处被炸毁

  日期:二十九年八月

  地点:陕西街

  填送日期:三十四年十一月六日

分类	价值(国币元)
共计	800000.00
房屋	—
器具	800000.00
现款	—
生金银	—
保管品	—
抵押品	—
有价证券	—
工具	—
其他	—

4) 川康平民商业银行新丰街办事处财产损失汇报表(1945年11月6日)

事件:新丰街办事处被烧毁

日期:二十九年八月

地点:新丰街

填送日期:三十四年十一月六日

分类	价值(国币元)
共计	800000.00
房屋	—
器具	800000.00
现款	—
生金银	—
保管品	—
抵押品	—
有价证券	—
工具	—
其他	—

5) 川康平民商业银行牛角沱办事处财产损失汇报表(1945年11月6日)

事件:牛角沱办事处宿舍被炸

日期:三十年八月

地点:牛角沱

填送日期:三十四年十一月六日

分类	价值(国币元)
共计	500000.00
房屋	—
器具	500000.00
现款	—
生金银	—
保管品	—
抵押品	—
有价证券	—
工具	—
其他	—

6) 川康平民商业银行(水巷子)财产损失汇报表(1945年11月6日)

事件:房屋全毁(中式楼房35间)

日期:二十九年八月

地点:水巷子

填送日期:三十四年十一月六日

分类	价值(国币元)
共计	2000000.00
房屋	2000000.00
器具	—
现款	—
生金银	—
保管品	—
抵押品	—
有价证券	—
工具	—
其他	—

7）川康平民商业银行（武器街房屋）财产间接损失报告表（1945年11月6日）

　　　　事件：武器街房屋拆火巷

　　　　填送日期：三十四年十一月六日

分类		数额（国币元）
可能生产额减少		—
可获纯利额减少		—
费用之增加	拆迁费	—
	防空费	500000.00
	救济费	—
	抚恤费	—

8）川康平民商业银行沙坪坝办事处财产损失汇报表（1945年11月6日）

　　　　事件：沙坪坝办事处被炸一部

　　　　日期：二十九年六月

　　　　地点：沙坪坝重庆大学门口

　　　　填送日期：三十四年十一月六日

分类	价值（国币元）
共计	200000.00
房屋	200000.00
器具	—
现款	—
生金银	—
保管品	—
抵押品	—
有价证券	—
工具	—
其他	—

9）川康平民商业银行瓷〔磁〕器口办事处财产损失汇报表（1945年11月6日）

　　　　事件：瓷〔磁〕器口办事处全部炸毁

　　　　日期：二十九年六月

　　　　地点：瓷〔磁〕器口正街

　　　　填送日期：三十四年十一月六日

分类	价值（国币元）
共计	500000.00
房屋	—
器具	500000.00
现款	—
生金银	—
保管品	—
抵押品	—
有价证券	—
工具	—
其他	—

10）川康平民商业银行（临华街平安里房产）财产损失汇报表（1945年11月6日）

　　　　事件：临华街平安里房产炸毁2栋

　　　　日期：二十八年六月

　　　　地点：临华街平安里

　　　　填送日期：三十四年十一月六日

分类	价值（国币元）
共计	2000000.00
房屋	—
器具	2000000.00
现款	—
生金银	—
保管品	—

续表

分类	价值(国币元)
抵押品	—
有价证券	—
工具	—
其他	—

11)川康平民商业银行(新街口房产)财产损失汇报表(1945年11月6日)

　　事件:新街口房产被炸(时事新报馆)

　　日期:三十年五月

　　地点:中正路187号

　　填送日期:三十四年十一月六日

分类	价值(国币元)
共计	2000000.00
房屋	—
器具	2000000.00
现款	—
生金银	—
保管品	—
抵押品	—
有价证券	—
工具	—
其他	—

12)川康平民商业银行江北办事处财产损失汇报表(1945年11月6日)

　　事件:江北办事处被焚毁

　　日期:二十九年九月

　　地点:江北正街

　　填送日期:三十四年十一月六日

分类	价值(国币元)
共计	500000.00

续表

分类	价值(国币元)
房屋	—
器具	500000.00
现款	—
生金银	—
保管品	—
抵押品	—
有价证券	—
工具	—
其他	—

13)川康平民商业银行(大溪别墅房产)财产损失汇报表(1945年11月6日)

事件:大溪别墅房产被炸毁一部

日期:三十年五月

地点:大溪别墅

填送日期:三十四年十一月六日

分类	价值(国币元)
共计	1500000.00
房屋	1500000.00
器具	—
现款	—
生金银	—
保管品	—
抵押品	—
有价证券	—
工具	—
其他	—

14) 川康平民商业银行(范园房产)财产损失汇报表(1945年11月6日)

事件:范园房产全毁(铺面10余间,住宅□□间)

日期:二十九年八月

地点:中山一路

填送日期:三十四年十一月六日

分类	价值(国币元)
共计	12000000.00
房屋	12000000.00
器具	—
现款	—
生金银	—
保管品	—
抵押品	—
有价证券	—
工具	—
其他	—

15) 川康平民商业银行(关庙街房产)财产损失汇报表(1945年11月6日)

事件:关庙街房产全毁

日期:二十九年八月

地点:关庙街

填送日期:三十四年十一月六日

分类	价值(国币元)
共计	2000000.00
房屋	2000000.00
器具	—
现款	—
生金银	—
保管品	—
抵押品	—
有价证券	—

续表

分类	价值(国币元)
工具	—
其他	—

16) 川康平民商业银行(余家巷仓库拆火巷)财产间接损失报告表(1945年11月6日)

事件:余家巷仓库拆火巷及防空设备部分

填送日期:三十四年十一月六日

分类		数额(国币元)
可能生产额减少		—
可获纯利额减少		—
费用之增加	拆迁费	800000.00
	防空费	400000.00
	救济费	—
	抚恤费	

17) 川康平民商业银行沙坪坝办事处财产间接损失报告表(1945年11月6日)

事件:沙坪坝办事处防空洞开凿部分

填送日期:三十四年十一月六日

分类		数额(国币元)
可能生产额减少		—
可获纯利额减少		—
费用之增加	拆迁费	—
	防空费	600000.00
	救济费	—
	抚恤费	

18)川康平民商业银行江北办事处财产间接损失报告表(1945年11月6日)

　　　　事件:江北办事处防空洞开凿

　　　　填送日期:三十四年十一月六日

分类		数额(国币元)
可能生产额减少		—
可获纯利额减少		—
费用之增加	拆迁费	—
	防空费	500000.00
	救济费	—
	抚恤费	—

19)川康平民商业银行(打铜街防空洞)财产间接损失报告表(1945年11月6日)

　　　　事件:打铜街防空洞开凿费

　　　　填送日期:三十四年十一月六日

分类		数额(国币元)
可能生产额减少		—
可获纯利额减少		—
费用之增加	拆迁费	—
	防空费	2000000.00
	救济费	—
	抚恤费	—

20)川康平民商业银行牛角沱办事处财产间接损失报告表(1945年11月6日)

　　　　事件:牛角沱防空洞开凿费

　　　　填送日期:三十四年十一月六日

分类	数额(国币元)
可能生产额减少	—
可获纯利额减少	—

续表

分类		数额(国币元)
费用之增加	拆迁费	—
	防空费	500000.00
	救济费	—
	抚恤费	—

63. 重庆银行总行为填报抗战损失各表致重庆市银行商业同业公会文（1945年11月13日）

接准贵会行字第426、445号及银字第101号通知："为财政部训令与市商会通知填报抗战民营事业财产损失汇报表及财产直接损失汇报表"等由。查本行抗战八年总行、泸县办事处、万县办事处、成都祠堂街办事处，均先后被炸二次，合计财产损失共达国币104000000.00元，兹特分填该两表内，随函附上，即希查收，分别汇转为荷。此致：

重庆市银行商业同业公会

附件如文

重庆银行总行启
十一月十三日

重庆银行财产损失汇报表(1945年11月)

分类	价值(国币元)
共计	104000000.00
房屋	97000000.00
器具	7000000.00
现款	—
生金银	—
保管品	—
抵押品	—
有价证券	—
工具	—
其他	—

64. 重庆李子坝交通银行为报李行及其所属战时财产间接损失致交通银行渝行文（1946年4月19日）

敬陈者。叠奉总处三十四、三十五年稽通字2号，又尊处三十五年辖通字17号函，嘱详细查明战事损失，依式填表从速陈报，以资汇转接洽各等因，谨悉。遵即分洽所属依限查报以凭汇报去后，兹据化处、磁处及前坎处先后函送表单各3份前来。查化处（包括前化磁、化坎、化高、化新）及磁（磁杨）坎两处，均系会计独立时期，所受战事损失之一部与李行表列数字均相衔接，似无遗漏。计化处表列间接损失数为27707283.00元，磁处为2597023.00元，坎处为494113.00元，李行为37488754.06元，总共国币68287173.06元。奉函前因，理合检附李行及所属战事财产间接损失报告表连同附表各1式2份，共8份，一并随函附赍，至祈察核赐予汇报并示遵为祷。此上：

渝行

附表8份

重庆李子坝交通银行
中华民国三十五年四月十九日

1）交通银行李子坝支行财产间接损失报告表（1946年4月）

分类		数额（国币元）
可能生产额减少		—
可获纯利额减少		—
费用之增加	拆迁费	856.00
	防空费	21012.61
	救济费	37465758.85
	抚恤费	1126.60

2）交通银行李子坝支行财产间接损失报告表附表（1946年4月）

（单位：国币元）

时间	类别	数额
（一）拆迁费		
1940年下期	鄂行迁眷费	856.00
合计		856.00
（二）防空费		
1939年度	员役警报费用	80.05
1940年度	同上	154.56
1941年度	同上	702.00
1942年度	同上	2044.00
1943年度	同上	7840.00
1944年度	同上	10192.00
合计		21012.61
（三）抚恤费		
1941年下期	炸死轿夫王木臣棺材	1126.60
合计		1126.60
（四）救济费		
1939年下期	膳宿费	3416.24
1940年上期	同上	4979.50
1940年下期	同上	7835.00
	奖津	1715.22
	7月7日被炸补贴警役衣物损失	855.00
1941年上期	员役膳宿	16537.23
1941年下期	同上	84552.99
	年终奖金	13010.37
1942年上期	员役膳宿	113219.40
1942年下期	同上	170998.29
	年终奖金	28600.55
1943年上期	生活补助费	83026.32
	眷属米贴	121488.00
	膳费	90452.33
	宿费	3158.00

续表

时间	类别	数额
1943年下期	生活补助费	83080.50
	眷属米贴	210286.83
	膳费	267465.10
	宿费	1412.00
	考勤奖金	90715.84
	年终奖金	253654.33
1944年上期	生活补助费	52868.00
	眷属米贴	485094.60
	膳费	665376.47
	宿费	1712.00
1944年下期	生活补助费	57521.00
	眷属米贴	780000.00
	膳费	1119646.38
	宿费	1862.00
	考勤奖金	151686.00
	年终奖金	271803.40
1945年上期	生活补助费	849266.00
	眷属米贴	1660428.10
	膳费	2493841.18
	宿费	27702.58
1945年下期（本期数字已将化处7—9月数额剔除）	生活补助费	5328258.34
	眷属米贴	4886418.44
	膳费	10991614.23
	宿费	65872.00
	考勤奖金	1084585.27
	年终奖金	4839743.86
合计		37465758.85

65. 重庆李子坝交通银行为报李、化、坎处抗战期间所受损失给交通银行渝行的代电（1947年7月25日）

渝行钧鉴：0715代电转总处0710电奉悉，遵将李处及前化、坎两处在抗战期间所受财产间接损失综合总数列具报告表1式2份，随文陈祈鉴核汇转为祷。李0723。

1) 交通银行李处呈报之李、化、坎处抗战期间财产间接损失报告表（1947年7月）

分类		数额（国币元）
可能生产额减少		—
可获纯利额减少		—
费用之增加	拆迁费	856.00
	防空费	21012.61
	救济费	65667155.66
	抚恤费	1126.60

2) 交通银行李处呈报之李、化、坎处抗战期间财产间接损失报告详表（1947年7月）

（单位：国币元）

时期	拆迁费	防空费	救济费	抚恤费	合计
1939年上期	—	80.05	—	—	80.05
1939年下期	—	—	3416.24	—	3416.24
1940年上期	—	154.56	4979.50	—	5134.06
1940年下期	856.00	—	10405.22	—	11261.22
1941年上期	—	702.00	16537.23	—	17239.23
1941年下期	—	—	97563.36	1126.60	98689.96
1942年上期	—	2044.00	113219.40	—	115263.40
1942年下期	—	—	235362.84	—	235362.84
1943年上期	—	7840.00	668387.23	—	676227.23
1943年下期	—	—	1965265.43	—	1965265.43
1944年上期	—	—	2304702.00	—	2314894.00
1944年下期	—	10192.00	5988742.16	—	5988742.16
1945年上期	—	—	15083565.42	—	15083565.42
1945年下期	—	—	39175009.63	—	39175009.63
总计	856.00	21012.61	65667155.66	1126.60	65690150.87

66. 1937年至1941年抗战直接间接损失数字总表(1942年5月26日)①

中华民国三十一年五月二十六日　　　　（单位：国币元）

行别＼年别＼种别	1937年 直接损失	1937年 间接损失	1938年 直接损失	1938年 间接损失
蓉(祠东)		1021.37		1073.27
新		44.50		50.00
赵				
石				
总			40071.86	58051.68
内				
沪			7012.68	210.00
叙				
万		2611.90		2510.67
昆				500.00
筑				
汉		15160.42	872286.05	14983.76
宜		1640.57	2446.10	1578.12
沙		5436.90		1944.19
沅(长沙)		2312.96	24688.77	3849.73
常		939.77	8419.31	1714.29
衡				
河		72.92		1202.28
申(敏静)	595819.60	4316.61		3118.64
京	102284.52	4299.24		
苏	18121.44	2869.27		
平		310.69		338.00
港				
广州				614.65
井				
合计	716225.56	41037.52	954924.77	91739.28

---

① 在不改变原文内容的前提下,该表经过了技术处理。

续表

行别＼种别＼年别	1939年 直接损失	1939年 间接损失	1940年 直接损失	1940年 间接损失
蓉(祠东)	101570.60	8572.66		38086.62
新		236.06		5069.20
赵		14.32		11200.18
石				1614.80
总	89957.80	154838.70	113899.11	264720.14
内		970.30		20546.60
沪	8402.37	3416.93		15669.28
叙		1328.00		16191.10
万	15400.00	5560.08	42879.85	37655.48
昆		3501.08		79271.74
筑				
汉		1436.19		15323.77
宜	15700.00	1051.16	173824.37	36003.10
沙		2792.64	150837.51	
沅(长沙)		5414.42		3977.46
常	5268.76	897.13		1725.92
衡				1141.97
河				
申(敏静)		2636.00		40123.56
京				
苏				
平		285.00		5131.00
港				12162.45
广州				
井			13716.84	
总计	236299.53	192950.74	495157.68	605614.37

续表

行别 \ 种别 \ 年别	1941年 直接损失	1941年 间接损失	合计① 直接损失	合计① 间接损失
蓉(祠东)		273913.44	101570.60	322667.36
新		37729.18		43128.94
赵		55179.38		66393.88
石		39151.99		40766.79
总	191777.00	1175346.02	435705.77	1652956.54
内		131679.94		153196.84
沪		118831.63	15415.05	138127.84
叙		97845.39		115364.49
万	5000.00	125341.13	63279.85	173679.26
昆		233171.07		316443.96
筑		41282.51		41282.51
汉		52796.04	872286.05	99700.18
宜		1183.00	191970.47	41455.95
沙			150837.51	10173.73
沅(长沙)		20707.77	24688.77	36262.34
常		17697.50	13688.07	22974.61
衡		36633.44		37775.41
河				1275.20
申(敏静)		190276.58	595819.60	240471.39
京			102284.52	4299.24
苏			18121.44	2869.67
平		16790.00		22854.69
港		14763.66		26926.11
广州				614.65
井			13716.84	
总计	196777.00	2680319.67	2599384.54	3611661.58

① 此处乃各行1937—1941年的损失合计。

67. 聚兴诚银行全行1937年间接损失报告花单（1942年5月）

中华民国二十六年七至十二月　　　　　　　　（单位：国币元）

地点	拆迁费	防空费	救济费	抚恤费	合计	储存
成都分行		1021.37			1021.37	
新都办事处		44.50			44.50	
万县分行		1679.40	932.50		2611.90	
汉口分行	2871.25	11772.29	516.88		15160.42	
宜昌办事处		1607.37	33.20		1640.57	
沙市办事处		5380.00	56.90		5436.90	
长沙支行		2112.96	200.00		2312.96	
常德办事处		524.77	415.00		939.77	
老河口办事处		20.00	52.92		72.92	
上海分行	2541.61		775.00		4316.61	
南京支行	2767.58	1193.66	338.00		4299.24	
杭州支行	1288.77	299.90	1281.00		2869.67	
北平办事处	178.20	123.49	9.00		310.69	
合计	10647.41	25779.71	4610.40		41037.52	

68. 聚兴诚银行1938年间接损失报告花单（1942年5月）[①]

（单位：国币元）

行别＼种类	拆迁	防空	救济	抚恤	合计
上海分行			2467.00	651.64	3118.64
北平办事处	63.00		275.00		338.00
昆明支行		500.00			500.00
广州办事处	2088.50		4058.00		6146.50
汉口分行	11735.68	13.96	3234.12		14983.76
宜昌办事处	672.20	180.92	725.00		1578.12
沙市办事处	809.19	185.00	95.00		1944.19[②]

---

① 该表系根据档案内容制成，其数据系老式记账符号转化而来。
② 此栏数据有误，原文如此。

续表

种类 行别	拆迁	防空	救济	抚恤	合计
长沙支行	2988.61		861.12		3849.73
常德办事处	1393.29		321.00		1714.29
老河口办事处	9837	3058	188		1202.28
万县分行		1913.74	596.93		2510.63
重庆总行	6276.07	41518.66	114.00	10142.95	58051.68
成都分行		1003.27	70.00		1073.27
泸县办事处		21.00			21.00
新都办事处		50.00			50.00
全行	25130.59	45606.15	10207.97	10794.59	91739.28

注：防空费内有捐款7802.00元，渝防空室35213.00元。

69. 聚兴诚银行1937年间接损失一览表（1942年5月）①

（单位：国币元）

种类 行别	拆迁	防空	救济	捐款	合计
上海分行	3541.61		775.00		4316.61
南京支行	2767.58	1193.66	338.00		4299.24
苏州支行	1288.77	299.90	1281.00	58.50	2869.67②
北平办事处	178.20	123.49	9.00		310.69
汉口分行	2871.25	11772.29	516.88	10112.00	15160.42
宜昌办事处		1607.37	33.2	10.00	1640.57
沙市办事处		5380.00	56.90	30.00	5436.90
长沙支行		2112.96	200.00	2080.00	2312.96
常德办事处		524.77	415.00	全部捐款	939.77
老河口办事处		20.00	52.92	10.00	702.92
万县分行		1679.40	932.50	34.00	2611.90

① 该表系根据档案内容制成，其数据系老式记账符号转化而来。
② 该合计不包括捐款58.50元，后同。

续表

种类 行别	拆迁	防空	救济	捐款	合计
成都分行		1021.37			1021.37
新都办事处		44.50		全部捐款	44.50
合计	10647.41	25779.71	4610.40		41037.52

注：防空费内有捐款13430.27元。

70. 聚兴诚银行万县分行财产损失报告单（1943年9月29日）

事件：日机轰炸

日期：三十二年八月二十三日至二十四日

地点：万县

填送日期：三十二年九月二十九日

损失项目	单位	数量	价值（国币元）
房屋		二马路行址①	6432.56
房屋		二马路行员宿舍	2308.76
合计			8741.32

71. 聚兴诚银行1941年财产直接损失汇报表（1942年5月23日）

事件：日机轰炸

日期：三十年六月至八月

地点：各地聚兴诚银行

填送日期：三十一年五月二十三日

分类	价值（国币元）
共计	196777.00
房屋	196777.00
器具	
现款	
生金银	

① 此栏应填损失数量，误填为地址，原文如此，后同。

续表

分类	价值(国币元)
保管品	
有价证券	
运输工具	
信用放款	
抵押放款	
其他	
附财产损失报告单2张	

1) 聚兴诚银行财产损失报告单(1942年5月23日)

事件:日机轰炸

日期:三十年六月至八月

地点:重庆

填送日期:三十一年五月二十三日

损失项目	单位	数量	价值(国币元)
房屋		林森路行址	32350.00
同		永龄巷宿舍1、2、8号	1843.00
同		通远门桂香阁德领署	14956.00
同		观音岩花园	3160.00
同		上清寺聚兴村	139468.00
合计			191777.00

2) 聚兴诚银行财产损失报告单(1942年5月23日)

事件:日机轰炸

日期:三十年六月二十八日

地点:万县

填送日期:三十一年五月二十三日

损失项目	单位	数量	价值(国币元)
房屋		昙花寺	5000.00
合计			5000.00

72.聚兴诚银行财产直接损失汇报表(1942年5月23日)

事件:日军占领及日机轰炸

日期:二十九年全年

地点:各地聚兴诚银行

填送日期:三十一年五月二十三日

分类	价值(国币元)
共计	495157.68
房屋	487735.07
器具	2571.28
现款	
生金银	
保管品	
有价证券	
运输工具	
信用放款	
抵押放款	
其他	4851.33
附财产损失报告单5张①	

1)聚兴诚银行财产损失报告单(1942年5月23日)

事件:日机轰炸

日期:二十九年六月至八月

地点:重庆

填送日期:三十一年五月二十三日

损失项目	单位	数量	价值(国币元)
房屋	6月	新市区黄家垭口	1200.00
同上	6月	通远门顺城街	3000.00
同上	6月11日	机房街	24689.10
同上	6月26日	上清寺办事处	12000.00
同上	8月	白象街142号及同庆公馆对面	23539.90

---

① 报告单原文有5张,但第四张、第五张的内容与第一张重复,故省去。

续表

损失项目	单位	数量	价值（国币元）
同上	同上	同业场1号	32700.00
同上	同上	中陕西街旧9—11号	5000.00
同上	同上	林森路466、468、470号	8000.00
器具	6月26日		1983.96
其他	同上		1786.15
合计			113899.11

2）聚兴诚银行财产损失报告单（1942年5月23日）

　　　　事件：日机轰炸

　　　　日期：二十九年二月及十月

　　　　地点：万县

　　　　填送日期：三十一年五月二十三日

损失项目	单位	数量	价值（国币元）
房屋	2月4日	当铺巷33—38号	12392.85
同	10月13日	二马路昙花寺	11097.30
同	10月13日至10月27日	二马路257—261号	19389.70
合计			42879.85

3）聚兴诚银行1940年财产直接损失综计报告单（1942年5月23日）

损失项目	单位	数量	价值（国币元）
沙市办事处			150837.51
宜昌办事处			173824.37
万县分行			42879.85
重庆总行			113899.11
蓉行	自流井		13716.84
合计			495157.68

73. 聚兴诚银行股份有限公司为填送抗战损失调查表致重庆市银行公会函(1940年4月30日)

迳复者。接准贵会会字第32号函略开:"速将前送抗战损失调查表填送过会,以凭汇转",等由,准此。兹已遵嘱填妥,随缄附上,计间接损失调查表15页,直接损失调查表13页,财产损失报告单18页,即希查照汇转为荷。此致:

银行公会

附件46页①

聚兴诚银行股份有限公司启

二十九年四月三十日

1) 聚兴诚银行上海分行财产损失报告单

事件②:战事影响

日期③:二十六年十二月三十一日

地点④:上海

损失项目⑤	单位	数量	价值(国币元)
抵押放款			380032.99
信用放款			113986.61
有价证券			101800.00
合计			595819.60

2) 聚兴诚银行苏州支行财产损失报告单

事件:日军占领劫去

日期:二十六年十一月十八日

地点:苏行

---

① 该表中关于1938年、1939年各分支行间接损失与前报完全重复,故省去。
② 事件,即发生损失之事件,如日机轰炸、日军进攻等。
③ 日期,即事件发生之日期,如某年月日或某年月日至某年月日。
④ 地点,即事件发生地点,如某市某县某镇某村等。
⑤ 损失项目,包括一切动产(如衣服、什物、财帛、舟车等)及不动产(如房屋田园等),所有损失逐项填明。

损失项目	单位	数量	价值(国币元)
现款			12076.03
器具			1634.60
抵押放款			2200.00
信用放款			2210.81
合计			18121.44

3)聚兴诚银行北平办事处财产损失报告单

　　　　事件:日军占领

　　　　日期:二十六年十二月十二日

　　　　地点:京行

损失项目	单位	数量	价值(国币元)
器具			3073.58
房屋			76558.30
抵押贷款			13790.30
信用贷款			8862.51
合计			102278.52

4)聚兴诚银行汉口分行财产损失报告单

　　　　事件:日军占领

　　　　日期:二十七年十月二十五日

　　　　地点:汉行

损失项目	单位	数量	价值(国币元)
器具			3667.70
抵押放款			31877.45
信用放款			185276.14
有价证券			77130.25
房屋			574334.51
合计			872286.05

5) 聚兴诚银行长沙支行财产损失报告单

事件：抗战大火

日期：二十七年十一月十三日

地点：长沙

损失项目	单位	数量	价值（国币元）
器具			3760.74
抵押放款			12929.15
信用放款			7998.88
合计			24688.69

6) 聚兴诚银行宜昌办事处财产损失报告单[①]

损失项目	单位	数量	价值（国币元）
事件：战事关系		日期：1938年12月31日	地点：宜处
信用放款			2446.10
合计			2446.10
事件：日机轰炸		日期：1939年3月8日	地点：宜处
房屋			14000.00
合计			14000.00
事件：日机轰炸		日期：1939年4月28日	地点：宜天宫牌坊
房屋			1700.00
合计			1700.00

7) 聚兴诚银行泸县办事处财产损失报告单

事件：战事影响

日期：二十七年十二月三十一日

地点：泸处

损失项目	单位	数量	价值（国币元）
抵押放款			7012.68
合计			7012.68

---

① 该表系根据原7、9、10表制成。

8) 聚兴诚银行常德办事处财产损失报告单①

损失项目	单位	数量	价值(国币元)
事件:战事影响		日期:1938年12月31日	地点:常处
抵押放款			3941.80
信用放款			4477.51
合计			8419.31
事件:日机轰炸		日期:1939年5月13日	地点:常中衢街
房屋			3298.76
器具			70.00
抵押贷款			500.00
合计			3868.76
事件:日机轰炸		日期:1939年6月23日	地点:常三铺街
房屋			1400.00
合计			1400.00

9) 聚兴诚银行万县分行财产损失报告单②

损失项目	单位	数量	价值(国币元)
事件:日机轰炸		日期:1939年6月7日	地点:万县当铺巷
房屋			7400.00
合计			7400.00
事件:日机轰炸		日期:1939年2月4日	地点:万县当铺巷
房屋			8000.00
合计			8000.00

10) 聚兴诚银行成都分行财产损失报告单

事件:日机轰炸

日期:二十八年六月十一日

地点:成都东御街

损失项目	单位	数量	价值(国币元)
抵押放款			101570.60
合计			101570.60

---

① 该表系根据原6、11、12表制成。

② 该表系根据原13、14表制成。

11) 聚兴诚银行重庆总行财产损失报告单[①]

事件:拆辟火巷

日期:二十八年五月

地点:重庆永龄巷

损失项目	单位	数量	价值(国币元)
事件:拆辟火巷		日期:1939年5月	地点:重庆永龄巷
房屋			15960.33
合计			15960.33
事件:战事关系		日期:1938年12月31日	地点:重庆
信用放款			40071.86
合计			40071.86
事件:日机轰炸		日期:1939年5月4日	地点:重庆都邮街
器具			600.40
房屋			18362.35
抵押放款			55034.32
合计			73997.47

74. 聚兴诚银行总行秘书处为填送1939年度间接损失报告表致重庆市银行公会函(1940年6月7日)

迳启者。查敝行二十八年度全行间接损失报告表兹已造妥2份(每份十六支),相应函送贵会,请烦查照分呈财政部、重庆市政府鉴察为荷。此致:

重庆市银行公会

附表2份[②]

聚兴诚银行总行秘书处
二十九年六月七日

---

① 该表系根据原16、17、18表制成。

② 因第二份的内容与第一份重复,故此处只选用第一份,即"聚兴诚银行全行二十八年度间接损失报告"。

聚兴诚银行全行二十八年度间接损失报告

种类 行别	防空	抚恤	救济	拆迁	合计
重庆总行	116820.99	12550.49	25467.22		154838.70
成都分行	5204.16		3368.50		8572.66
新都办事处	236.06				236.06
赵家镇办事处	14.32				14.32
内江办事处	970.30				970.30
泸州办事处	1247.95		2168.98		3416.93
宜宾办事处	233.00		1095.00		1328.00
万州分行	3848.08		1712.00		5560.08
昆明支行	876.25		2624.90		3501.15
汉口分行			1436.19		1436.19
宜昌办事处	807.16		244.00		1051.16
沙市办事处			125.00	2667.64	2792.64
常德办事处	278.82		560.00	58.31	897.13
长沙支行	970.59		1258.78	3185.05	5414.42
上海分行			2636.00		2636.00
北平办事处	126.00		159.00		285.02
合计	131633.68	12550.49	42855.57	5911.00	192950.14

75.聚兴诚银行上清寺办事处财产损失汇报表(1940年9月27日)

事件：日机轰炸

日期：二十九年六月二十六日

地点：新市区上清寺办事处

填送日期：二十九年九月二十九日

分类	价值(国币元)
共计	15770.11
房屋	12000.00
器具	1983.96
现款	

续表

分类	价值(国币元)
生金银	
保管品	
抵押品	
有价证券	
运输工具	
其他	1786.15

76. 聚兴诚银行股份有限公司为填送财产损失报告表致重庆市银行商业同业公会函(1940年9月27日)

迳复者。昨复奉贵会函开:"迅将财产损失报告表填报,以凭汇转",等由,准此。兹已遵照填制财产损失汇报告表2份,每份4支,随函附上,即希察照汇转为荷。此致

重庆市银行商业同业公会

附表2份

聚兴诚银行股份有限公司启

二十九年九月二十七日

1) 聚兴诚银行财产损失汇报表(1940年9月26日)

事件:敌机轰炸

地点:重庆新市区黄家垭口(重庆)

填送日期:二十九年九月二十六日

分类	价值(国币元)
共计	1200.00
房屋	1200.00
器具	
现款	
生金银	
保管品	
抵押品	

续表

分类	价值（国币元）
有价证券	
运输工具	
其他	

2）聚兴诚银行财产损失汇报表（1940年9月26日）

　　　　事件：敌机轰炸

　　　　日期：二十九年六月十一日

　　　　地点：本市机房街（重庆）

　　　　填送日期：二十九年九月二十六日

分类	价值（国币元）
共计	49000.00
房屋	49000.00
器具	
现款	
生金银	
保管品	
抵押品	
有价证券	
运输工具	
其他	

3）聚兴诚银行财产损失汇报表（1940年9月26日）

　　　　事件：敌机轰炸

　　　　地点：通远门顺城街（重庆）

　　　　填送日期：二十九年九月二十六日

分类	价值（国币元）
共计	3000.00
房屋	3000.00
器具	

续表

分类	价值(国币元)
现款	
生金银	
保管品	
抵押品	
有价证券	
运输工具	
其他	

4)聚兴诚银行财产损失汇报表(1940年9月26日)

事件:敌机轰炸

日期:二十九年六月二十六日

地点:新市区上清寺办事处(重庆)

填送日期:二十九年九月二十六日

分类	价值(国币元)
共计	15770.11
房屋	12000.00
器具	1983.96
现款	
生金银	
保管品	
抵押品	
有价证券	
运输工具	
其他	1786.15

77. 聚兴诚银行重庆总行1940年8月财产损失报告单(1941年5月1日)

事件：日机炸毁

日期：二十九年八月

地点：重庆

填送日期：三十年五月一日

损失项目	单位	数量	价值(国币元)
房屋		重庆白象街142号	15000.00
同		重庆白象街同庆公所对面	8539.90
同		重庆商业场一号	32700.00
同		重庆中陕西街旧9—11号	5000.00
同		现林敦路466、468、470三号，现重庆绣壁街房屋	8000.00
合计			69239.90

78. 聚兴诚银行全行1940年财产直接损失目录(1941年)

中华民国二十九年一至十二月　　　　　　（单位：国币元）

月日	事件	摘要		金额	合计
		某处某物	附注		
6月8日	失陷	沙市中山二马路房屋	地皮及建筑费	85002.00	
同	同	沙市梅台巷6号房屋	同	12105.37	
同	同	沙市中正街87号房屋	同	10916.44	
同	同	沙市中正街89号房屋	同	10902.50	
同	同	沙市崇文街45号房屋	同	16565.50	
同	同	沙市中正街69、71号房屋	同	13843.70	
同	同	沙市中山后街14号房屋	同	1502.00	150837.57
同	同	宜昌二马路房屋	同	93000.00	
同	同	宜昌招商局房屋	同	7000.00	
同	同	宜昌集贤里房屋	同	33168.62	
同	同	宜昌南门外正街房屋	同	17518.31	
同	同	宜昌民权路空地	同	2061.24	
同	同	宜昌天官牌坊房屋	同	9623.70	

续表

摘要				金额	合计
月日	事件	某处某物	附注		
同	同	宜昌通惠路房屋	同	6700.00	
同	同	宜昌环城西路空地	同	1100.00	170171.87
同	同	宜昌器具业储部	586.21	587.32	
同	同	宜昌其他印品2862.63	灯泡、米食	3065.18	3652.50
8月	被炸	四川自流井(蓉帐)房屋	建筑费	13716.84	13716.84
2月4日	同	四川万县当铺街一部房屋	同	123392.85	
10月13日	同	四川万县二马路一部房屋		11097.30	
10月13—27日	同	四川万县二马路全部房屋		19389.70	42879.85
8月	同	重庆白象街124号房屋		15000.00	
同	同	重庆白象街同庆公所对面	同	8539.90	
同	同	重庆商业场一号		32700.00	
同	同	四川重庆中陕西街旧9—11号房屋	同	5000.00	
同	同	重庆绣壁街一部房屋		8000.00	
6月1日	同	重庆机房街房屋	同	24689.10	93929.00
		合计			450498.47[①]

79.聚兴诚银行各分支行财产损失报告单(1942年)

损失人	事件	被灾日期	填报日期	地点	损失项目及价值（国币元）
万县分行	日机轰炸	1939年6月7日	1939年12月15日	万县当铺街	房屋7400.00
同	同	1939年2月4日	同	同	房屋8000.00
同	置当铺巷屋	同	1942年5月23日	同	房屋8000.00
同	置当铺巷屋	1939年6月7日	同	同	房屋7400.00
重庆总行	日机轰炸	1939年5月4日	同	重庆都邮街	器具600.40
同	同	同	同	同	房屋18362.35
同	同	同	同	同	抵押放款55034.72
同	拆辟火巷	1939年5月	同	重庆永龄巷	房屋15960.33

---

① 此数据有误，根据实际数字统计应为475187.57。

80. 聚兴诚银行1938、1939年度财产直接损失报告单(1942年5月)

年别	行别	价值(国币元)
二十七年		
	汉口分行	872286.05
	长沙支行	24688.77
	常处	8419.31
	宜处	2446.10
	重庆分行	400071.86
	泸处	7012.68
	合计	954924.77
二十八年		
	宜处	14000.00
	常处	5268.76
	万行	15400.00
	重庆分行	89957.80
	蓉行	101570.60
	宜处	1700.00
	泸处	8392.37
	合计	236289.53

81. 聚兴诚银行全行1937—1941年财产直接损失目录(1942年5月)

损失项目	金额(国币元)
房产	1411516.90
器具	16259.08
现款	12076.03
有价证券	178930.25
抵押品	610420.53
其他	370181.75
合计	2599384.54

1) 聚兴诚银行全行1937—1941年度房屋损失目录

摘要	金额(国币元)
1937年(7—12月)	76558.13
1938年全年	574334.51
1939年全年	76112.19
1940年全年	487735.07
1941年全年	196777.00
合计	1411516.70

2) 聚兴诚银行全行1937—1941年度器具损失目录

摘要	金额(国币元)
1937年(7—12月)	4708.18
1938年全年	7428.44
1939年全年	1551.18
1940年全年	2571.28
总计	16259.08

3) 聚兴诚银行全行1937—1941年度现款、有价证券、抵押品等损失目录

种类	摘要	金额(国币元)
现款	1937年	12076.03
有价证券	1937年(7—12月份)	101800.00
	1938年全年	77130.25
抵押品(抵押放款)	1937年(7—12月份)	396023.29
	1938年全年	55761.08
	1939年全年	158636.16
其他	1937年(7—12月份)	125059.93
	1938年全年	240270.49
	1940年全年	4851.33
合计		16259.08

82. 重庆聚兴诚银行总行战时间接损失（救济、抚恤）调查表（1943年2月）

中华民国三十二年二月填　　　　　　（单位：国币元）

A. 战时救济		B. 战时抚恤	
类别	金额	类别	金额
各项救济费	7418192.38	受伤抚恤	
		死亡抚恤	22693.44

83. 重庆聚兴诚银行总行战时间接损失调查表（1943年2月）

中华民国三十二年填　　　　　　（单位：国币元）

A. 建筑防空设备费用		B. 战区及邻近战区各处因撤退而支出之费用	
类别	价值	类别	价值
种类	防空洞4，防空室1	包装费	
材料	170515.24	搬运费	6276.07
设备	44042.05		
空装疏散汽车费	151330.00		
其他	252152.69	其他	20683.58
合计	618039.98	合计	26959.65

84. 重庆聚兴诚银行总行直接损失及员工之伤亡调查表（1943年6月30日）

中华民国三十二年六月三十日填

区别	1.死伤人数	2.失踪人数	3.受伤人数	
			轻伤人数	残疾或不能恢复健康人数
职员	1			
工役				
家眷				
合计	1			

85. 重庆聚兴诚银行总行固定资产损失调查表(1943年6月30日)

中华民国三十二年六月三十日填　　　　（单位：国币元）

1. 房屋		2. 家具			3. 运输工具			4. 其他营业用具		
种类	行屋	类别	数量	估计价值	类别	数量	估计价值	类别	数量	估计价值
材料	砖木石	家具		（原价）2584.36				器材		（原价）1786.15
破坏间数	14处									
面积										
账面原价	336228.48									
估计总值		合计			合计			合计		

86. 万县聚兴诚银行分行固定资产损失调查表(1943年6月30日)

中华民国三十二年六月三十日填　　　　（单位：国币元）

1. 房屋		2. 家具			3. 运输工具			4. 其他营业用具		
种类	行屋	类别	数量	估计价值	类别	数量	估计价值	类别	数量	估计价值
材料	砖木石									
破坏间数	8幢									
面积										
账面原价	63279.85									
估计总值		合计			合计			合计		

87. 万县聚兴诚银行分行间接损失调查表（1943年6月）

中华民国三十二年填　　　　　　　　　　　　（单位：国币元）

A. 建筑防空设备费用		B. 战区及邻近战区各处因撤退而支出之费用	
类别	价值	类别	价值
种类	防空洞	包装费	
材料	7733.80	搬运费	
设备	3623.38	旅费	
伪装	22231.00		
其他	23903.39	其他	
合计	57491.57	合计	

88. 万县聚兴诚银行分行间接损失调查表（1943年6月）

中华民国三十二年填　　　　　　　　　　　　（单位：国币元）

A. 战时救济		B. 战时抚恤	
类别	金额	类别	金额
各种救济费	1032372.80	受伤抚恤	
		死亡抚恤	

89. 聚兴诚银行财产间接损失报告表（1945年11月5日）

中华民国三十四年十一月五日填　　　　　　　（单位：国币元）

分类		数额（国币元）
可能生产额减少		
可获纯利额减少		
费用之增加	拆迁费	4451420.27
	防空费	11982184.62
	救济费	241251121.02
	抚恤费	31945.58

90. 聚兴诚银行财产直接损失汇报表(1945年11月5日)

事件:全行抗战直接损失

日期:二十六年七月至三十四年九月止

地点:各地聚兴诚银行

填送日期:民国三十四年十一月五日

分类	价值(国币元)
共计	2599384.54
房屋	1411516.90
器具	16259.08
现款	12076.03
生金银	
保管品	
抵押品	610320.53
有价证券	178930.25
运输工具	
其他	①

91. 聚兴诚银行股份有限公司为填报抗战损失致重庆市银行同业公会函(1945年11月6日)

顷准贵会行字第445号通知,催报敝行抗战损失,自应照办。兹将敝行历年因抗战而蒙受之各种损失分别填表正副2份送来贵会,烦即汇报财部为荷。此致:

银行公会

附损失表2份

聚兴诚股份有限公司启
中华民国三十四年十一月六日

---

① 此栏数据因档案损毁,无法填写。

1) 聚兴诚银行全行1937年7月—1945年9月财产直接损失汇报表
（1945年11月5日）

分类	价值（国币元）
共计	2599384.54
房屋	1411516.90
器具	16259.08
现款	12076.03
生金银	
保管品	
抵押品	610420.53
有价证券	178930.25
运输工具	
其他	370181.75

2) 聚兴诚银行全行1937年7月—1945年9月财产间接损失汇报表
（1945年11月5日）

分类		数额（国币元）
可能生产额减少		
可获纯利额减少		
费用之增加	拆迁费	4451420.27
	防空费	11982184.62
	救济费	241251121.02
	抚恤费	31945.58

92. 聚兴诚银行万县分行为1940年10月13日被炸情形给总行的电报（1940年10月）

十月十三日午后二时许，敌机36架西飞折转炸万，全市受损奇重，其详情已详四号通缄。至本行受损情形，计王家坡宿舍洞旁距离丈余地位中重磅炸弹1枚，下首又中1枚，当将宿舍两栋完全震塌，同人食宿均感无所，日来分散油厂、球场两处暂为住着，或另觅地建造宿舍及记帐〔账〕之用，或就原址修复,容计算考虑以及再为陈核。至二马路行址,在县花寺巷道一边中空中爆炸弹1枚,毁屋一层,打烂二楼客厅,办公室洞穿一孔,已鸠工赶紧修复,照常办公。当街一面前买雷姓铺面5间全被焚毁无存,右角所买王姓院子屋瓦震毁不少。综上损失,虽亦不小,尤幸大火延烧行屋得以施救保存,亦不幸中之幸也。特此呈闻。

93. 聚兴诚银行万县分行为呈报修复10月13日、27日被炸行屋及王家坡宿舍费用致总行文(1940年11月)

十月十三日敌机袭万,我行县花寺行屋及王家坡宿舍均不幸中弹。宿舍全部震毁,行屋震毁一部,计行屋左面鄂省行库顶中小型炸弹1枚,波及四周,房屋墙壁洞穿数处,屋瓦几至扫完;右面防空壕外亦落1枚,将院墙震斜,至第三日遂倾塌一丈开外,修复工作亦颇需时。不料前工未完,于二十七日再遭轰炸,行之四周均被投弹,致将修复之屋又形震毁,所幸近旬日来未放警报,工人工作时间较长,乃得于前日全部竣工。昨日分拨商信储三部开支,计共费洋4266.45元,持抄其花单附此函奉上,祈赐察为荷。

附寄花单2纸[①]

十月十三日被炸及二十七日再炸修复行屋及王家坡宿舍费用花单列左<下>:

火瓦	54586匹	每千匹24.00元	合洋1310.06元
石灰	9649斤	每斤5.50分	合洋530.69元
木工	45个	每个4.00元	合洋180.00元
石工	19个	每个4.00元	合洋76.00元
砖瓦工	245个	每个4.00元	合洋980.00元
小工	171个	每个3.50元	合洋598.50元
纸筋	209斤	每斤0.40元	合洋83.60元
烟子	3.50斤	每斤2.80元	合洋9.80元

---

① 花单内容完全相同,此只录一份。

续表

篾条	2.50屯	每屯4.00元	合洋11.00元[1]
撮箕	22挑	每挑8角	合洋4.10元[2]
钉子	12斤	每斤14.00元	合洋168.00元
茅扇	32块	每块9.50元	合洋304.00元[3]
棚工	3个	每个4.00元	合洋12.00元
筑院墙包工			合洋95.00元[4]
钉望板用篾席	70床	每床7分	合洋49.00元
合计			4266.45元

94. 聚兴诚银行万县分行为呈报1941年度被炸损失给相关行处的通报(1941年)

六月二十八日午后二时光景,敌机25架由西窜入市空,更番投弹。计投下燃烧弹、爆炸弹甚多,被灾面积比以往任何一次为广,商业区,如杨家街口、兴隆街、二马路、土桥子;县城区,如文明路、环城路;住户区,如大堰塘、新营房、望江路、鞍子坝、车坝;郊外,如西较场内石包嘴北山一带,均曾着弹,震塌及焚毁房屋百余栋,伤亡市民约二三百人。本行昙花寺行址亦中数弹,计经理室及营业室上面之楼层、上海银行营业房间均被震塌,幸办公室尚属完好,略加清除可照常营业。同仁均安。特此奉闻。此致:
处行台鉴

万行谨启

95. 聚兴诚银行万县分行为敌机两次袭万该行当铺街及二马路行址无恙给相关处行的报告(1943年8月)

寇机27架于本月二十三日袭万,投下燃烧弹多枚。当铺巷一带等多处被炸燃烧,本行当铺巷旧址亦遭焚毁,金库表面无损,惟余火未熄,不能进入,尚未开视内中所置之旧账表册有无损失,尚不可知。迨至二十四日,寇机复

---

[1] 此栏数据有误,原文如此。
[2] 此栏数据有误,原文如此。
[3] 搭草房2间,用作食堂及茶役住宿。
[4] 王家坡宿舍院墙。

以40余架来袭,七时许投下炸弹。西山路、二马路一带中燃烧弹最多,浓烟四起,火已沿至本行屋隅,更以风势转紧,行屋危殆已在瞬夕。万同仁等于王家坡瞭望得悉——时警报尚未解除——即派定职员督率行工携带水枪负荷水桶争先奔驰前往救济。待达屋侧,黑烟逼人,不能进入。以其前门铺面、四象村等处之火以及屋顶,万乃悬重价赏雇勇士前往救济,而万警局第三、四大队水龙先已驰至,攀墙覆瓦,拆去本行屋宇引火之物,全力灌注,奋勇施救,始将火势夷平,未烧入内。查万市久旱之余,大地干燥欲裂,风助火势,燃烧甚猛。万地城乡,即饮水亦多感困难,遑云救火。[救火]需要多量之水,故施救时艰苦之状匪可言喻,几有坐视其燃之概。幸赖此间县长黄宝轩氏,于警报尚未解除并冒危险亲自来行,督率警局员役力救,幸得挽本行之厄于万一。如不得其督同多人施救,则万行址已难望保全矣。事毕,由万亲往县府致谢,并奖励警局员役及三、四大队消防人员酬金10000元,以谢其施救之力,并示感激,兼励来兹之意。此种临时权变处置,敬祈钧处核销为荷。关于两次被炸情形,除电达外,兹再函奉闻,敬希垂鉴。

96. 中国银行重庆分行为转陈该行及辖内所属行处财产损失报告表致总管理处文(1941年6月5日)

总管理处钧鉴:

前奉四月十一日钧函,承示敝及辖内行处填送之国营事业财产损失报告表多未按规定办法办理,而战事损失估计表及综计表亦未填制,转报困难,附发各该表用途及填制办法说明1份,暨敝已填之财产损失报告表12纸,嘱转饬经办人员及所属按照说明内所列办法重行分别填制,以凭查核汇报,等因。遵经由敝另编填表说明两种,暨国营事业财产损失报告表式,分别函嘱辖内各支行处主管人员,迅将截至二十九年底止应填之估计表、报告表4种,依照规定手续另行填制寄渝,以凭汇转在案。兹据内支行、成支行、黔支行、事处、涪处、资处、井处、义处、定处、万处、碚处、庙处、寺处、泸处、叙处、荣分处、奉分处、隆分处等行处,先后另填国营事业财产损失报告表、国营事业财产间接损失报告表,暨本行战事损失估计表各4份,请予核转前来。除由敝各提存1份备查外,用将其余报告及估计表每处各3份,连同敝处本身应制各表及加编之汇报表、综计表等件,一并随函附奉,即祈查核存转为叩。再,敝属洽处、雅处、外处、简处、合处、桥处、独处、匀处、佛分处、阳分处、节处、江处、利处等,截至二十九年度止,均无战事损失,故未填报,合并陈明。

此颂

公绥!

　　附陈:二十六、二十七、二十八、二十九年度国营事业财产间接损失报告表及汇报表,共138纸(计3份,每全份46纸);二十八年度国营事业财产损失报告表及汇报表,共63纸(计3份,每全份21纸);渝行及所属战事损失估计表及综计表,共90纸(计3份,每全份30纸)①。

渝行启
中华民国三十年六月五日

1) 中国银行及其辖内各行处截至1940年底止财产直接损失报表② (1941年6月)

(单位:国币元)

行别	时间	原填	重填
渝行	1939年5月25日	70000.00	70000.00
	1939年5月4日、6月25日	215610.00	315610.00
	1939年7月7日	90000.00	90000.00
	1940年6月16日	60000.00	60000.00
	1940年6月26日	29000.00	29000.00
(1)1940年8月9日,新厦,中弹未爆,穿洞3层,震毁□□若干; (2)1940年8月20日,小梁子,被焚房屋先经修理,费用若干,及剩余器具若干。			
万处	1939年6月底以前	58578.00	58578.00
	1940年7月28日	19825.26	19825.26
	1940年10月13日	38051.94	38051.94
奉分处	1939年10月24日	2100.00	3950.00

---

① 附件保存不全。

② 该表系编者根据档案原文制成,标题为编者所加,原标题为"直接损失"。

续表

行别	时间	原填	重填
碚处	1940年5、6、7、10月	—	500.00
隆分处	1940年8月2日	—	4274.00
庙处	1940年5月28日	—	26689.00
涪处	1940年7月31日	—	1652.00
涪分支	1940年8月2日	—	4274.00
□□	1939年2月4日	25500.00	25500.00
成支行	1939年6月11日	110000.00	110000.00
泸处	1939年9月11日	3400.00	9600.00
	1940年6月30日	175.37	
定处	1939年8月19日	226558.00	226558.00
荣分处	—	—	—

2) 中国银行及其辖内各行处截至1940年底止财产间接损失报表[①]（1941年6月）

（单位：国币元）

行别＼种类	时间	拆迁	防空	救济	抚恤
渝行	1937年	—	—	—	—
	1938年	17790.00	18500.00		
	1939年	27492.00	4300.00	34727.00	523.00
	1940年	1749.00	25291.00	31339.00	672.42
黔支行	1937年	—	—	—	—
	1938年	—	—	—	—
	1939年	—	—	3000.00	—
	1940年	3000.00	6000.00	—	—
内支行	1937年	—	—	—	—
	1938年	—	—	—	—
	1939年	3504.25	2708.05	221.00	—

---

① 该表系编者根据档案原文制成，标题为编者所加。原文有"估计数字"和"重报数字"两项，此处采用重报之数字。

续表

行别 \ 种类	时间	拆迁	防空	救济	抚恤
内支行	1940年	6953.66	5401.23	925.18	—
成支行	1937年	—	—	—	—
	1938年		26256.00	736.00	—
	1939年	22864.00	4680.72	10298.50	107.00
	1940年	1519.80	69349.50	1015.00	—
叙处[①]	1937年	—	—	—	—
	1938年	—	—	—	—
	1939年(下期)	2144.00	1385.71		—
	1940年	1000.00			—
聿处	1937年	—	—	—	—
	1938年	—	—	—	—
	1939年(下期)		2072.02		—
	1940年		3272.00		—
隆分处	1937年	31736.00	—	—	—
	1938年	11019.00	—	—	—
	1939年	815.00	1250.00	—	—
	1940年	650.00		118.00	—
井处	1937年(下期)	—	51.00	34.00	—
	1938年	—	1020.00	61.00	—
	1939年	1484.65	2747.00	267.00	—
	1940年	—	854.00	—	—
万处	1937年		63.19	60.00	—
	1938年	105.00	433.45	1273.25	—
	1939年	765.65	137.89	4159.29	—
	1940年	3840.35	14464.18	3047.45	—
资处	1937年	—	—	—	—
	1938年	—	—	—	—
	1939年	30.00	358.00	78.00	—
	1940年	—	491.00	96.00	—

---

① 原文有"有误"二字。

续表

行别 \ 种类	时间	拆迁	防空	救济	抚恤
奉分处	1937年	—	—	—	—
	1938年	—	—	—	—
	1939年	230.00	1350.00	—	—
	1940年	350.00	1700.00	—	—
定处	1937年	—	—	—	—
	1938年	—	—	—	—
	1939年	8754.00	1269.00	3461.00	3300.00
	1940年	10324.00	1269.00	3461.00	3300.00
荣分处	1937年	—	—	—	—
	1938年	—	—	—	—
	1939年	2000.00	—	—	—
	1940年	400.00	600.00	—	—
义处	1937年	—	—	—	—
	1938年	—	—	—	—
	1939年	—	442.00	—	—
	1940年	—	652.00	—	—
泸处	1937年	—	—	—	—
	1938年	—	—	—	—
	1939年	3676.00	9084.00	375.00	—
	1940年	15420.00	39562.00	581.00	—
碚处	1937年	—	—	—	—
	1938年	—	—	—	—
	1939年	—	500.00	—	—
	1940年	18106.00	3999.00	371.00	—
庙处	1937年	—	—	—	—
	1938年	—	—	—	—
	1939年	—	—	—	—
	1940年	150.00	961.00	400.00	—
南台寺	1937年	—	—	—	—
	1938年	—	—	—	—
	1939年	—	1778.55	—	—
	1940年	—	2742.40	—	—

3) 中国银行重庆分行1938年度财产间接损失报告表(1941年6月)[①]

分类		数额(国币元)
可能生产额减少		—
可获纯利额减少		—
费用之增加	拆迁费	17790.00
	防空费	18500.00
	救济费	—
	抚恤费	—

4) 中国银行重庆分行1938年度财产间接损失报告详表(1941年6月)

种类	损失项目	价值(国币元)
拆迁费	1. 增租房屋(1937年12月至1938年12月)	15720.00
	2. 原房加租(1938年7月至1938年12月)	2070.00
防空费	1. 本行防空洞	15000.00
	2. 玄坛庙防空洞	3500.00

5) 中国银行重庆分行1939年度财产间接损失报告表(1941年6月)

分类		数额(国币元)
可能生产额减少		—
可获纯利额减少		—
费用之增加	拆迁费	27492.00
	防空费	4300.00
	救济费	34727.00
	抚恤费	523.00

6) 中国银行重庆分行1939年度财产间接损失报告详表(1941年6月)

(单位:国币元)

种类	损失项目	价值
拆迁费	增租房屋	15720.00

---

① 标题为编者所拟,原标题为"国营事业财产间接损失报告表",下同。

续表

种类	损失项目	价值
	原房加租	4140.00
	运账箱车油等	5852.00
	木划	980.00
	迁移宿舍	800.00
	合计	27492.00
防空费	大公馆防空洞	300.00
	丁家寨防空洞	4000.00
	合计	4300.00
救济费	本行同人损失津贴	17737.00
	本行工友损失津贴	492.00
	战事捐款	16500.00
	合计	34727.00
抚恤费	工友伤亡抚恤费	523.00

7）中国银行重庆分行1939年5月4日及6月25日被炸直接损失报告表（1939年12月31日）

事件：敌机轰炸

日期：民国二十八年五月四日及六月二十五日

地点：曹家巷、大公馆等处

填送日期：民国二十八年十二月三十一日

分类	价值（国币元）
共计	215610.00
房屋	194300.00
器具	21310.00
现款	—
生金银	—
保管品	—
有价证券	—
运输工具	—
信用放款	—

续表

分类	价值(国币元)
抵押放款	—
其他	—

8)中国银行重庆分行及所属1939年5月4日及6月25日被炸直接损失详表①(1939年12月31日)

损失地点	损失项目	价值(国币元)
新库房屋损失	房屋	180000.00
重庆分行	房屋修缮	2700.00
上处	—	—
坊处	同	900.00
宿舍	房屋修缮(损失在内)	9600.00
堆栈	房屋修缮	1100.00
	合计	194300.00
本行	器具损失	950.00
上处	—	—
坊处	同	400.00
宿舍	同	19580.00
堆栈	同	380.00
	合计	21310.00
	总计	215610.00

9)中国银行重庆分行及所属各行处1940年度财产损失汇报表(1941年5月)

分类	价值(国币元)
共计	245992.20
房屋	156966.20
器具	17092.00
现款	—

---

① 该表系根据档案原文制成,标题为编者所加。

续表

分类	价值（国币元）
生金银	一
保管品	一
抵押品	10000.00
有价证券	一
运输工具	2000.00
其他	59934.00

10）中国银行重庆分行1940年度财产损失汇报表（1941年2月）[①]

（单位：国币元）

行别	事件	被炸日期	被炸地点	损失价值
重庆分行	行屋被炸一部	6月16日	重庆曹家巷新厦	60000.00
	行屋被炸	6月26日	重庆民权路（即小梁子）	29000.00[②]
	敌机轰炸	8月9日	重庆中正路新厦中弹	30000.00
	敌机轰炸	8月20日	重庆小梁子行屋被焚	36000.00[③]

11）万县中国银行7月28日被炸财产损失报告表（1940年11月22日）

事件：敌机轰炸

日期：民国二十九年七月二十八日

地点：万县

填报日期：民国二十九年十一月二十二日

分类	价值（国币元）
共计	19825.26
房屋（包括地皮）	3825.26
器具	1000.00
现款	一

[①] 标题为编者所拟，原标题为"国营事业财产损失报告表"。
[②] 包括修理费7000.00元、器具6000.00元、员工行李10000.00元、防空设备6000.00元，合计29000.00元。
[③] 包括器具8000.00元、运输工具2000.00元、其他26000.00元。

续表

分类	价值（国币元）
生金银	—
保管品	—
抵押品	10000.00
有价证券	—
运输工具	—
其他（文具及印刷品）	5000.00

12）万县中国银行10月13日被炸财产损失报告表（1940年11月22日）

　　事件：敌机轰炸

　　日期：民国二十九年十月十三日

　　地点：万县

　　填报日期：民国二十九年十一月二十二日

分类	价值（国币元）
共计	38051.94
房屋（包括地皮）	33351.94
器具	3000.00
现款	—
生金银	—
保管品	—
抵押品	—
有价证券	—
运输工具	—
其他（文具及印刷品）	1700.00

13）隆昌中国银行8月2日被炸财产损失报告表（1941年4月28日）

　　事件：敌机轰炸

　　日期：民国二十九年八月二日

　　地点：四川隆昌

　　填报日期：民国三十年四月二十八日

分类	价值(国币元)
共计	4274.00
房屋(包括地皮)	1240.00
器具	—
现款	—
生金银	—
保管品	—
抵押品	—
有价证券	—
运输工具	—
其他(文具及印刷品)	3034.00

14)上清寺中国银行5月28日被炸财产损失报告表(1941年5月14日)

事件:敌机轰炸

日期:民国二十九年五月二十八日

地点:上清寺

填报日期:民国三十年五月十四日

分类	价值(国币元)
共计	266893.00
房屋(包括地皮)	23789.00
器具	1700.00
现款	—
生金银	—
保管品	—
抵押品	—
有价证券	—
运输工具	—
其他(文具损失500.00;印刷品损失700.00)	1200.00

15)涪凌中国银行7月31日被炸财产损失报告表(1941年5月13日)

事件:敌机袭涪①

日期:民国二十九年七月三十一日

地点:涪陵北门外陕西会馆

填报日期:民国三十年五月十三日

分类	价值(国币元)
共计	1652.00
房屋(包括地皮)	—
器具	1652.00
现款	—
生金银	—
保管品	—
抵押品	—
有价证券	—
运输工具	—
其他	—

16)北碚中国银行5月27日、6月23日等被炸财产损失报告表(1941年4月24日)

事件:敌机轰炸

日期:民国二十九年五月二十七日、六月二十三日、

七月三十一日、十月十日

地点:北碚

填送日期:民国三十年四月二十四日

分类	价值(国币元)
共计	500.00
房屋(包括地皮)	—
器具	500.00
现款	—

---

① 在"敌机袭涪"后有文字说明,即"本行营业房屋后部一燃烧弹,毁去房屋数间,营业用具被毁一部,按时价估计本行共受损失数额如下"。

续表

分类	价值(国币元)
生金银	—
保管品	—
抵押品	—
有价证券	—
运输工具	—
其他	—

17)重庆中国银行及所属各行处自抗战开始至1939年底止财产损失汇报表(1941年5月)

填送日期:民国三十年五月

分类	价值(国币元)
共计	809796.20
房屋	365629.00
器具	97960.00
现款	28.00
生金银	—
保管品	186100.00
抵押品	143488.00
有价证券	999.20
运输工具	—
其他	10168.00
信用放款	5424.00

18)重庆中国银行1939年5月25日被炸财产损失报告表(1941年5月18日)

事件:行屋被炸一部

日期:民国二十八年五月二十五日

地点:重庆曹家巷新厦

填送日期:民国三十年五月十八日

分类	价值(国币元)
共计	70000.00
房屋(包括地皮)	70000.00
器具	—
现款	—
生金银	—
保管品	—
抵押品	—
有价证券	—
运输工具	—
其他	—

19)重庆中国银行7月7日行屋被炸损失报告表(1941年5月18日)

事件:行屋被炸一部

日期:民国二十八年七月七日

地点:重庆曹家巷新厦

填送日期:民国三十年五月十八日

分类	价值(国币元)
共计	90000.00
房屋(包括地皮)	90000.00
器具	—
现款	—
生金银	—
保管品	—
抵押品	—
有价证券	—
运输工具	—
其他	—

20) 成都中国银行6月11日被炸财产损失报告表（1939年6月30日）

事件：敌机空袭，行址被毁

日期：民国二十八年六月十一日

地点：成都东御街

填送日期：民国二十八年六月三十日

分类	价值（国币元）
共计	110000.00
房屋（包括地皮）	—
器具（行内所有器具，全数被毁）	40000.00
现款	—
生金银	—
保管品	—
抵押品（东御街房屋全毁，该项房屋系本行放款之抵押品）	70000.00
有价证券	—
运输工具	—
其他	—

21) 贵阳中国银行2月4日被炸财产损失报告表（1940年10月29日）

事件：被炸毁

日期：民国二十八年二月四日

地点：贵阳金井街宿舍

填送日期：民国二十九年十月二十九日

分类	价值（国币元）
共计	25500.00
房屋（包括地皮）	500.00
器具	25000.00
现款	—
生金银	—
保管品	—
抵押品	—
有价证券	—

续表

分类	价值(国币元)
运输工具	—
其他	—

22)嘉定中国银行8月19日被炸财产损失报告表(1939年12月31日)

  事件:敌机轰炸

  日期:民国二十八年八月十九日

  地点:嘉定城区

  填送日期:民国二十八年十二月三十一日

分类	价值(国币元)
共计	226558.00
房屋(包括地皮)	650.00
器具	5200.00
现款	28.00
生金银	—
保管品	186100.00
抵押品	27488.00
有价证券	
运输工具	—
其他	1668.00
信用放款	5424.00

23)万县中国银行自抗战开始至1939年6月底止财产损失报告表(1940年1月9日)

  事件:敌机轰炸

  日期:自抗战开始至二十八年六月底止

  地点:万县

  填送日期:民国二十九年一月九日

分类	价值(国币元)
共计	58578.20

续表

分类	价值(国币元)
房屋(包括地皮)	5179.00
器具	4100.00
现款	—
生金银	—
保管品	—
抵押品	46000.00
有价证券①	999.20
运输工具	—
其他②	2300.00

24)奉节中国银行1939年10月24日被炸财产损失报告表(1941年5月1日)

事件:行屋被炸

日期:民国二十八年十月二十四日

地点:四川奉节县黄州街

填送日期:民国三十年五月一日

分类	价值(国币元)
共计	3950.00
房屋(包括地皮)	3500.00
器具	450.00
现款	—
生金银	—
保管品	—
抵押品	—
有价证券	—
运输工具	—
其他	—

① 包括堆栈损失904.00元、公票处损失95.20元。
② 包括文具损失300.00元、印刷品损失2000.00元。

25)重庆中国银行及所属各行处1937年度财产间接损失汇报表(1941年6月)

分类		数额(国币元)
可能生产额减少		—
可获纯利额减少		3736.00
费用之增加	拆迁费	—
	防空费	114.19
	救济费	94.00
	抚恤费	—

26)万县中国银行1937年度下期财产间接损失汇报表(1941年6月)

分类		数额(国币元)
可能生产额减少		—
可获纯利额减少		—
费用之增加	拆迁费	—
	防空费	63.19
	救济费	60.00
	抚恤费	—

27)隆昌中国银行1937年度财产间接损失汇报表(1941年6月)

分类		数 额(国币元)
可能生产额减少		—
可获纯利额减少		3736.00
费用之增加	拆迁费	—
	防空费	—
	救济费	—
	抚恤费	—

28）自流井中国银行1937年度下期财产间接损失汇报表（1941年6月）

分类		数额（国币元）
可能生产额减少		—
可获纯利额减少		—
费用之增加	拆迁费	—
	防空费	51.00
	救济费	34.00
	抚恤费	—

29）重庆中国银行及所属各行处1938年度财产间接损失汇报表（1941年6月）

分类		数额（国币元）
可能生产额减少		—
可获纯利额减少		11019.00
费用之增加	拆迁费	17895.00
	防空费	46209.45
	救济费	2070.25
	抚恤费	—

30）重庆中国银行1938年度财产间接损失汇报表（1941年6月）

分类		数额（国币元）
可能生产额减少		—
可获纯利额减少		—
费用之增加	拆迁费	17790.00
	防空费	18500.00
	救济费	—
	抚恤费	—

31）万县中国银行1938年度财产间接损失汇报表（1941年6月）

分类		数额（国币元）
可能生产额减少		—
可获纯利额减少		—
费用之增加	拆迁费	105.00
	防空费	433.45
	救济费	1273.25
	抚恤费	—

32）成都中国银行1938年度财产间接损失汇报表（1941年6月）

分类		数额（国币元）
可能生产额减少		—
可获纯利额减少		—
费用之增加	拆迁费	—
	防空费	26256.00
	救济费	736.00
	抚恤费	—

33）自流井中国银行1938年度财产间接损失汇报表（1941年6月）

分类		数额（国币元）
可能生产额减少		—
可获纯利额减少		—
费用之增加	拆迁费	—
	防空费[①]	1020.00
	救济费[②]	61.00
	抚恤费	—

---

① 防空费，建筑防空洞及一切设备用费。
② 救济费，救济捐款。

34）隆昌中国银行1938年度财产间接损失汇报表（1941年6月）

分类		数额（国币元）
可能生产额减少		—
可获纯利额减少		11019.00
费用之增加	拆迁费	—
	防空费	—
	救济费	—
	抚恤费	—

35）重庆中国银行及所属各行处1939年度财产间接损失汇报表（1941年6月）

分类		数额（国币元）
可能生产额减少		—
可获纯利额减少		15167.45
费用之增加	拆迁费	74759.55
	防空费	34062.92
	救济费	56586.95
	抚恤费	3923.00

36）重庆中国银行1939年度财产间接损失报告表（1941年6月）

分类		数额（国币元）
可能生产额减少		—
可获纯利额减少		—
费用之增加	拆迁费	27492.00
	防空费	4300.00
	救济费	34727.00
	抚恤费	523.00

37)内江中国银行1939年下期财产间接损失报告表(1941年6月)

分类		数额(国币元)
可能生产额减少		—
可获纯利额减少		14667.45
费用之增加	拆迁费	3504.25
	防空费	2708.05
	救济费	221.10
	抚恤费	

38)贵阳中国银行1939年财产间接损失报告表(1941年6月)

分类		数额(国币元)
可能生产额减少		—
可获纯利额减少		—
费用之增加	拆迁费	—
	防空费	—
	救济费	3000.00
	抚恤费	—

39)成都中国银行1939年度财产间接损失报告表(1941年6月)

分类		数额(国币元)
可能生产额减少		—
可获纯利额减少		—
费用之增加	拆迁费	22864.00
	防空费	4680.72
	救济费	10298.56
	抚恤费	100.00

40)江津中国银行1939年度财产间接损失报告表(1941年6月)

分类		数额(国币元)
可能生产额减少		—
可获纯利额减少		—
费用之增加	拆迁费	—
	防空费	2072.00
	救济费	—
	抚恤费	—

41)隆昌中国银行1939年度财产间接损失报告表(1941年6月)

分类		数额(国币元)
可能生产额减少		—
可获纯利额减少		—
费用之增加	拆迁费	815.00
	防空费	1250.00
	救济费	—
	抚恤费	—

42)自流井中国银行1939年度财产间接损失报告表(1941年6月)

分类		数额(国币元)
可能生产额减少		—
可获纯利额减少		—
费用之增加	拆迁费[①]	1484.65
	防空费[②]	2747.00
	救济费[③]	267.00
	抚恤费	—

---

① 拆迁费,新建乡间临时办公室1所地租及工料。
② 防空费,打通防空洞出口工价。
③ 救济费,各项救济捐款。

43）万县中国银行1939年度财产间接损失报告表（1941年6月）

分类		数额（国币元）
可能生产额减少		—
可获纯利额减少		—
费用之增加	拆迁费	765.65
	防空费	137.89
	救济费	4159.29
	抚恤费	—

44）资中中国银行1939年度财产间接损失报告表（1941年6月）

分类		数额（国币元）
可能生产额减少		—
可获纯利额减少		—
费用之增加	拆迁费	30.00
	防空费	358.00
	救济费	78.00
	抚恤费	—

45）奉节中国银行1939年度财产间接损失报告表（1941年6月）

分类		数额（国币元）
可能生产额减少		—
可获纯利额减少		—
费用之增加	拆迁费	230.00
	防空费	1350.00
	救济费	—
	抚恤费	—

46) 嘉定中国银行1939年度财产间接损失报告表(1941年6月)

分类		数额（国币元）
可能生产额减少		—
可获纯利额减少		—
费用之增加	拆迁费	8754.00
	防空费	1269.00
	救济费	3461.00
	抚恤费	3300.00

47) 荣昌中国银行1939年度财产间接损失报告表(1941年6月)

分类		数额（国币元）
可能生产额减少		—
可获纯利额减少		—
费用之增加	拆迁费	2000.00[①]
	防空费	—
	救济费	—
	抚恤费	—

48) 遵义中国银行1939年度财产间接损失报告表(1941年6月)[②]

分类		数额（国币元）
可能生产额减少		—
可获纯利额减少		—
费用之增加	拆迁费	—
	防空费	442.00
	救济费	—
	抚恤费	—

[①] 因空袭，另租城外马滩圯堆栈房租及修缮费。
[②] 该行1939年8月开业。

49）泸县中国银行1939年度财产间接损失报告表（1941年6月）

分类		数额（国币元）
可能生产额减少		—
可获纯利额减少		—
费用之增加	拆迁费	3676.00
	防空费	9084.00
	救济费	375.00
	抚恤费	—

50）成都南台寺中国银行1939年度财产间接损失报告表（1941年6月）

分类		数额（国币元）
可能生产额减少		—
可获纯利额减少		—
费用之增加	拆迁费	—
	防空费	1778.55
	救济费	—
	抚恤费	—

51）叙府中国银行1939年下期财产间接损失报告表（1941年6月）

分类		数额（国币元）
可能生产额减少		—
可获纯利额减少		—
费用之增加	拆迁费	3144.00
	防空费	1385.71
	救济费	—
	抚恤费	—

52）北碚中国银行1939年度财产间接损失报告表（1941年6月）

分类		数额（国币元）
可能生产额减少		—
可获纯利额减少		500.00
费用之增加	拆迁费	—
	防空费	500.00
	救济费	—
	抚恤费	—

53）重庆中国银行及所属各行处1940年度财产间接损失汇报表（1941年6月）

分类		数额（国币元）
可能生产额减少		—
可获纯利额减少		—
费用之增加	拆迁费	62316.81
	防空费	178231.27
	救济费	41283.63
	抚恤费	10020.42

54）重庆中国银行1940年度财产间接损失报告表（1941年6月）

分类		数额（国币元）
可能生产额减少		—
可获纯利额减少		—
费用之增加	拆迁费	749.00
	防空费	25291.90
	救济费	31339.00
	抚恤费	6720.42

55) 贵阳中国银行1940年度财产间接损失报告表（1941年6月）

分类		数额（国币元）
可能生产额减少		—
可获纯利额减少		—
费用之增加	拆迁费	3000.00（已确定部分）
	防空费	6000.00（已确定部分）
	救济费	—
	抚恤费	—

56) 内江中国银行1940年度财产间接损失报告表（1941年6月）

分类		数额（国币元）
可能生产额减少		—
可获纯利额减少		—
费用之增加	拆迁费	6953.66
	防空费	5401.23
	救济费	925.18
	抚恤费	—

57) 成都中国银行1940年度财产间接损失报告表（1941年6月）

分类		数额（国币元）
可能生产额减少		—
可获纯利额减少		—
费用之增加	拆迁费	1519.80
	防空费	69349.56
	救济费	1015.00
	抚恤费	—

58）万县中国银行1940年度财产间接损失报告表（1941年6月）

分类		数额（国币元）
可能生产额减少		—
可获纯利额减少		—
费用之增加	拆迁费	3840.35
	防空费	14464.18
	救济费	3047.45
	抚恤费	—

59）自流井中国银行1940年度财产间接损失报告表（1941年6月）

分类		数额（国币元）
可能生产额减少		—
可获纯利额减少		—
费用之增加	拆迁费	854.00
	防空费	2476.00
	救济费	—
	抚恤费	—

60）资中中国银行1940年度财产间接损失报告表（1941年6月）

分类		数额（国币元）
可能生产额减少		—
可获纯利额减少		—
费用之增加	拆迁费	—
	防空费	491.00
	救济费	26.00
	抚恤费	—

61) 奉节中国银行1940年度财产间接损失报告表(1941年6月)

分类		数额(国币元)
可能生产额减少		—
可获纯利额减少		—
费用之增加	拆迁费	350.00
	防空费	1700.00
	救济费	
	抚恤费	

62) 嘉定中国银行1940年度财产间接损失报告表(1941年6月)

分类		数额(国币元)
可能生产额减少		—
可获纯利额减少		—
费用之增加	拆迁费	10324.00
	防空费	1269.00
	救济费	3461.00
	抚恤费	3300.00

63) 荣昌中国银行1940年度财产间接损失报告表(1941年6月)

分类		数额(国币元)
可能生产额减少		—
可获纯利额减少		—
费用之增加	拆迁费	400.00(因空袭另租城外马滩圹堆栈房租)
	防空费	600.00(库房堆添沙包增强防空)
	救济费	—
	抚恤费	—

64) 遵义中国银行1940年度财产间接损失报告表(1941年6月)

分类		数额(国币元)
可能生产额减少		—
可获纯利额减少		—
费用之增加	拆迁费	—
	防空费	652.00
	救济费	—
	抚恤费	—

65) 泸县中国银行1940年度财产间接损失报告表(1941年6月)

分类		数额(国币元)
可能生产额减少		—
可获纯利额减少		—
费用之增加	拆迁费	15420.00
	防空费	39562.00
	救济费	581.00
	抚恤费	—

66) 北碚中国银行1940年度财产间接损失报告表(1941年6月)

分类		数额(国币元)
可能生产额减少		—
可获纯利额减少		22476.00
费用之增加	拆迁费	18106.00
	防空费	3999.00
	救济费	371.00
	抚恤费	—

67）上清寺中国银行1940年度财产间接损失报告表（1941年6月）

分类		数额（国币元）
可能生产额减少		—
可获纯利额减少		—
费用之增加	拆迁费	150.00
	防空费	961.00
	救济费	400.00
	抚恤费	—

68）成都南台寺中国银行1940年度财产间接损失报告表（1941年6月）

分类		数额（国币元）
可能生产额减少		—
可获纯利额减少		—
费用之增加	拆迁费	—
	防空费	2742.40
	救济费	—
	抚恤费	—

69）江津中国银行1940年度财产间接损失报告表（1941年6月）

分类		数额（国币元）
可能生产额减少		—
可获纯利额减少		—
费用之增加	拆迁费	—
	防空费	3272.00
	救济费	—
	抚恤费	—

70) 隆昌中国银行1940年度财产间接损失报告表(1941年6月)

分类		数额(国币元)
可能生产额减少		—
可获纯利额减少		—
费用之增加	拆迁费	650.00
	防空费	—
	救济费	118.00
	抚恤费	

71) 重庆中国银行及所属各行处自抗战开始至1939年6月底止战事损失(已确定部分)综计表(1941年6月)①

摘要	金额(国币元)
1. 库存现款	—
2. 寄存品及保管品	—
3. 票据	—
4. 房屋地皮	
万处	3479.00
合计	3479.00
5. 营业用器具	
(1)成支行	40000.00
(2)万处	4100.00
合计	44100.00
6. 抵押品及没收项下房地	
(1)成支行	70000.00
(2)万处	47700.00
合计	117700.00
7. 担保项下货物及证券	—
8. 附业投资	
万处	999.20
合计	999.20
9. 强提存款	—

---

① 原文无时间,根据上下文内容可以考证是1941年6月由重庆分行汇总转陈。

续表

摘要	金额(国币元)
10. 勒借勒捐	—
11. 其他	
万处	2300.00
合计	2300.00
总计	168578.20

72)成都中国银行自抗战开始至1939年6月底止战事损失(已确定部分)估计表(1941年6月)

摘要	金额(国币元)
1. 营业用器具	
(1)木制(1939年6月11日空袭全部被毁)	10000.00
(2)铁制(1939年6月11日空袭全部被毁)	30000.00
合计	40000.00
2. 抵押品及没收项下房产	
东御街行屋于1939年6月11日空袭时全部被毁(该项房屋系本行催收项李万华户之抵押品)	70000.00
合计	70000.00
总计	110000.00

73)万县中国银行自抗战开始至1939年6月底止战事损失(已确定部分)估计表(1941年6月)

摘要	金额(国币元)
1. 库存现款	—
2. 保管品及案存品	
3. 票据	—
4. 房屋地皮	
行屋被炸损失	3479.00
合计	3479.00
5. 营业用器具	
行屋被炸损失器具	4100.00

续表

摘要	金额(国币元)
合计	4100.00
6. 抵押品及没收项下房地	
(1)抵押品项下：	
a. 二马路铺面4间及后院全座被炸毁	26000.00
b. 当铺巷房屋1院被炸毁	20000.00
(2)没收项下：	
a. 真原堂巷房屋一所被炸伤	1500.00
b. 二马路铺面一间被炸伤	200.00
合计	47700.00
7. 担保品项下货物及证券	—
8. 附业投资	
(1)附业：	
a. 当铺巷堆栈被炸毁	904.00
b. 公票处被炸伤	95.20
合计	999.20
9. 强提存款	—
10. 勒借勒捐	—
11. 其他	
(1)行屋被炸约损失文具	300.00
(2)行屋被炸约损失印刷品	2000.00
合计	2300.00
总计	58578.20

74)重庆中国银行及所属各行处自抗战开始至1939年12月底止战事损失(已确定部分)综计表(1941年6月)

摘要	金额(国币元)
1. 库存现款	
定处	28.00
合计	28.00
2. 保管品及寄存品	—

续表

摘要	金额(国币元)
3. 票据	—
4. 房屋地皮	
(1)渝行	354300.00
(2)万处	3479.00
(3)定处	650.00
(4)泸处	1581.00
合计	360010.00
5. 营业用器具	
(1)渝行	21310.00
(2)万处	4100.00
(3)成支行	40000.00
(4)定处	5200.00
(5)泸处	1900.00
合计	72510.00
6. 抵押品及没收项下房地	
(1)万处	47700.00
(2)成支行	70000.00
(3)定处	39000.00
合计	156700.00
7. 担保品项下货物及证券	—
8. 附业投资	
万处	999.20
合计	999.20
9. 强提存款	—
10. 勒借勒捐	—
11. 其他	
(1)万处	2300.00
(2)定处	9352.24
(3)泸处	6074.00
合计	17726.24
总计	607973.44

75）重庆中国银行自抗战开始至1939年12月底止战事损失（已确定部分）估计表（1941年6月）

摘要	金额（国币元）
1. 库存现款	—
2. 保管品及寄存品	—
3. 票据	—
4. 房屋地皮（修理费用）	354300.00
5. 营业用器具	21310.00
总计	375610.00

76）成都中国银行自抗战开始至1939年12月底止战事损失（已确定部分）估计表（1941年6月）

摘要	金额（国币元）
1. 营业用器具	
（1）木制（1939年6月11日空袭全部被毁）	10000.00
（2）铁制（1939年6月11日空袭全部被毁）	30000.00
合计	40000.00
2. 抵押品及没收项下房产	
东御街行屋于1939年6月11日空袭时全部被毁（该项房屋系本行催收项李万华户之抵押品）	70000.00
合计	70000.00
总计	110000.00

77）中国银行定处自抗战开始至1939年12月底止战事损失（已确定部分）估计表（1941年6月）

摘要	金额（国币元）
1. 库存现款	
（1）发行准备金硬币	28.00
合计	28.00
2. 房屋地皮	
（1）原租房屋内库房1所被炸毁建筑费	650.00

续表

摘要	金额(国币元)
合计	650.00
3.营业用器具	
（1）就实价估计	5200.00
合计	5200.00
4.抵押品	
（1）王士强户押款18000.00元，1939年底止应收利息898.00元。押品为生丝15箱，按8月19日被炸市价@1800.00估计[①]，值27000.00元。	27000.00
（2）义盛公户押款4900.00元，1939年底止应收利息为230.80。押品为菜油110缸，按8月19日被炸市价@60.00估计，应值6600.00元。又白糖5包，@120.00估计，应值600.00元。	7200.00
（3）永诚户押款3300.00元，1939年底止应收利息159.40元。押品为菜油80缸，按8月19日被炸市价@60.00估计，应值4800.00元。	4800.00
合计	39000.00
5.其他	
（1）原租行屋内建筑地下室1所被炸毁,计建筑费1200.00元	1200.00
（2）原租行屋内建筑防空壕1所被炸毁,计建筑费69.10元	69.10
（3）原租行屋及堆栈2所被炸毁,预付房租未能收回,计损失668.00元	668.00
（4）8月19日被炸,搬运物件救火出力人员奖金及一切费用,计1557.84元	1557.84
（5）8月19日被炸毁搬运物件费用	99.00
（6）8月19日炸后迁移山洞办公,请兵保护,月给火饷费70.00元,至年终止共计	350.00
（7）行员陈华宗被炸殒命,给予恤金及特别恤金	3300.00
（8）8月19日被炸,行员役警等衣物损失贴补费	1903.30
（9）8月19日被炸后购渡船1艘及船夫2名工食,至年终止共计	205.00
合计	9352.24
总计	54230.24

① 根据上下文可知，"@"在此处是表示单价的符号(下同)。此处表示每箱生丝1800.00元。

78) 中国银行万处自抗战开始至1939年12月底止战事损失(已确定部分)估计表(1941年6月)

摘要	金额(国币元)
1. 库存现款	—
2. 保管品及寄存品	—
3. 票据	—
4. 房屋地皮	
(1)行屋被炸损失	3479.00
合计	3479.00
5. 营业用器具	
(1)行屋被炸损失器具	4100.00
合计	4100.00
6. 抵押品及没收项下房地	
(1)抵押品项下	
a. 二马路铺面2间及后院全座被炸毁	26000.00
b. 当铺巷房屋1院被炸毁	20000.00
(2)没收项下	
a. 真原堂巷房屋1所被炸伤	1500.00
b. 二马路铺面1间被炸伤	200.00
合计	47700.00
7. 担保品项下货物及证券	—
8. 附业投资	
(1)附业	
a. 当铺巷堆栈被炸毁	904.00
b. 公票处被炸伤	95.20
合计	999.20
9. 强提存款	—
10. 勒借勒捐	—
11. 其他	
(1)行屋被炸损失文具	300.00
(2)行屋被炸损失印刷品	2000.00
合计	2300.00
总计	58578.20

79)中国银行泸处自抗战开始至1939年12月底止战事损失(已确定部分)估计表(1941年6月)

摘要	金额(国币元)
1. 房屋	1581.00
2. 器具	1900.00
3. 其他	6074.00
总计	9555.00

80)重庆中国银行及所属各行处自抗战开始至1940年6月底止战事损失(已确定部分)综计表(1941年6月)

摘要	金额(国币元)
1. 库存现款	
定处	28.00
合计	28.00
2. 保管品及寄存品	—
3. 票据	—
4. 房屋地皮	
(1)渝行	420300.00
(2)泸处	7142.00
(3)定处	650.00
(4)万处	3479.00
合计	431571.00
5. 营业用器具	
(1)渝行	21310.00
(2)泸处	4917.00
(3)定处	5200.00
(4)万处	4100.00
(5)成支行	40000.00
合计	75527.00
6. 抵押品及没收项下房地	
(1)定处	39000.00
(2)成支行	70000.00

续表

摘要	金额（国币元）
（3）万处	47700.00
合计	156700.00
7. 担保品项下货物及证券	—
8. 附业投资	
万处	999.20
合计	999.20
9. 强提存款	—
10. 勒借勒捐	—
11. 其他	
（1）渝行	23000.00
（2）泸处	11951.00
（3）定处	10132.24
（4）万处	2300.00
合计	47383.24
总计	712208.44

81）重庆中国银行自抗战开始至1940年6月底止战事财产损失（已确定部分）估计表（1941年6月）

摘要	金额（国币元）
1. 库存现款	—
2. 保管品及寄存品	—
3. 票据	—
4. 房屋地皮	
（1）1939年12月底以前损失	354300.00
（2）1940年6月底以前损失	66000.00
合计	420300.00
5. 营业用器具	21310.00
（1）1939年12月底以前损失	23000.00
6. 其他	
总计	464610.00

82) 中国银行成支行自抗战开始至1940年6月底止战事财产损失(已确定部分)估计表(1941年6月)

摘要	金额(国币元)
1. 营业用器具	
(1)木制(1939年6月11日空袭全部被毁)	10000.00
(2)铁制(1939年6月11日空袭全部被毁)	30000.00
合计	40000.00
2. 抵押品及没收项下房产	
东御街行屋于1939年6月11日空袭时全部被毁(该项房屋系本行催收项李万华户之抵押品)	70000.00
合计	70000.00
总计	110000.00

83) 中国银行定处自抗战开始至1940年6月底止战事损失(已确定部分)估计表(1941年6月)

摘要	金额(国币元)
1. 库存现款	
(1)发行准备金硬币	28.00
合计	28.00
2. 房屋地皮	
(1)原租房屋内库房1所被炸毁建筑费	650.00
合计	650.00
3. 营业用器具	
(1)就实价估计	5200.00
合计	5200.00
4. 抵押品	
(1)王士强户押款18000.00元,1940年6月底止应收利息1978.00元。押品为生丝15箱,按8月19日被炸市价@1800.00估计,值27000.00元	27000.00
(2)义盛公户押款4900.00元,至1940年6月底止应收利息为524.80元。押品为菜油110缸,按8月19日被炸市价@60.00估计,应值6600.00元。又白糖5包,@120.00估计,应值600.00元	7200.00

续表

摘要	金额（国币元）
（3）永诚户押款3300.00元，至1940年6月底止应收利息357.40元。押品为菜油80缸，按8月19日被炸市价@60.00估计，应值4800.00元	4800.00
合计	39000.00
5. 其他	
（1）原租行屋内建筑地下室1所被炸毁，计建筑费1200.00元	1200.00
（2）原租行屋内建筑防空壕1所被炸毁，计建筑费69.10元	69.10
（3）原租行屋及堆栈2所被炸毁，预付房租未能收回，计损失668.00元	668.00
（4）8月19日被炸，搬运物件救火出力人员奖金及一切费用，计1557.84元	1557.84
（5）8月19日被炸毁搬运物件费用	99.00
（6）8月19日炸后迁移山洞办公，请兵保护，月给火饷费70.00元，至1940年6月底止共计980.00元	980.00
（7）行员陈华宗被炸殒命，给予恤金及特别恤金	3300.00
（8）8月19日被炸，行员役警等衣物损失贴补费	1903.30
（9）8月19日被炸后购渡船1艘及船夫2名工食，至1940年6月底止共计	355.00
合计	10132.24
总计	55010.24

84）中国银行万处自抗战开始至1940年6月底止战事财产损失（已确定部分）估计表（1941年6月）

摘要	金额（国币元）
1. 库存现款	—
2. 保管品及寄存品	—
3. 票据	—
4. 房屋地皮	
行屋被炸损失	3479.00
合计	3479.00

续表

摘要	金额(国币元)
5. 营业用器具	
行屋被炸损失器具	4100.00
合计	4100.00
6. 抵押品及没收项下房地	
(1)抵押品项下：	
a. 二马路铺面4间及后院全座被炸毁	26000.00
b. 当铺巷房屋1院被炸毁	20000.00
(2)没收项下：	
a. 真原堂巷房屋1所被炸毁	1500.00
b. 二马路铺面1间被炸伤	200.00
合计	47700.00
7. 担保品项下货物及证券	—
8. 附业投资	
(1)当铺巷堆栈被炸毁	904.00
(2)公票处被炸伤	95.20
合计	999.20
9. 强提存款	—
10. 勒借勒捐	—
11. 其他	
(1)行屋被炸损失文具	300.00
(2)行屋被炸损失印刷品	2000.00
合计	2300.00
总计	58578.20

85) 中国银行泸处自抗战开始至1940年6月底止战事损失(已确定部分)估计表(1941年6月)

摘要	金额(国币元)
1. 房屋	7142.00
2. 器具	4917.00
3. 其他	11951.00
总计	24010.00

86）重庆中国银行及所属各行处自抗战开始至1940年9月底止战事损失（已确定部分）综计表（1941年6月）

摘要	金额（国币元）
1. 库存现款	—
2. 保管品及寄存品	—
3. 票据	
4. 房屋地皮	
（1）渝行	450300.00
（2）万处	2125.26
合计	452425.26
5. 营业用器具	
（1）渝行	29310.00
（2）万处	1000.00
合计	30310.00
6. 抵押品及没收项下房地	
万县	11700.00
合计	11700.00
7. 担保品项下货物及证券	—
8. 附业投资	—
9. 强提存款	—
10. 勒借勒捐	—
11. 其他	
（1）渝行	51000.00
（2）万处	5000.00
合计	56000.00
总计	550435.26

87）重庆中国银行自抗战开始至1940年9月底止战事损失（已确定部分）估计表（1941年6月）

摘要	金额（国币元）
1. 库存现款	—
2. 保管品及寄存品	—

续表

摘要	金额（国币元）
3. 票据	—
4. 房屋地皮	
（1）1939年12月底以前损失	354300.00
（2）1940年6月底以前损失	66000.00
（3）1940年9月底以前损失	30000.00
合计	450300.00
5. 营业用器具	
（1）1939年12月底以前损失	21310.00
（2）1940年9月底以前损失	8000.00
合计	29310.00
6. 其他	（2）元
（1）1940年6月底以前损失	23000.00
（2）1940年9月底以前损失	28000.00
合计	51000.00
总计	530610.00

88）中国银行万处自抗战开始至1940年9月底止战事损失（已确定部分）估计表（1941年6月）

摘要	金额（国币元）
1. 库存现款	—
2. 保管品及寄存品	—
3. 票据	—
4. 房屋地皮	
（1）行屋被炸损失	1130.66
（2）公园防空室被炸损失	994.60
合计	2125.26
5. 营业用器具	
行屋被炸损失器具	1000.00
合计	1000.00
6. 抵押品及没收项下房地	
（1）抵押品项下：	

续表

摘要	金额（国币元）
a. 兴隆街房屋 1 所一部被炸	2000.00
b. 土门子房屋 1 所全部被炸	8000.00
（2）没收项下：	
a. 二马路房屋 1 所震坏	400.00
b. 凉水井房屋 1 所震坏	1300.00
合计	11700.00
7. 担保品项下货物及证券	—
8. 附业投资	—
9. 强提存款	—
10. 勒借勒捐	—
11. 其他	
（1）行屋被炸损失文具	1000.00
（2）行屋被炸损失印刷品	4000.00
合计	5000.00
总计	19825.26

89）重庆中国银行及所属各行处自抗战开始至1940年12月底止战事损失（已确定部分）综计表（1941年6月）

摘要	金额（国币元）
1. 库存现款	
万处	28.00
合计	28.00
2. 保管品及寄存品	—
3. 票据	—
4. 房屋地皮	
（1）渝行	450300.00
（2）定处	650.00
（3）泸处	7142.00
（4）庙处	23789.00
（5）万处	1751.94
（6）黔支行	500.00

续表

摘要	金额(国币元)
(7)隆分处	3034.00
(8)奉分处	3500.00
合计	490666.94
5. 营业用器具	
(1)渝行	29310.00
(2)成支行	40000.00
(3)定处	5200.00
(4)泸处	4917.00
(5)涪处	1652.00
(6)庙处	1700.00
(7)万处	3000.00
(8)黔支行	25000.00
(9)隆分处	1240.00
(10)奉分处	450.00
(11)磅处	500.00
合计	112969.00
6. 抵押品及没收项下房地	
(1)成支行	70000.00
(2)定处	39000.00
(3)万处	31600.00
合计	140600.00
7. 担保品项下货物及证券	—
8. 附业投资	—
9. 强提存款	—
10. 勒借勒捐	—
11. 其他	
(1)渝行	51000.00
(2)定处	10922.24
(3)泸处	11951.00
(4)庙处	1200.00
(5)万处	1700.00
合计	76773.24
总计	821037.18

90）中国银行重庆分行自抗战开始至1940年12月底止战事损失（已确定部分）估计表（1941年6月）

摘要	金额（国币元）
1. 库存现款	—
2. 保管品及寄存品	—
3. 票据	—
4. 房屋地皮	
（1）1939年12月底以前损失	354300.00
（2）1940年6月底以前损失	66000.00
（3）1940年9月底以前损失	30000.00
总计	450300.00
5. 营业用器具	
（1）1939年12月底以前损失	21310.00
（2）1940年9月底以前损失	8000.00
合计	29310.00
6. 其他	
（1）1940年6月底以前损失	23000.00
（2）1940年9月底以前损失	28000.00
合计	51000.00
总计	530610.00

91）中国银行成支行自抗战开始至1940年12月底止战事财产损失（已确定部分）估计表（1941年6月）

摘要	金额（国币元）
1. 营业用器具	
（1）木制（1939年6月11日空袭全部被毁）	10000.00
（2）铁制（1939年6月11日空袭全部被毁）	30000.00
合计	40000.00
2. 抵押品及没收项下房产	
东御街行屋于1939年6月11日空袭时全部被毁（该项房屋系本行催收项李万华户之抵押品）	70000.00
合计	70000.00
总计	110000.00

92)中国银行定处自抗战开始至1940年12月底止战事损失(已确定部分)估计表(1941年6月)

摘要	金额(国币元)
1.库存现款	
（1）发行准备金硬币	28.00
合计	28.00
2.房屋地皮	
（1）原租房屋内库房1所被炸毁建筑费	650.00
合计	650.00
3.营业用器具	
（1）就实价估计	5200.00
合计	5200.00
4.抵押品	
（1）王士强户押款18000.00元,于9月20日收回12000.00元,至1940年12月底止结欠利息为2658.00元。押品为生丝15箱,按8月19日被炸市价@1800.00估计,值27000.00元	27000.00
（2）义盛公户押款4900.00元,至1940年12月底止应收利息为818.80元。押品为菜油110缸,按8月19日被炸市价@60.00估计,应值6600.00元。又白糖5包,@120.00估计,应值600.00元	7200.00
（3）永诚户押款3300.00元,至1940年12月底止应收利息555.40元。押品为菜油80缸,按8月19日被炸市价@60.00估计,应值4800.00元	4800.00
合计	39000.00
5.其他	
（1）原租行屋内建筑地下室1所被炸毁,计建筑费1200.00元	1200.00
（2）原租行屋内建筑防空壕1所被炸毁,计建筑费69.10元	69.10
（3）原租行屋及堆栈2所被炸毁,预付房租未能收回,计损失668.00元	668.00
（4）8月19日被炸,搬运物件救火出力人员奖金及一切费用,计1557.84元	1557.84
（5）8月19日被炸毁搬运物件费用	99.00
（6）8月19日炸后迁移山洞办公,请兵保护,月给火饷费70.00元,至1940年12月底止,共计1260.00元	1260.00
（7）行员陈华宗被炸殒命,给予恤金及特别恤金	3300.00
（8）8月19日被炸,行员役警等衣物损失贴补费	1903.30

续表

摘要	金额(国币元)
(9)8月19日被炸后购渡船1艘及船夫2名工食,至1940年12月底止,共计865.00元	865.00
合计	10922.24
总计	55800.24

93)中国银行庙处自1939年11月开业至1940年12月底止战事损失(已确定部分)估计表(1941年6月)

摘要	金额(国币元)
1.库存现款	—
2.保管品及寄存品	—
3.票据	—
4.房屋地皮	
行屋损失	23789.00
总计	23789.00
5.营业用器具	
工友宿舍及厨房被炸器具损失	1700.00
合计	1700.00
6.抵押品及没收品项下房地	
(1)抵押品项下	—
(2)没收品项下	—
7.担保品项下货物及证券	—
8.附业投资	—
9.强提存款	—
10.勒借勒捐	—
11.其他	
(1)行屋被炸损失文具	500.00
(2)行屋被炸损失印刷品	700.00
合计	1200.00
总计	26689.00

94)中国银行万处自抗战开始至1940年12月底止战事损失(已确定部分)估计表(1941年6月)

摘要	金额(国币元)
1.库存现款	—
2.保管品及寄存品	—
3.票据	—
4.房屋地皮	
行屋被炸损失	1751.94
总计	1751.94
5.营业用器具	
行屋被炸损失器具	3000.00
合计	3000.00
6.抵押品及没收品项下房地	
没收项下:	
(1)凉水井房屋1院被炸毁	25000.00
(2)真原堂巷房屋1院被炸毁	600.00
(3)工瓦溪房屋后院被炸毁	6000..00
合计	31600.00
7.担保品项下货物及证券	—
8.附业投资	—
9.强提存款	—
10.勒借勒捐	—
11.其他	
(1)行屋被炸损失文具	700.00
(2)行屋被炸损失印刷品	1000.00
合计	1700.00
总计	38051.94

95)中国银行泸处自抗战开始至1940年12月底止战事损失(已确定部分)估计表(1941年6月)

摘要	金额(国币元)
1. 房屋	7142.00
2. 器具	4917.00
3. 其他	11951.00
总计	24010.00

96)中国银行涪处、黔支行、奉处、碚处、隆分处、泸处自抗战开始至1940年12月底止战事损失(已确定部分)估计表[①](1941年6月)

摘要	金额(国币元)
(一)涪处	
1. 房屋地皮	
2. 营业用具	1652.00
总计	1652.00
(二)黔支行	
1. 房屋地皮	500.00
2. 公用器具	25000.00
总计	25500.00
(三)奉处[②]	
1. 房屋(包括地皮)	3500.00
2. 器具	450.00
总计	3950.00
(四)碚处	
1940年5月27日碚市被炸,震毁本行柜台及玻璃	500.00
(五)隆分处	
1. 营业用器具(木制)	1240.00
2. 其他(修葺房屋)	3034.00
总计	4274.00
(六)泸处	
1. 房屋(包括地皮)	7142.00

---

① 该表系根据涪处、黔支行、奉处、碚处的报表制成,标题为编者所拟。
② 1939年10月24日,奉处行屋被炸,以下房屋及器具损失即为此次被炸损失。

续表

摘要	金额(国币元)
2. 器具	4917.00
3. 其他	11951.00
总计	24010.00
以上六行总计	59886.00

97. 中国银行重庆分行为陈送该行及所属各行处1941年及1942年9月份止战事损失各表呈总管理处文（1942年11月14日）

总管理处钧鉴：

　　前奉钧处本年六月二十四日业检字不列号通函，承转财政部续订报告抗战损失办法暨钧处酌定办法应行注意各点，嘱依照办理具报，等因，只悉。遵经由敝通函辖内各支行处迅将三十年度及三十一年度九月底止应填之报告表、估计表，依照规定手续填制寄渝，以凭汇转去讫。兹查渝辖各分处应填表报暨通知单，均经寄到。除由敝各提存1份备查外，用将应行汇报之报告表、通知单，连同敝处本身应制各表及加编之汇报表、综计表分陈如左<下>：

　　一、三十年度国营事业财产损失报告表及汇报表2份，共14张(每份7张)；

　　二、三十年度国营事业财产间接损失报告表及汇报表2份，共30张(每份15张)；

　　三、三十年、三十一年度三月份及三十一年度六月份本行战事损失估计表及综计表(已确定部分)2份，共24张(每份12张)；

　　四、三十年度、三十一年度三月份、三十一年度六月份、三十一年度九月份通知单2份，共390张(每份195张)。

　　谨特上述各表一并随函送奉，即祈察核存转，并乞示复为荷。

　　此颂

公绥！

渝行启

1) 重庆中国银行及所属各行处1941年度财产间接损失报告表(1942年10月)

分类		数额(国币元)
可能生产额减少		—
可获纯利额减少		—
费用之增加	拆迁费	151763.20
	防空费	193301.39
	救济费	209473.15
	抚恤费	3300.00

2) 重庆中国银行1941年度财产间接损失报告表(1942年10月)

分类		数额(国币元)
可能生产额减少		—
可获纯利额减少		—
费用之增加	拆迁费	1010.00
	防空费	122133.60
	救济费	158302.31
	抚恤费	

3) 重庆中国银行1941年度财产间接损失详表(1942年10月)

分类	数额(国币元)
一、拆迁费	
1941年6月25日,九尺坎33号宿舍被炸房塌损失	120.00
[同年]7月3日,黄桷垭复兴村37号宿舍被炸房租损失	800.00
东水门防空洞前地皮租金(1941年5月至1942年5月)	90.00
合计	1010.00
二、防空费	
东水门防空洞工程费	23253.60
花朝门防空洞工程费	25950.00
罗家湾汽车洞工程费	49435.00
1941年2月14日,花朝门防空洞加砌挡墙	774.00

续表

分类	数额(国币元)
7月11日①,东水门防空洞装蓝布遮篷	512.00
8月1日,东水门防空洞安装水闸	462.00
9月15日,添置消防龙头工料费	1800.00
10月4日,添置人力帮浦2部、水带400尺、接头4付	18040.00
10月4日,修理平泸防空洞工程费	907.00
迭次清理东水门防空洞渣石工费	约计1000.00
合计	122133.60
三、救济费	
1941年,员工空袭抚慰奖金	83963.61
1941年,警工空袭抚慰奖金	22122.70
1941年5月2日,补发渝行各宿舍被炸第二、三次损失津贴	3986.00
7月8日②,马华良住宅被炸(1941年5月3日)损失津贴	500.00
5月1日,库丁张瑞、张吉住宅被炸损失津贴	200.00
7月25日,工友赵景臣住宅被炸损失津贴	200.00
10月3日,工友周涂、龙积成被炸损失津贴	300.00
8月14日,厨房朱金生等在空袭期间工作勤劳奖金	330.00
同人在庙处躲警报开饭	约1000.00
警报用大饼干约1000斤	共计4000.00
空袭期间临时挑水,每天约500元,以1月计	15000.00
警报用公文皮箱约50只,每只80元	4000.00
警报用电、煤油、菜油、油灯、电池、洋烛等	约20000.00
1941年4—12月,银行区消防队月捐300元	2700.00
合计	158302.31

4)万县中国银行1941年度财产间接损失报告表(1942年10月)

分类	数额(国币元)
可能生产额减少	—
可获纯利额减少	—

---

① 此处原文未注明年份,据考证应为1941年,下同。
② 此处原文未注明年份,据考证应为1941年,下同。

续表

分类		数额(国币元)
费用之增加	拆迁费	6884.80
	防空费	13244.48
	救济费	20045.59
	抚恤费	—

5)叙府中国银行1941年上下期财产间接损失报告表(1942年10月)

分类		数额(国币元)
可能生产额减少		—
可获纯利额减少		—
费用之增加	拆迁费	8374.30
	防空费	1385.71
	救济费	6642.34
	抚恤费	—

6)重庆上清寺中国银行1941年度财产间接损失报告表(1942年10月)

分类		数额(国币元)
可能生产额减少		—
可获纯利额减少		—
费用之增加	拆迁费	3000.00[①]
	防空费	
	救济费	3000.00[②]
	抚恤费	

7)成都中国银行1941年度财产间接损失报告表(1942年10月)

分类	数额(国币元)
可能生产额减少	—
可获纯利额减少	—

[①] 1941年5月3日,行屋被炸后迁至临营处;又,5月16日,临营处被炸,往返迁移费用,以及宿舍被炸,行员迁住城内,进出城车费等。

[②] 行员被炸后衣物损益救济费。

续表

分类		数额(国币元)
费用之增加	拆迁费	8709.10
	防空费	13556.00
	救济费	—
	抚恤费	—

8) 嘉定中国银行1941年度财产间接损失报告表(1942年10月)

分类		数额(国币元)
可能生产额减少		—
可获纯利额减少		—
费用之增加	拆迁费	88224.00
	防空费	1269.00
	救济费	3461.00
	抚恤费	3300.00

9) 雅安中国银行1941年度财产间接损失报告表(1942年10月)

分类		数额(国币元)
可能生产额减少		—
可获纯利额减少		—
费用之增加	拆迁费	32000.00
	防空费	—
	救济费	—
	抚恤费	—

10) 内江中国银行1941年度财产间接损失报告表(1942年10月)

分类		数额(国币元)
可能生产额减少		—
可获纯利额减少		—

续表

分类		数额（国币元）
费用之增加	拆迁费	1985.00
	防空费	39433.60
	救济费	9150.91
	抚恤费	—

11）荣昌中国银行1941年度财产间接损失报告表（1942年10月）

分类		数额（国币元）
可能生产额减少		—
可获纯利额减少		—
费用之增加	拆迁费	400.00
	防空费	—
	救济费	861.00
	抚恤费	—

12）隆昌中国银行1941年度财产间接损失报告表（1942年10月）

分类		数额（国币元）
可能生产额减少		—
可获纯利额减少		—
费用之增加	拆迁费	336.00
	防空费	1989.00
	救济费	721.00
	抚恤费	—

13）自流井中国银行1941年度财产间接损失报告表（1942年10月）

分类	数额（国币元）
可能生产额减少	—
可获纯利额减少	—

续表

分类		数额(国币元)
费用之增加	拆迁费	—
	防空费	—
	救济费	3994.00
	抚恤费	

14)中国银行简城简储处1941年度财产间接损失报告表(1942年10月)

分类		数额(国币元)
可能生产额减少		—
可获纯利额减少		—
费用之增加	拆迁费	—
	防空费	290.00
	救济费	—
	抚恤费	—

15)石桥中国银行1941年度财产间接损失报告表(1942年10月)

分类		数额(国币元)
可能生产额减少		—
可获纯利额减少		—
费用之增加	拆迁费	—
	防空费	—
	救济费	3232.00
	抚恤费	

16)遵义中国银行1941年度财产间接损失报告表(1942年10月)

分类	数额(国币元)
可能生产额减少	—
可获纯利额减少	—

续表

分类		数额(国币元)
费用之增加	拆迁费	6840.00
	防空费	—
	救济费	60.00
	抚恤费	—

17)重庆中国银行及所属各行处1941年度财产损失汇报表(1942年10月)

分类	价值(国币元)
共计	490852.09
房屋	195324.19
器具	42200.00
现款	28.00
生金银	—
保管品	186100.00
抵押品	25696.90
有价证券	—
运输工具	—
其他	41503.00

18)重庆上清寺中国银行1941年度财产损失汇报表(1942年1月1日)

事件:行屋被炸

日期:民国三十年一月至十二月

地点:重庆

填送日期:民国三十一年一月一日

分类	价值(国币元)
共计	215000.00
房屋	185000.00
器具	27000.00
现款	—

续表

分类	价值(国币元)
生金银	—
保管品	—
抵押品	—
有价证券	—
运输工具	—
其他	3000.00

19)万县中国银行1941年6月28日被炸财产损失汇报表(1942年7月31日)

事件:空袭

日期:民国三十年六月二十八日

地点:万县市区

填送日期:民国三十年七月三十一日

分类	价值(国币元)
共计	8059.59
房屋(包括地皮)	3059.59
器具	—
现款	—
生金银	—
保管品	—
抵押品	5000.00
有价证券	—
运输工具	—
其他	—

20)万县中国银行1941年8月28日被炸财产损失汇报表(1941年11月2日)

事件:空袭

日期:民国三十年八月二十八日

地点:万县市区

填送日期:民国三十年十一月二日

分类	价值(国币元)
共计	760.90
房屋	—
器具	—
现款	—
生金银	—
保管品	—
抵押品	760.90
有价证券	—
运输工具	—
其他	—

21)嘉定中国银行财产损失汇报表[①](1941年12月31日)

填送日期:三十年十二月三十一日

分类	价值(国币元)
共计	260417.00
房屋	650.00
器具	15200.00
现款	28.00
生金银	—
保管品	186100.00
抵押品	19936.00
有价证券	—
运输工具	—
其他	38503.00

---

① 此表的数据包括两次被炸的损失:一是1939年9月8日,一是1941年8月23日。

22)自流井中国银行1941年7月26日财产损失汇报表(1941年12月31日)

　　　　事件:行屋附近被炸震毁行屋瓦面、墙壁等

　　　　日期:三十年七月二十六日

　　　　地点:自流井八店街行屋

　　　　填送日期:三十年十二月三十一日

分类	价值(国币元)
共计	3009.00
房屋(包括地皮)	3009.00
器具	—
现款	—
生金银	—
保管品	—
抵押品	—
有价证券	—
运输工具	—
其他	—

23)叙府中国银行1941年8月11日财产损失汇报表(1941年12月31日)

　　　　事件:行屋附近被炸震毁行屋瓦面、墙壁等

　　　　日期:三十年八月十一日

　　　　地点:宜宾东街及西门外忠烈祠侧

　　　　填送日期:三十年十二月三十一日

分类	价值(国币元)
共计	3606.60
房屋(包括地皮)	3606.60
器具	—
现款	—
生金银	—
保管品	—
抵押品	—

续表

分类	价值(国币元)
有价证券	—
运输工具	—
其他	—

24) 重庆中国银行及所属各行处1941年12月底止战事损失(已确定部分)综计表(1942年10月)

摘要	金额(国币元)
1. 库存现款	
定处	28.00
合计	28.00
2. 保管品及寄存品	—
3. 票据	—
4. 房屋地皮	
(1)泸处	7142.00
(2)定处	650.00
合计	7792.00
5. 营业用器具	
(1)泸处	4917.00
(2)定处	15200.00
合计	20117.00
6. 抵押品及没收项下房地	
(1)定处	39000.00
合计	39000.00
7. 担保品项下货物及证券	—
8. 附业投资	—
9. 强提存款	—
10. 勒借勒捐	
11. 其他	
(1)定处	38507.24
(2)泸处	11951.00
(3)内支行	70282.98

续表

摘要	金额(国币元)
(4)荣分处	1261.00
合计	122002.22
总计	188939.22

25)中国银行定处自抗战开始至1941年12月底止战事损失(已确定部分)估计表(1942年10月)

摘要	金额(国币元)
1.库存现款	
(1)发行准备金硬币	28.00
合计	28.00
2.房屋地皮	
(1)原租房屋内库房1所被炸毁建筑费	650.00
合计	650.00
3.营业用器具	
(1)8月19日、8月23日两次被炸,就实价估计	15200.00
合计	15200.00
4.抵押品	
(1)王士强户押款原为18000.00元,1940年9月20收回12000.00元,结欠6000.00元,至1941年12月底止共计应收利息为3378.00元。押品为生丝15箱,按8月19日被炸市价@1800.00估计①,值27000.00元	27000.00
(2)义盛公户押款4900.00元,至1941年12月底止应收利息为1406.80元。押品为菜油110缸,按8月19日被炸市价@60.00估计,应值6600.00元。又白糖5包,按@120.00估计,应值600.00元	7200.00
(3)永诚户押款3300.00元,至1941年12月底止应收利息为951.40元。押品为菜油80缸,按8月19日被炸市价@60.00估计,应值4800.00元	4800.00
合计	39000.00
5.其他	
(1)原租行屋内建筑地下室1所被炸毁,计建筑费1200.00元	1200.00
(2)原租行屋内建筑防空壕1所被炸毁,计建筑费69.10元	69.10
(3)原租行屋及堆栈2所被炸毁,预付房租未能收回,计损失668.00元	668.00

① 根据上下文可知,"@"在此处是表示单价的符号(下同)。此处表示每箱生丝1800.00元。

续表

摘要	金额(国币元)
(4)8月19日被炸,搬运物件救火出力人员奖金及一切费用,计1557.84元	1557.84
(5)8月19日被炸毁搬运物件费用	99.00
(6)8月19日被炸后库房迁至八仙洞宿舍,请兵保护,贴补防护团及添雇行警4人,至1941年12月底止,伙食工饷费共计19860.00元	19860.00
(7)行员陈华宗被炸殒命,给予恤金及特别恤金	3300.00
(8)8月19日被炸,行员役警等衣物损失贴补费	1903.30
(9)8月19日被炸后购渡船1艘及船夫2名工食,至1941年12月底止,伙食并船舶修理费等共计9850.00元	9850.00
合计	38507.24
总计	93385.24

26)中国银行泸处自抗战开始至1941年12月底止战事损失(已确定部分)估计表(1942年10月)

摘要	金额(国币元)
1.房屋	7142.00
2.器具	4917.00
3.其他	11951.00
总计	24010.00

27)中国银行内支行1941年下期战事损失(已确定部分)估计表(1942年10月)

摘要	金额(国币元)
1.折旧费	
租佃郊外宿舍及疏散材料等费	12442.91
2.防空费	
警报时疏散重要公物用汽油51加仑,修理防空洞、备置沙包、加深邱姓石洞等费用等	47542.88
3.救济费	
应募救济难民伤兵寒衣捐款及空袭抚慰金等	10297.19
合计	70282.98

28)重庆中国银行及所属各行处1942年6月底止战事损失(已确定部分)综计表(1942年10月)

摘要	金额(国币元)
1.库存现款	
定处	28.00
合计	28.00
2.房屋地皮	
(1)定处	650.00
(2)泸处	7142.00
合计	7792.00
3.营业用器具	
(1)定处	15200.00
(2)泸处	4917.00
合计	20117.00
4.抵押品	
(1)定处	39000.00
合计	39000.00
5.其他	
(1)定处	51707.24
(2)泸处	11951.00
(3)内支行	73449.97
合计	137108.21
总计	204045.21

29)中国银行定处自抗战开始至1942年6月底止战事损失(已确定部分)估计表(1942年10月)

摘要	金额(国币元)
1.库存现款	
(1)发行准备金硬币	28.00
合计	28.00
2.房屋地皮	
(1)原租房屋内库房1所被炸毁建筑费	650.00

续表

摘要	金额(国币元)
合计	650.00
3. 营业用器具	
(1)8月19日、8月23日两次被炸,就实价估计	15200.00
合计	15200.00
4. 抵押品	
(1)王士强户押款原为18000.00元,1940年9月20日收回12000.00元,结欠6000.00元,至1942年6月底止共计应收利息为3737.00元。押品为生丝15箱,按8月19日被炸市价@1800.00估计[①],值27000.00元	27000.00
(2)义盛公户押款4900.00元,至1942年6月底止应收利息为1700.80元。押品为菜油110缸,按8月19日被炸市价@60.00估计,应值6600.00元。又白糖5包,按@120.00估计,应值600.00元	7200.00
(3)永诚户押款3300.00元,至1942年6月底止应收利息为1149.40元。押品为菜油80缸,按8月19日被炸市价@60.00估计,应值4800.00元	4800.00
合计	39000.00
5. 其他	
(1)原租行屋内建筑地下室1所被炸毁,计建筑费1200.00元	1200.00
(2)原租行屋内建筑防空壕1所被炸毁,计建筑费69.10元	69.10
(3)原租行屋及堆栈2所被炸毁,预付房租未能收回,计损失668.00元	668.00
(4)8月19日被炸,搬运物件救火出力人员奖金及一切费用,计1557.84元	1557.84
(5)8月19日被炸毁搬运物件费用	99.00
(6)8月19日被炸后库房迁至八仙洞宿舍,请兵保护,贴补防护团及添雇行警4人,至1942年6月底止,伙食工饷费共计28860.00元	28860.00
(7)行员陈华宗被炸殒命,给予恤金及特别恤金	3300.00
(8)8月19日被炸,行员役警等衣物损失贴补费	1903.30
(9)8月19日被炸后购渡船1艘及船夫2名工食,至1942年6月底止,伙食并船舶修理费等共计14050.00元	14050.00
合计	51707.24
总计	106585.24

---

① 根据上下文可知,"@"在此处是表示单价的符号(下同)。此处表示每箱生丝1800.00元。

30）中国银行泸处自抗战开始至1942年6月底止战事损失（已确定部分）估计表（1942年10月）

摘要	金额（国币元）
1. 房屋	7142.00
2. 器具	4917.00
3. 其他	11951.00
总计	24010.00

31）中国银行内支行1942年4月至6月战事损失（已确定部分）估计表（1942年10月）

摘要	金额（国币元）
1. 折旧费	
4—6月份租佃郊外宿舍及疏散材料等费	13616.15
2. 防空费	
4—6月份修理四行公库房屋墙壁、大门，竹篱工料费，本行摊派四分之一，及上届警报时因搬运重要公物，用汽油51加仑，修理防空洞。备置沙包、加深邱姓石洞等费用	47984.63
3. 救济费	
4—6月份捐助难儿救济院捐款、伤兵捐款，及上届应募救济难民伤兵之寒衣捐款、空袭抚慰金等	11849.19
合计	73449.97

98. 中国银行重庆分行为陈送1942年度应报各战事损失表致总管理处文（1943年5月4日）

总管理处钧鉴：

查敝属各支行处截至三十一年九月底止应填之抗战损失表报，曾由敝汇编完竣，以业字第8404号函陈送察核存转在案。兹查渝辖各行处应填之三十一年十二月底止该项表报，均经寄到，除由敝各提存1份备查外，用将应行汇转之报告表、通知单，连同敝处本身应制各表及加编之报告表，分陈如左〈下〉：

一、三十一年度国营事业财产间接损失报告表及汇报表2份,共18张(每份9张);

二、三十一年度十二月份通知单2份,共222张(每份111张);

三、利处补填三十年至三十一年度本行战事损失估计表2份,共4张(每份2张)。

用谨函陈,并将上述各表一并随函送奉,敬祈察核存转,并乞示复为叩。再,敝属各支行处应填本年三月份各项表报现正汇编中,俟办妥后,当即转奉,合并陈明。

敬颂

公绥

渝行启

1)重庆中国银行及所属各行处1942年度财产间接损失报告表(1943年5月)

分类		数额(国币元)
可能生产额减少		—
可获纯利额减少		—
费用之增加	拆迁费	197038.53
	防空费	78932.35
	救济费	56842.49
	抚恤费	—

2)重庆中国银行1942年度财产间接损失报告表(1943年5月)

分类		数额(国币元)
可能生产额减少		—
可获纯利额减少		—
费用之增加	拆迁费	162935.53
	防空费	56000.00
	救济费	53862.49
	抚恤费	—

3)重庆中国银行1942年度财产间接损失详表(1943年5月)

分类	数额(国币元)
一、拆迁费	
由沪港调渝同仁旅费及携眷费用	162935.53
合计	162935.53
二、防空费	
因空袭警报,开卡车至上清寺,往返用汽油约40加仑,每加仑200元	8000.00
修理本行及南岸、丁家坡防空洞工程费	34000.00
本行及东水门防空洞填装防毒门工程费	14000.00
合计	56000.00
三、救济费	
救护担架床10套	1180.00
防毒药品	1000.00
防毒口罩用纱布毛巾	2700.00
饼干(备警报时用)	400.00
救济平、津、沪同仁家用,由行方津贴汇费	48582.49
合计	53862.49

4)自流井中国银行1942年度财产间接损失报告表(1943年5月)

分类		数额(国币元)
可能生产额减少		—
可获纯利额减少		—
费用之增加	拆迁费	—
	防空费	7000.00
	救济费	
	抚恤费	

5)内江中国银行1942年度财产间接损失报告表(1943年5月)

分类	数额(国币元)
可能生产额减少	—
可获纯利额减少	—

续表

分类		数额(国币元)
费用之增加	拆迁费	1173.00
	防空费	441.00
	救济费	1552.00
	抚恤费	—

6)遵义中国银行1942年度财产间接损失报告表(1943年5月)

分类		数额(国币元)
可能生产额减少		—
可获纯利额减少		—
费用之增加	拆迁费	930.00
	防空费	1500.00
	救济费	65.00
	抚恤费	—

7)重庆中国银行1942年度财产间接损失报告表(1943年5月)

分类		数额(国币元)
可能生产额减少		—
可获纯利额减少		—
费用之增加	拆迁费	—
	防空费	—
	救济费	1363.00
	抚恤费	—

8)新津中国银行1942年度财产间接损失报告表(1943年5月)

分类		数额(国币元)
可能生产额减少		—
可获纯利额减少		—
费用之增加	拆迁费	—
	防空费	10012.00
	救济费	—
	抚恤费	—

9) 雅安中国银行1942年度财产间接损失报告表①(1943年5月)

分类		数额(国币元)
可能生产额减少		—
可获纯利额减少		—
费用之增加	拆迁费	32000.00(雅安郊外疏散,房屋建筑费)
	防空费	—
	救济费	—
	抚恤费	—

10) 石桥中国银行1942年度财产间接损失报告表(1943年5月)

分类		数额(国币元)
可能生产额减少		—
可获纯利额减少		—
费用之增加	拆迁费	—
	防空费	3979.35
	救济费	—
	抚恤费	—

11) 中国银行利处1941年至1942年1月份止战事损失(已确定部分)估计表(1943年5月)

摘要	金额(国币元)
1. 房屋地皮	
(1)房屋,郊外王家沟疏散房屋建筑费	18500.00
(2)地皮,郊外王家沟地价4500.00元,租金400.00元,及税契等一切费用	6000.00
(3)建筑防空洞,工及料费	32200.00
(4)防空洞山地租金每年200.00元,计付2年	400.00
(5)装配玻璃等费	1500.00
合计	58600.00
2. 其他	

---

① 该表由中国银行重庆分行代填。

续表

摘要	金额(国币元)
(1)电台迁移费	500.00
(2)1941年,库房疏散,房屋未完工前,公文账据等每次警报疏散运送力费及付送情报费,自1941年7月份起,每月25.00元,4行均摊数	850.00
合计	1350.00
总计	59950.00

12)中国银行利处1942年10—12月止战事损失(已确定部分)综计表(1943年5月)

摘要	金额(国币元)
1. 房屋地皮	
(1)房屋	—
(2)地皮	—
(3)修理办公室、饭厅、客房工料等费	1482.60
合计	1482.60
2. 其他	
(1)付送情报费,每月25.00元	75.00
合计	75.00
总计	1557.60

99. 中国银行重庆分行为陈送该行及所属各行处1943年12月底国营事业财产损失报告表及通知单致总管理处文(1944年3月22日)

总管理处钧鉴：

兹随函附奉敝及所属截至三十二年十二月底之国营事业财产间接损失报告表及通知单1式2份,每份150纸,敬乞钧核存转为叩。

此颂

钧安！

渝行启

1)重庆中国银行及所属各行处1943年度财产间接损失报告表(1944年3月)

分类		数额(国币元)
可能生产额减少		—
可获纯利额减少		445791.00
费用之增加	拆迁费	387657.00
	防空费	298659.00
	救济费	117583.00
	抚恤费	3300.00

2)重庆中国银行1943年度财产间接损失报告表(1944年3月)

分类		数额(国币元)
可能生产额减少		—
可获纯利额减少		—
费用之增加	拆迁费	173631.00
	防空费	—
	救济费	71966.00
	抚恤费	—

3)永川中国银行1943年度财产间接损失报告表(1944年3月)

分类		数额(国币元)
可能生产额减少		—
可获纯利额减少		—
费用之增加	拆迁费	—
	防空费	4368.00
	救济费	200.00
	抚恤费	—

4) 万县中国银行1943年度财产间接损失报告表(1944年3月)

分类		数额(国币元)
可能生产额减少		一
可获纯利额减少		一
费用之增加	拆迁费	1000.00
	防空费	1206.60
	救济费	一
	抚恤费	一

5) 奉节中国银行1943年度财产间接损失报告表(1944年3月)

分类		数额(国币元)
可能生产额减少		一
可获纯利额减少		130000.00
费用之增加	拆迁费	5360.00
	防空费	16200.00
	救济费	17100.00
	抚恤费	一

6) 开县中国银行1943年度财产间接损失报告表(1944年3月)

分类		数额(国币元)
可能生产额减少		一
可获纯利额减少		一
费用之增加	拆迁费	1200.00
	防空费	6638.00
	救济费	一
	抚恤费	一

7)成都中国银行1943年度财产间接损失报告表(1944年3月)

分类		数额(国币元)
可能生产额减少		—
可获纯利额减少		—
费用之增加	拆迁费	—
	防空费	120680.00
	救济费	—
	抚恤费	—

8)成都南台寺中国银行1943年度财产间接损失报告表(1944年3月)

分类		数额(国币元)
可能生产额减少		—
可获纯利额减少		—
费用之增加	拆迁费	—
	防空费	—
	救济费	—
	抚恤费	8865.00

9)雅安中国银行1943年度财产间接损失报告表(1944年3月)

分类		数额(国币元)
可能生产额减少		—
可获纯利额减少		—
费用之增加	拆迁费	32000.00
	防空费	—
	救济费	—
	抚恤费	—

10) 广元中国银行1943年度财产间接损失报告表（1944年3月）

分类		数额（国币元）
可能生产额减少		—
可获纯利额减少		—
费用之增加	拆迁费	105130.00
	防空费	120474.66
	救济费	—
	抚恤费	—

11) 内江中国银行1943年度财产间接损失报告表（1944年3月）

分类		数额（国币元）
可能生产额减少		—
可获纯利额减少		—
费用之增加	拆迁费	12285.00
	防空费	10230.00
	救济费	3720.00
	抚恤费	—

12) 内江中国银行1943年度财产间接损失费用清单（1944年3月）

时间①	科目	性质	摘要	金额（国币元）
8月22日	杂费	拆迁费	王家岩疏建区租金及迁坟本月摊付数	2685.00
9月25日	同上	同上	同上	2400.00
10月21日	同上	同上	同上	2400.00
11月22日	同上	同上	同上	2400.00
12月15日	同上	同上	同上	2400.00
	合计			12285.00
3月24日	车马费	防空费	2583车避空袭2次,用汽油2加仑	409.60
3月24日	运送费	同上	7348车避空袭运送重要公物,用汽油2加仑	409.60
3月23日	营缮费	同上	修理大冲郊外宿舍防空洞木架工料费	1413.00
6月9日	运送费	同上	7048车送账箱至公库避空袭用汽油4加仑	1795.68

① 该表附于内江中国银行间接损失报告表之后,数额和前表相合,其年份应与前表一致。

续表

时间	科目	性质	摘要	金额(国币元)
7月9日	同上	同上	7048车送账箱至公库避空袭用汽油2加仑	594.38
7月19日	同上	同上	运送旧账及表报至魏家冲力资	613.00
8月30日	同上	同上	7348车送账箱至公库用油5加仑	1754.10
10月21日	同上	同上	7348车送账箱及房料用油4加仑	1192.64
7月3日至10月12日	车马费	同上	送重要公物及账箱至公库避空袭,押运员往返车资	618.00
9月9日	杂费	同上	赏警役在空袭时间搬运账箱奖金	1380.00
	合计			10230.00
1月22日	捐款	救济费	救济难民捐助食米2石	1840.00
4月2日	同上	同上	捐助张营长四维出院费	50.00
4月12日	同上	同上	捐助难民伊放生款	50.00
4月23日	同上	同上	捐助安徽省难民代表	20.00
5月7日	同上	同上	捐助伤兵邓炳然款	100.00
5月24日	同上	同上	豫灾捐款	200.00
7月28日	同上	同上	伤兵求助旅费捐款	10.00
7月30日	同上	同上	捐助退伍军人款	200.00
8月16日	同上	同上	伤兵之友社捐款	300.00
11月9日	同上	同上	捐助粤灾款	100.00
11月22日	同上	同上	捐助征途儿童奖金	350.00
12月30日	同上	同上	捐助国民兵团陈思明款	300.00
12月31日	同上	同上	捐助苏皖浙战区难民款	200.00
	合计			3720.00

13)荣昌中国银行1943年度财产间接损失报告表(1944年3月)

分类		数额(国币元)
可能生产额减少		—
可获纯利额减少		187000.00
费用之增加	拆迁费	1440.00
	防空费	1400.00
	救济费	1800.00
	抚恤费	—

14）隆昌中国银行1943年度财产间接损失报告表（1944年3月）

分类		数额（国币元）
可能生产额减少		—
可获纯利额减少		1287910.00
费用之增加	拆迁费	—
	防空费	—
	救济费	4327.00
	抚恤费	—

15）泸县中国银行1943年度财产间接损失报告表（1944年3月）

分类		数额（国币元）
可能生产额减少		—
可获纯利额减少		—
费用之增加	拆迁费	4145.00
	防空费	—
	救济费	—
	抚恤费	—

16）叙永中国银行1943年度财产间接损失报告表（1944年3月）

分类		数额（国币元）
可能生产额减少		—
可获纯利额减少		—
费用之增加	拆迁费	400.00
	防空费	—
	救济费	3047.00
	抚恤费	—

17）自流井中国银行1943年度财产间接损失报告表（1944年3月）

分类		数额（国币元）
可能生产额减少		—
可获纯利额减少		—
费用之增加	拆迁费	400.00
	防空费	448.00
	救济费	6916.00
	抚恤费	—

18）贡井中国银行1943年度财产间接损失报告表（1944年3月）

分类		数额（国币元）
可能生产额减少		—
可获纯利额减少		—
费用之增加	拆迁费	—
	防空费	1000.00
	救济费	—
	抚恤费	—

19）嘉定中国银行1943年度财产间接损失报告表（1944年3月）

分类		数额（国币元）
可能生产额减少		—
可获纯利额减少		—
费用之增加	拆迁费	121354.00
	防空费	1269.00
	救济费	3461.00
	抚恤费	3300.00

20）五通桥中国银行1943年度财产间接损失报告表（1944年3月）

分类		数额（国币元）
可能生产额减少		—
可获纯利额减少		—
费用之增加	拆迁费	11220.00
	防空费	5740.00
	救济费	5046.00
	抚恤费	—

21）叙府中国银行1943年度财产间接损失报告表（1944年3月）

分类		数额（国币元）
可能生产额减少		—
可获纯利额减少		—
费用之增加	拆迁费	21771.30
	防空费	—
	救济费	—
	抚恤费	—

22）遵义中国银行1943年度财产间接损失报告表（1944年3月）

分类		数额（国币元）
可能生产额减少		—
可获纯利额减少		—
费用之增加	拆迁费	—
	防空费	120.00
	救济费	—
	抚恤费	—

100. 中国银行重庆分行为抗战损失各表数字不符请查明原因具报致定处、万处、泸处函(1942年9月28日)

定处、万处、泸处台鉴：

　　查尊处填送之二十九年度以前抗战损失各表业经敝处转报总处查核在案。兹奉总处业字第7303号函略开，"查及所属填送战事损失各表均已分别存转，因对内对外数字有不能相符关系，兹再制就对数清单1份，随函附奉，即希收给。如有不符或漏列之处，应即查明具复"等因。查表列尊处所填之本行战事损失估计表及报部用之国营事业财产损失报告表内容多有不符，兹特将尊处已填之二十九年度以前抗战损失各表照抄对数单1份，随函附奉，即希查给，将不符原因查明见复，以凭转报为荷。

　　此致

公绥！

渝行启

中国银行重庆分行定处、万处、泸处1940年以前抗战损失各表对数单

（单位：国币元）

行别	填送战事损失估计表情形				本处根据国营事业财产损失报告表报部情形		相差情形	备注
	项目	填送时期	摘要	数额	项目	数额		
定处	库存现款	1939年12月	发行准备硬币	28.00	现款（硬币）	28.00		
	房地	同上	原租行房内库房1所被炸毁，计建筑费	650.00	房地	650.00		
	器具	同上	实值	5200.00	器具	5200.00		

续表

行别	填送战事损失估计表情形					本处根据国营事业财产损失报告表报部情形		相差情形	备注
	项目	填送时期	摘要		数额	项目	数额		
定处	抵押品	同上	王士强户押款1800.00元，1939年底止应收息898.00元，押生丝15箱，8月19日被炸损失，按该日市价@1800.00①，计27000.00元；义盛公户押款4900.00元，1940年底止应收息230.80元，押品为菜油110缸，8月19日被炸损失，按该日市价@60.00，计6600.00元，又，白糖5包，@120.00，估计应值600.00元；永诚户押款3300.00元，1939年底止应收息159.40元；押品为菜油80缸，8月19日被炸损失，按该日市价@60.00，计4800.00元		39000.00	抵押品	27488.00	报部数少11512.00	该处所填国营事业财产损失报告表较估计表少列押品11512.00元，据查，估计表系按押品价值列报，而国营事业财产损失报告表系按账面押款本息额列报

① @1800.00元，即每箱1800.00元，下同。

续表

行别	填送战事损失估计表情形			本处根据国营事业财产损失报告表报部情形		相差情形	备注
	项目	填送时期	摘要	数额	项目	数额		
定处	其他	1939年12月	原租行屋建筑地下室1所被炸毁，计建筑费1200.00元；原租行屋及堆栈2所被炸毁，预付房租未能收回，计668.00元；原租行屋内建筑简易防空壕1所被炸毁，计建筑费69.10元；8月19日被炸搬运物件费用1557.84元；8月19日被炸搬运物件、救火出力人员奖金及一切费用，计99.00元；8月19日被炸后迁移山洞办公，请兵保护，月给伙饷费70.00元，年终止共计350.00元；行员许华宗被炸殒命，给恤金及特别恤金3300.00元；8月19日被炸行员警役等衣物损失贴补费1903.30元；8月19日被炸后购渡船1艘及船夫2名工食，年终止共计205.00元	10922.24	其他	1668.00	9254.24	该处所填送国营事业财产损失报告表，亦系列报8月19日轰炸损失，较估计表少列9254.24元。此1668.00元损失内系何项损失，未据□□□
		1940年6月	在山洞办公请兵保护伙饷至1940年6月底止，计630.00元；船夫2名工食至1940年6月底止，计150.00元					
		1940年12月	在山洞办公请兵保护伙饷至1940年12月底止，计280.00元；船夫2名工食至1940年12月底止，计510.00元					

续表

行别	填送战事损失估计表情形					本处根据国营事业财产损失报告表报部情形		相差情形	备注
	项目	填送时期	摘要		数额	项目	数额		
万处						保管品	186100.00	报部数少 186100.00	该处国营事业财产损失报告表列报此两□□本处据以报部,而该处所填送估计表中□□未加列报,究系如何原因,及该两笔详情□□如何未能明了
						信用放款	5424.00	报部数少 5424.00	
	房屋及地皮	1939年6月	行屋被炸损失,计3479.00元		7356.20	房地	42356.20	报部数多 35000.00	此报部数系根据该处国营事业财产损失报告表,该表计列抗战开始至1939年6月轰炸损失5179.00元。1940年7月28日轰炸损失3825.26元,10月13日轰炸损失3351.94元,合计42356.20元
		1940年9月	行屋被炸损失1130.66元,公园路防空室被炸损失994.60元						
		1940年12月	行屋被炸损失,计1751.94元						

续表

行别	填送战事损失估计表情形				本处根据国营事业财产损失报告表报部情形		相差情形	备注
	项目	填送时期	摘要	数额	项目	数额		
万处	器具	1939年6月	行屋被炸损失器具4100.00元	8100.00	器具	8100.00		
		1940年9月	行屋被炸损失器具1000.00元					
		1940年12月	行屋被炸损失器具3000.00元					
	抵押品及没收项下房地	1940年6月	押品项下：二马路铺面4间及后院全座被炸毁，计26000.00元；当铺巷房屋1院被炸毁，计20000.00元 没收项下：真原堂巷房屋1所被炸伤，计1500.00元；二马路铺面2间被炸伤，计200.00元	91000.00	抵押品	56000.00	报部数少35000.00	上项报部数系根据该处国营事业财产损失报告表报部该表计列抗战开始至1939年6月轰炸损失46000.00元；1940年7月28日轰炸损失10000.00元；共计56000.00元，较估计表少列35000.00元，是否系移到房屋及地皮项下列报，未能明了
		1940年9月	押品项下：兴隆街房屋1所被炸伤，计2000.00元；土门子房屋1所全部被炸，计8000.00元 没收项下：二马路房屋1所震坏，计400.00元；凉水井房屋1所震坏，计1300.00元					
		1940年12月	押品项下：凉水井房屋1院被炸毁，计25000.00元；真原堂巷房屋1院被炸毁，计600.00元；土瓦泽房屋1院被炸毁，计6000.00元					

续表

行别	填送战事损失估计表情形				本处根据国营事业财产损失报告表报部情形		相差情形	备注
	项目	填送时期	摘要	数额	项目	数额		
万处	附业投资	1939年6月	当铺巷堆栈被炸毁,计904.00元;公票处被炸伤95.20元	999.20	有价证券	999.20		
	其他	1939年6月	行屋被炸损失文具,计300.00元;行屋被炸损失印刷品,计2000.00元					
		1940年9月	行屋被炸损失文具,计1000.00元;行屋被炸损失印刷品,计4000.00元	9000.00	其他	9000.00		
		1940年12月	行屋被炸损失文具,计700.00元;行屋被炸损失印刷品,计1000.00元					
泸处	房屋地皮	1940年12月		7142.00	房地	1500.00	报部数少5652.00	报部数系根据该处国营事业财产损失报告表列报,1939年9月11日□□损失估计表所列系截至1940年12月□□数字系报部时拟将此差额补报
	器具	同上		4917.00	器具	1900.00	报部数少3017.00	
	其他	同上		11951.00	其他	6200.00	报部数少5751.00	

101. 中国银行万县办事处为函复1940年以前抗战损失各表不符原因并另制查对更正单请核转事致中国银行重庆分行函(1942年10月6日)

渝行钧鉴:

案奉(卅一)万字第367号钧函,嘱将敝处前填二十九年以前抗战损失各表不符原因查复,等因。查前填报本行战事损失估计表"抵押品及没收项下房地"项目下所列没收之房地,应改列入"房地及地皮"项目下。兹另制查对更正单1纸附奉,用谨函陈,敬乞钧核转总处为叩。

　　只颂

钧绥!

万处谨启

中华民国三十一年十月六日

中国银行万县办事处1940年以前战事直接损失查对更正单

(单位:国币元)

项目	填送日期	本行战事损失估计表情形		国营事业财产损失报告表报部情形	
		摘要	数额	项目	数额
房屋及地皮	1939年6月	行屋被炸损失3479.00元	42356.20	房地	42356.20
	1940年6月	没收项下:真原堂巷房屋1所被炸,计1500.00元;二马路铺面2间被炸伤,计200.00元			
	1940年9月	行屋被炸伤(1130.66元)及公园防空洞被炸(994.60元),计2125.26元;没收项下:二马路房屋1所震坏(400.00元),凉水井房屋1所震坏(1300.00元),计1700.00元			
	1940年12月	没收项下:凉水井房屋1院被炸毁,计25000.00元;真原堂房屋1院被炸毁,计600.00元;公瓦溪房屋1院被炸毁,计6000.00元			
器具	1939年6月	行屋被炸损失器具4100.00元	8100.00	器具	8100.00
	1940年9月	行屋被炸损失器具1000.00元			
	1940年12月	行屋被炸损失器具3000.00元			

续表

项目	填送日期	本行战事损失估计表情形		国营事业财产损失报告表报部情形	
		摘要	数额	项目	数额
抵押品及没收项下房地	1940年6月	押品项下：二马路铺面4间及后院被炸26000.00元；当铺巷房屋1院被炸毁20000.00元	56000.00	抵押品	56000.00
	1940年9月	押品项下：兴隆街房屋1所被炸2000.00元；土门子房屋1所被炸8000.00元			
附业投资	1939年6月	当铺巷堆栈被炸毁904.00元；公票处被炸伤95.20元	999.20	有价证券	999.20
其他	1939年6月	行屋被炸损失文具300.00元；行屋被炸损失印刷品2000.00元	9000.00	其他	9000.00
	1940年9月	行屋被炸损失文具1000.00元；行屋被炸损失印刷品4000.00元			
	1940年12月	行屋被炸损失文具700.00元；行屋被炸损失印刷品1000.00元			

102. 中国银行万县办事处为陈报1943年8月23日、24日万县被炸情形致中国银行重庆分行文（1943年8月25日）

渝行钧鉴：

本月二十三日上午，敌机27架飞炸万县。城区多处中弹，东门口、环城路、土桥子、土门子、蔡家坡，以及二马路中段之五显庙、当铺巷等处，燃烧甚烈，当铺巷之火且蔓延至二马路县银行对面铺屋。县银行所搭凉棚亦已着火，幸经即时扑救，旋即熄灭。敝处行屋与县银行毗连，见火势业已逼近，不待警报解除，除当由敝处正副主任率领员工多人，冒险往行中，先将营业厅右侧及后面所搭凉棚奋力折下，以免引火，并准备水枪、沙袋，以防万一。幸赖防护团及消防队抢救得力，火势渐衰，本行行屋得保无恙。警报解除后，复经派员踏看。本行没收押品项下所占本市房地产，计：有水井沟仓库大门口命中2弹，大门左右墙垣震倒约数丈许；栈房板壁略有损坏，所盖青瓦则大半震落，估计修理费用至少需款三四万元。

二十四日上午八时，敌机27架又复两次飞袭万县，投弹甚多。西山路及两旁街院下至河岸之茅房焚毁殆尽，颓垣断瓦，满目荒凉。此外，一马路北山公园、兴隆街、书院街、二马路下段被炸亦惨，熊熊大火迄至傍晚尚未完全扑灭。唯本市各同业，除中央银行行屋正中1弹外，幸均安全无恙。公园内及附近落弹甚密，央行防空洞（在敝处防空洞左侧上面）上层厚岩曾命中1枚，洞门因震被损，洞内人员无恙。敝处栗子林宿舍，因前后临近中弹，震动甚烈，破片横飞，所有屋顶盖瓦损破甚多，楼房板壁亦有数处破裂，估计修检工料费用约需数千元。所幸全体员工及眷属，仅稍受虚惊，得庆无恙，差甚告慰。两日均于解除警报办公两小时，除已先后电陈外，谨再缕陈，敬乞察洽为叨。

只颂

公绥！

万处谨启

中华民国三十二年八月二十五日

103. 中国银行重庆分行为转陈万县8月23日、24日被炸情形致总管理处文（1943年9月2日）

总管理处钧鉴：

接万处382号函略陈："查八月二十三、二十四两日，敌机各27架先后两度袭万，投弹甚多，如东门口、环城路、土桥子、蔡家坡、五显庙、当铺巷等处，均燃烧甚烈；所有西三路及两旁街院，下至河岸之茅房，焚毁殆尽。又，一马路北山公园、兴隆街、书院街，被炸情形亦甚惨重。敝属防空洞左侧上面曾落弹1枚，洞门受损，幸人员无恙。又，当铺巷之火燃烧时曾延至二马路之县银行凉棚，敝以县银行与本行行屋毗连，火势逼近，极属危险，不待警报解除，即由敝属正副主任率领员工先往行中将凉棚拆除，复经防护团及消防队奋力抢救，火势始熄，行屋得保无恙。惟栗子林宿舍因附近落弹，屋顶及板壁多遭震毁，估需修理费用数千元。又，本行占有没收押品项下水井沟仓库大门命中2弹，墙垣震倒数丈，机房板壁亦受损坏，屋顶之瓦大半震飞，估需修理费三四万元。除于两日警报解除后照常办公两小时外，谨将经过情形缕陈，即祈察洽。"等情前来，除经函复慰勉外，谨函转陈，敬乞钧洽为叩。

此颂

公绥！

渝行启

104. 中国银行重庆分行为陈送职员私人损失报告表致总管理处文（1946年10月8日）

总管理处钧鉴：

兹谨随电附奉数处同仁战时私人损失报告表，计王恩官、杨学行、陈锦涛、朱维纵、祝瑞钧、郑俊祖君等各1份，敬祈钧察汇报为叩。

附件

渝行

十月八日

1）王恩官财产损失报告表（1946年9月）

损失项目	单位	数量	损失价值（国币元）		
^	^	^	原价	账面值	现在估值
1. 木器					
红木床	座	1	300.00		
柳安床	座	1	200.00		
杂木床	座	4	160.00		
红木石面梳妆台	座	1	80.00		
柳安梳妆台	座	1	60.00		
杂木梳妆台	座	2	40.00		
红木玻面衣橱	座	1	160.00		
柳安玻面衣橱	座	1	120.00		
杂木玻面衣橱	座	3	120.00		
柚木挂衣橱	座	1	150.00		
红木五斗橱	座	1	90.00		
柳安五斗橱	座	1	60.00		

续表

损失项目	单位	数量	损失价值(国币元) 原价	账面值	现在估值
杂木五斗橱	座	2	60.00		
柚木三角壁橱	座	1	60.00		
柚木书橱	座	6	480.00		
柳安书橱	座	4	240.00		
柏木书橱	座	4	120.00		
杂木碗橱	座	2	30.00		
红木方背椅	张	6	90.00		
花梨方背椅	张	8	80.00		
花梨直背小椅	张	16	160.00		
柳安直背椅	张	4	48.00		
柚木圆椅	张	4	100.00		
柳安藤心摇椅	张	2	24.00		
红木长几	张	1	120.00		
柳安玻面长几	张	1	100.00		
红木方长几	张	2	24.00		
柚木茶几	张	2	40.00		
柳安玻面茶几	张	4	100.00		
柳安茶几	张	2	30.00		
花梨方茶几	张	4	32.00		
红木琴几	张	2	80.00		
红木方凳	张	4	60.00		
花梨小凳	张	12	96.00		
柳安圆凳	张	5	70.00		
杂木大圆桌	张	2	72.00		
柏木圆桌	张	1	24.00		
红木方桌	张	3	180.00		
柏木八仙桌	张	2	110.00		
柏木方桌	张	1	30.00		
红木衣架	座	1	24.00		
柳安衣架	座	1	18.00		
杂木衣架	座	4	48.00		

续表

损失项目	单位	数量	损失价值(国币元) 原价	账面值	现在估值
柚木夜壶箱	座	1	30.00		
柳安冰箱	座	1	50.00		
柳安账箱	座	1	24.00		
柏木书箱	张	6	48.00		
柏木公事台	张	1	24.00		
杂木公事台	张	3	60.00		
柳安小圆台	张	1	40.00		
柳安皮面沙发	张	6	300.00		
柳安绸面大沙发连套	张	2	180.00		
柳安绸面沙发连套	张	3	150.00		
柳安绸面藤心沙发连套	张	3	180.00		
柳安绸面椅连套	张	5	240.00		
柳安玻面圆小台	张	1	40.00		
合计			5656.00		33936000.00
2. 银铁锡器					
大铁床	张	4	200.00		
中铁床	张	4	160.00		
小铁床	张	3	90.00		
大火炉	座	2	120.00		
中火炉	座	4	160.00		
挂风扇	架	2	120.00		
台风扇	架	3	120.00		
厨房用锅碗勺等	只	20	100.00		
锡水碗	只	12	200.00		
锡火锅	只	3	36.00		
银台面	桌	2	280.00		
合计			1586.00		6344000.00
3. 藤竹器					
藤床	张	2	32.00		
藤椅	张	14	160.00		
藤桌	张	1	16.00		

续表

损失项目	单位	数量	损失价值(国币元) 原价	账面值	现在估值
藤几	张	4	32.00		
竹床	张	4	36.00		
合计			276.00		1104000.00
4. 瓷器					
青花瓷瓶	只	1	36.00		
鸡红瓷瓶	只	1	40.00		
御窑八卦方瓶	只	1	48.00		
景泰蓝瓶	只	1	30.00		
粉彩瓶	只	1	40.00		
细瓷插牌	座	1	50.00		
素三彩帽筒	对	1	50.00		
细瓷香炉	座	1	40.00		
素三彩瓷台面	桌	1	160.00		
青花盖碗	套	10	60.00		
鸡红盖碗	套	10	60.00		
细瓷有盖大菜碗	个	2	20.00		
细瓷有盖中菜碗	个	4	30.00		
细瓷有盖小菜碗	个	8	40.00		
细瓷高脚果盘	个	8	24.00		
细瓷桌盒	个	1	50.00		
西洋青花瓷茶杯及碟	套	24	60.00		
细瓷茶杯	个	20	20.00		
大瓷茶壶	个	2	16.00		
中小瓷茶壶	个	5	30.00		
细瓷茶壶1茶杯4	套	1	24.00		
普通瓷茶碗	个	16	20.00		
普通瓷盘	个	30	24.00		
细瓷人物挂屏	堂	1	120.00		
青花瓷金鱼缸	个	1	16.00		
细瓷花盆	对	4	60.00		
合计			1168.00		8716000.00

续表

损失项目	单位	数量	损失价值(国币元) 原价	账面值	现在估值
5. 衣铺					
大小14人中西四季衣服	件	400	5000.00		
被	条	28	500.00		
褥	条	16	240.00		
被单	条	20	100.00		
枕	只	16	50.00		
帐子	顶	14	300.00		
席子	条	10	50.00		
狼皮褥	条	4	120.00		
合计			6360.00		57240000.00
6. 陈设					
R.C.A六灯收音机	座	1	160.00		
风琴	架	1	30.00		
地毯	条	6	450.00		
桌毯	条	5	180.00		
靠背椅垫	个	12	60.00		
湘绣花鸟挂屏连框	堂	1	120.00		
湘绣人物立轴连框	个	1	60.00		
湘绣花鸟立轴连框	个	1	60.00		
湘绣花鸟镜屏连框	堂	1	70.00		
湘绣行书对联连框	对	1	18.00		
湘绣桌围	条	4	120.00		
湘绣簷彩	条	2	100.00		
湘绣椅披垫	条	16	320.00		
苏绣花鸟挂屏连框	堂	1	100.00		
苏绣寿星立轴连框	个	1	50.00		
挂钟	个	2	50.00		
座钟	个	4	120.00		
玉如意	个	2	120.00		
留声机连唱片	架	1	160.00		
合计			2348.00		16436000.00

续表

损失项目	单位	数量	损失价值(国币元)		
			原价	账面值	现在估值
7. 衣箱					
大小皮衣箱	只	20	240.00		
手提皮箱	只	6	50.00		
合计				290.00	1160000.00
8. 书籍					
商务四部丛刊初编(毛边)	部	1	400.00		
商务四部丛刊续编(连史)	部	1	260.00		
商务四部丛刊三编(连史)	部	1	200.00		
商务古书珍本(连史)	部	1	500.00		
商务百衲本二十四史(毛边)	部	1	360.00		
商务三国演义	部	1	18.00		
商务中国人名大辞典	本	1	16.00		
商务古今文综	部	1	20.00		
商务韦氏大字典	本	1	25.00		
商务国学基本丛书	部	1	15.00		
中华古书读本	部	1	20.00		
中华大字典	部	1	12.00		
中华饮冰室文集	部	1	24.00		
中华季子九录	部	1	18.00		
有正三希堂法帖	部	1	30.00		
斐英馆四史	部	1	25.00		
同文御批通鉴辑览	部	1	16.00		
同文十三经注疏	部	1	24.00		
木版朱子纲目	部	1	30.00		
木版四书集注	部	1	15.00		
木版扬州府志	部	1	200.00		
木版古文辞类纂	部	1	16.00		
点石斋康熙字典	部	1	20.00		
点石斋石头记	部	1	24.00		
聊斋志异	部	1	12.00		
儒林外史	部	1	12.00		

续表

损失项目	单位	数量	损失价值(国币元) 原价	账面值	现在估值
小学生文库	部	1	60.00		
万有文库	部	1	200.00		
辞源	部	1	20.00		
英文字典	本	6	20.00		
合计		1	2612.00		18284000.00
9. 字画		1			
张浣缶人物横披	幅	1	100.00		
张浣缶钟馗立轴	条	1	80.00		
梁山舟行书对联	付	1	50.00		
王梦楼行书对联	付	1	50.00		
冯煦行书对联	付	1	30.00		
谭延闿行书对联	付	1	30.00		
何绍基行书对联	付	1	80.00		
翁同龢行书对联	付	1	80.00		
吴观岱山水中堂	幅	1	160.00		
陈若木山水中堂	幅	1	80.00		
张夕庵山水屏幅	堂	1	200.00		
李永之山水屏幅	堂	1	100.00		
康有为行书屏幅	堂	1	40.00		
陆廉夫人物屏幅	堂	1	260.00		
吴俊卿篆书屏幅	堂	1	150.00		
张祖翼鼎钟文屏幅	堂	1	100.00		
戴公复山水屏幅	堂	1	80.00		
陈若木人物屏幅	堂	1	80.00		
陈若木人物立轴	条	1	50.00		
莲溪人物立轴	条	1	80.00		
王小某人物立轴	条	1	100.00		
李石湖人物立轴	条	1	30.00		
陈锡蕃草虫立轴	条	1	60.00		
陈锡蕃人物山水花卉翎毛镜屏	堂	1	80.00		
徐鹏人物立轴	条	1	30.00		

续表

损失项目	单位	数量	损失价值(国币元) 原价	账面值	现在估值
仇徕之行书中堂	幅	1	12.00		
樊遁园行书立轴	条	1	12.00		
陈念东行书立轴	条	1	16.00		
胡小石行书立轴	条	1	10.00		
王莲人物立轴	条	1	16.00		
王虎榜花鸟立轴	条	1	12.00		
郑箕花卉屏幅	堂	1	20.00		
合计			2278.00		15946000.00
总计			22574.00		158626000.00

以上各项私人财产俱存在镇江边大马路中国银行大厦隔壁经理宿舍内，于民国二十六年十二月间日本军队占领镇江时被劫，完全损失，列表如上。王恩官（原任中国银行镇江支行经理，现任中国银行重庆分行副经理）

2）杨学行财产损失报告表(1946年9月)

损失项目	单位	数量	损失价值(国币元) 原价	账面值	现在估值
（一）1937年11月下旬，无锡沦陷□□只身避汉驳，岸上25号住宅被敌伪占据，被抢劫及毁坏之损失					
1. 木器					
红木雕花双人大床	座	1	750.00		
红木双人床	座	2	300.00		
钢丝垫铜床	座	1	300.00		
单人棕绷木床	座	3	75.00		
红木玻砖三联大衣橱具	座	1	300.00		
红木玻砖镜梳妆台	座	1	100.00		
柳安五斗柜	张	2	70.00		
红木箱橱	张	2	60.00		
红木八仙桌	张	1	80.00		
红木五斗柜	张	2	150.00		
柳安木衣柜	张	1	100.00		
柚木三角壁橱	张	1	60.00		

续表

损失项目	单位	数量	损失价值(国币元) 原价	账面值	现在估值
柚木书橱	张	4	320.00		
硬木碗橱	张	2	40.00		
红木有背方椅	张	8	240.00		
红木洋式圆凳	张	8	200.00		
红木弹簧转椅	张	2	300.00		
硬木太师椅	张	8	480.00		
硬木茶几	张	4	160.00		
红木天然几	张	1	180.00		
柳安木玻璃碗橱	张	1	120.00		
红木方茶几	张	4	240.00		
硬木方凳	张	24	480.00		
硬木大圆桌	张	1	200.00		
紫檀木二脚大理石面圆桌	张	1	180.00		
紫檀木嵌大理石椅	张	4	320.00		
紫檀木嵌大理石茶几	张	2	140.00		
硬木方桌	张	2	100.00		
红木衣架	张	2	50.00		
硬木□架	张	2	40.00		
柚木书橱	张	4	100.00		
克罗米丝绒两用沙发	张	1	240.00		
克罗米丝绒单人沙发	张	2	180.00		
克罗米茶几	张	1	25.00		
柚木小圆桌	张	2	60.00		
柚木皮面单人沙发	张	4	240.00		
柚木皮面三人沙发	张	1	180.00		
柚木茶几	张	3	60.00		
藤沙发(2小,1大,1几)	套	1	40.00		
合计			7260.00	6000倍	43560000.00
2. 金属器皿					
锡制大厅用提杆炉台等	件	18	450.00		
铜制水壶等	件	30	300.00		

续表

损失项目	单位	数量	损失价值(国币元) 原价	账面值	现在估值
铁制火炉	个	2	150.00		
锡制盆碗祭器及暖锅	件	30	180.00		
银制□□□	件	25	200.00		
电熨斗及电炉	件	4	150.00		
电扇	件	3	200.00		
电器冰箱	只	1	333.00		
电灯设备	套	全	400.00		
合计			2363.00	7000倍	16541000.00
3. 瓷器					
大厅用花瓶及插镜	件	6	200.00		
酒席桌面全套用具	套	2	300.00		
日用锅盆饭碗等	件	80	120.00		
茶杯盘壶及玻璃器皿	件	150	250.00		
合计			870.00	8000倍	6960000.00
4. 衣着类					
被铺及卧床设备	套	8	2500.00		
未制衣料及布匹	段	200	1000.00		
男女皮衣及呢绒大衣	件	6	2000.00		
男女中装皮毛衣服	件	14	4500.00		
男女及小孩绸布四季衣服	件	300	4000.00		
俄国羊毛毯	条	4	1400.00		
男女及小孩鞋帽围巾手套	件	80	1300.00		
合计			16700.00	9000倍	150300000.00
5. 陈设及杂件					
挂钟	个	2	60.00		
自动座钟	座	1	360.00		
九灯无线电及设备	套	全	550.00		
留声机及唱片200张	具	2	250.00		
湘绣镜框	个	18	200.00		
大理石屏条	件	6	250.00		
名人字画	幅	30	2500.00		

续表

损失项目	单位	数量	损失价值（国币元）原价	账面值	现在估值
俄国地毯	条	3	1050.00		
大小樟木皮箱	只	8	240.00		
大小皮箱	只	6	180.00		
大小手提皮箱	只	5	100.00		
炊事及清洁用具	件	80	150.00		
大英百科全书及西文原版书	部	25	2500.00		
四部丛刊及中文书籍	部	120	1000.00		
紫米及其他□□□□□			300.00		
盆景花木及园庭设备			800.00		
合计			10470.00	7000倍	73430000.00
总计			37683.00		290791000.00

（二）1937年11月20日，在江阴中国银行星夜随行撤退时，未携出私人物件（行中规定每人只准携带行李1件），存置库中延□年。12初，江阴陷敌，行屋为敌人住作驻军，库房被捣毁，存物全失

1. 男用夏秋季衣服	件	30	250.00		
2. 铺盖（被褥、羊毛毯、被单、蚊帐、枕等）	套	全	90.00		
3. 白皮鞋、直贡呢布鞋、草帽	件	10	120.00		
4. 运动器具	件	5	80.00		
5. 经济、金融、会计等参考书	部	40	250.00		
总计			790.00	7000倍	5530000.00

（三）1937年12月至1938年1月间，全眷寓汉口桥口镇被炸，寓处房屋震倒，毁损物件

1. 食用器皿	件	30	150.00		
2. 皮毛衣箱	件	1	350.00		
总计			500.00	7000倍	3500000.00

（四）1938年1月下旬，由汉口去广州，经新街火车遇敌机来袭，在车厢中损失

1. 铺盖（羊毛毯及被）	套	1	300.00		
2. 衣箱（内女人及小孩夹衣）	只	1	250.00		
总计			550.00	7000倍	3850000.00

（五）1939年5月份至1941年8月份止，在重庆历次轰炸中（如1940年6月下旬，渝行行屋（小梁子）被毁，同年7月上旬，九尺坎33号宿舍被毁）之损失

1. 铺盖	套	全	550.0		
2. 皮鞋、拖鞋、布鞋、套鞋	双	6	120.00		

续表

损失项目	单位	数量	损失价值(国币元) 原价	账面值	现在估值
3. 面盆、漱口杯、毛巾、牙刷、肥皂、牙膏、手巾	件	15	60.00		
4. 厚呢大衣、中山装等	件	5	350.00		
5. 衬衫、短裤、呢帽、袜子等	件	10	90.00		
总计			1170.00		
减行中贴补损失150.00元，实计			1020	5000倍	5100000.00
综计			40543.00		308771000.00

3) 陈锦涛财产损失报告表(1946年9月)

损失项目	单位	数量	损失价值(国币元) 原价	账面值	现在估值
(一)1937年11月23日，由镇江撤退赴汉，无法撤出致损失					
纺绸长衫	件	1	9.00		80000.00
白香云纱长衫	件	1	10.00		90000.00
华达呢长衫	件	1	18.00		180000.00
蓝布长衫	件	2	6.00		40000.00
哔叽长袍	件	1	22.00		250000.00
绸夹袍	件	1	14.00		130000.00
衬绒袍	件	1	25.00		240000.00
马裤呢中装大衣	件	1	35.00		350000.00
呢帽	顶	1	5.00		50000.00
纺绸短衫裤	套	2	16.00		120000.00
麻纱短衫裤	套	1	8.00		300000.00
府绸短衫裤	套	1	7.00		30000.00
白布短衫裤	套	2	6.00		30000.00
夹短衫裤	套	1	10.00		40000.00
汗衫	件	4	4.00		10000.00
短裤	条	4	2.00		10000.00
浴衣	件	1	4.00		40000.00
布伞	顶	1	1.50		20000.00

续表

损失项目	单位	数量	损失价值(国币元) 原价	损失价值(国币元) 账面值	损失价值(国币元) 现在估值
皮箱	只	1	8.00		50000.00
皮鞋	双	1	7.00		40000.00
篮球鞋	双	1	2.00		12000.00
面盆	个	1	1.00		15000.00
漱口杯	个	1	0.50		3500.00
枕头	个	1	0.80		8000.00
蚊帐	顶	1	6.00		60000.00
被	条	2	8.00		90000.00
褥	条	1	4.00		40000.00
床单及毛巾被	条	3	7.00		65000.00
行李袋	个	1	4.00		30000.00
合计			250.80		2153500.00
(二)1937年8月13日,上海战起,家人避居租界,遗留闸北乌镇路毓常西里9号,物件被敌人放火,全部烧光					
铜床	张	1	40.00		320000.00
桃木双人床	张	1	35.00		300000.00
单人棕绷床	张	2	20.00		160000.00
杉木写字台	张	1	15.00		150000.00
红木八仙桌	张	1	20.00		200000.00
红木方凳	张	8	16.00		128000.00
太师椅	张	6	18.00		120000.00
茶几	张	3	3.00		30000.00
柚木五斗柜	只	1	15.00		150000.00
红木玻璃衣橱	件	1	40.00		400000.00
杉木碗柜	只	1	6.00		60000.00
钟	只	1	30.00		300000.00
中西书籍字典参考书	本	200	150.00		1000000.00
被褥及床铺设备	套	3	120.00		720000.00
毛毯	条	2	20.00		120000.00
碗碟器皿茶盘茶杯锅水瓶	件	80	40.00		240000.00
面盆、痰盂、木盆	件	10	10.00		100000.00

续表

损失项目	单位	数量	损失价值(国币元) 原价	账面值	现在估值
白羊皮袍、灰鼠袍、狐袍	件	6	300.00		1800000.00
男女大小丝棉袍、驼绒袍、棉袍	件	10	350.00		2100000.00
男女大小衬绒袍、夹袍	件	15	300.00		1800000.00
男女大小单长衫、夏布长衫、纺绸长衫	件	20	240.00		1440000.00
男女大小绸布短衫裤	套	25	200.00		1200000.00
皮鞋	双	4	30.00		200000.00
合计			2018.00		13038000.00
综计			2268.80		15191500.00

4)祝瑞钧财产损失报告表(1946年9月)

损失项目	单位	数量	损失价值(国币元) 原价	账面值	现在估值
1944年11月29日,贵州独山沦陷时损失					
帆布行李袋	件	1			
皮手提箱	件	1			
铁皮西装箱	件	1			
樟木衣箱	件	1			
(内储被褥衣物等100余件)					
合计			2000000.00		6000000.00

注:曾领得行方贴补津贴费40000元

5)朱维纵财产损失报告表(1946年9月)

损失项目	单位	数量	损失价值(国币元) 原价	账面值	现在估值
1939年敌机袭渝,家住重庆小较场街,于该年7月间被炸,同时被烧夷弹引火焚毁所遭之损失					
金丝绒单人沙发、椅、几	件	3	150.00		
牛皮长卧弹簧沙发	件	1	120.00		
楠木玻砖大衣橱	件	1	100.00		

续表

损失项目	单位	数量	损失价值(国币元) 原价	账面值	现在估值
楠柏木写字桌(大小)	件	3	60.00		
玻砖梳妆台	件	2	80.00		
圆桌、方桌、圆桌面	件	4	60.00		
楠木五抽桌	件	3	45.00		
红木神柜橱	件	1	75.00		
大理石面方桌	件	4	100.00		
红木靠背围椅桌	件	12	80.00		
方凳、圆凳、条凳	件	40	60.00		
灯柜、衣架、洗面架、箱架	件	8	40.00		
双人、单人钢丝铁床	件	2	120.00		
双人、单人棕绷藤绷木床	件	5	160.00		
玻砖6尺穿衣镜	件	1	50.00		
弹簧单人靠背椅子	件	4	60.00		
被盖、褥、毯、帐子设备	套	6	600.00		
男女呢俄长短外衣	件	9	270.00		
男女棉夹长衫、旗袍	件	21	150.00		
男女单衫、裤、内衣	件	35	105.00		
呢俄布料中山装、西服	件	15	380.00		
信皮鞋、青缎直贡呢鞋	双	9	68.00		
裤带、领带、背带	件	29	35.00		
虎皮卧褥	件	2	130.00		
男女狐皮、黑白羊皮、獭皮	件	5	600.00		
瑞典瓷盆及洋瓷面盆	件	7	21.00		
挂钟、座钟、台钟	件	4	70.00		
5间房舍陈设中外饰品	件	173	800.00		
摇头电扇	件	1	70.00		
留声机连唱片	件	60	80.00		
厨房炊饭用具	件	80	80.00		
杯盘碗盏	套	8	60.00		
锅、铜器皿	件	33	50.00		
桌毯、椅垫、桌围等	套	3	42.00		
总计			4971.00	5000倍	4855000.00

105. 四川美丰银行乐处行役田永康8月19日空袭损失调查表（1939年9月15日）

（单位：国币元）

损失物名	数量	损失情况	估计价值	备考
丝棉被	1床	8月19日敌机炸乐，在行内被焚		
羊毛被	1床	同上		
垫被	1床	同上		
夏布罩	1笼	同上		
毯子	2床	同上		
绣花缎枕头	1对	同上		
桃箱	1对	同上		
驼绒棉袍	1件	同上		
呢制服	1套	同上		行发
线呢夹袄	1件	同上		
洋布衫	4件	同上		
绸衬衣	1件	同上		
府绸衬衣	2件	同上		
洋布汗衣	2套	同上		
洋汗衣	2件	同上		
皮鞋	2双	同上		
胶鞋	1双	同上		
毛贡呢鞋	1双	同上		
鸭绒袜子	2双	同上		
工字袜子	2双	同上		
丝袜	2双	同上		
毛线汗衣	2件	同上		
□绒汗衣	1套	同上		
瓷盆	1只	同上		
漱口盅	1只	同上		
碎瓷茶盅	1具	同上		
玻砖镜子	1只	同上		
蓝洋布	28丈	同上		

续表

损失物名	数量	损失情况	估计价值	备考
呢帽	1顶	同上		
毛巾	2张	同上		
丝帕	9尺	同上		
洋伞	1把	同上		
合计			470.00	时价

106. 四川美丰银行乐处行员何纯□8月19日空袭衣物损失调查表（1939年9月15日）

（单位：国币元）

损失物名	数量	损失情况	估计价值	备考
毛呢大衣	1件	8月19日敌机炸乐，在行内被焚		
毛线汗衣	1套	同上		上下装
□绒汗衣	1套	同上		上下装
卫生汗衣	1套	同上		上下装
绵绸衬衫	1件	同上		
藏青色哔叽制服	1套	同上		
灰咔叽制服	1套	同上		
灰阴丹市布长衫	1件	同上		
灰咔叽长衫	1件	同上		
藏青厚羽绒制服	1件	同上		
丝棉被盖	1床	同上		
丝棉	3斤	同上		
线毯	1张	同上		
纹皮鞋	1双	同上		
合计			400.00	按时价估计

107. 四川美丰银行乐处行警唐开武8月19日空袭损失调查表
（1939年9月15日）

（单位：国币元）

损失物名	数量	损失情况	估计价值	备考
毛呢大衣	1件	8月19日敌机炸乐，在行内被焚		
盖被	1床	同上		
垫被	1床	同上		
线毯	1床	同上		
夏布罩子	1笼	同上		
枕头	1对	同上		
皮箱	2口	同上		
棉袍	1件	同上		
驼绒夹衫裤	1套	同上		
毛线上下装	1套	同上		
洋布长衫	2件	同上		
洋布汗衣	1套	同上		
洋布衬衣	2件	同上		
洋布短裤	2条	同上		
挂表	1只	同上		
哔叽制服	1套	同上		
呢帽	1顶	同上		
丝袜	2双	同上		
鸭绒袜	2双	同上		
线袜	3双	同上		
帆布鞋	1双	同上		
毛贡呢鞋	1双	同上		
瓷盆	1只	同上		
毛巾	2张	同上		
漱口盅	1只	同上		
铜烟袋	1只	同上		
玻砖镜子	1只	同上		
合计			380.00	

108. 四川美丰银行乐处行员袁燮寅8月19日空袭衣物损失调查表（1939年9月15日）

（单位：国币元）

损失物名	数量	损失情况	估计价值	备考
杭面青狐嗉皮衫	1件	8月19日敌机炸乐，在行内被焚		
杭面□绒皮衫	1件	同上		
杭面黑皮紫羔	1件	同上		
杭面滩羊皮衫	1件	同上		
红春豹皮褥子	2床	同上		
猴皮褥子	2床	同上		
杭面驼绒袍	1件	同上		
华达呢驼绒袍	1件	同上		
青绸驼毛棉裤	1条	同上		
青绸驼毛滚身	1件	同上		
杭绸薄棉裤	1条	同上		
杭绸青夹裤	1条	同上		
羊毛织汗衣	1件	同上		
驼毛织汗衣	1件	同上		
鸭绒汗衣	3件	同上		
麻纱汗衣	2件	同上		
鸭绒卫生裤	1条	同上		
毛线背心	1件	同上		
府绸汗衣	2件	同上		
毛织料西服	3套	同上		
厚呢大衣	1件	同上		
法兰绒马裤	1条	同上		
青哔叽西裤	1条	同上		
青哔叽西服背心	1件	同上		
白府绸衬衣	4件	同上		
蓝条府绸衬衣	1件	同上		
黑皮鞋	1双	同上		
厚薄毛袜	9双	同上		
领带	8根	同上		

续表

损失物名	数量	损失情况	估计价值	备考
厚薄项巾	3张	同上		
蓝洋布衫	2件	同上		
绵绸	4匹	同上		
保险伞厂杭绸	6丈	同上		
驼毛	5磅	同上		
白麻布罩子	1床	同上		
府绸绣花枕	2对	同上		
印花加大被单	2床	同上		
印花毛巾棉毯	2床	同上		
白市布被单	3床	同上		
白软缎绣花被面	1床	同上		
绿软缎绣花被面	1床	同上		
薄毛毯	1床	同上		
驼毛毯	1床	同上		
细呢帽	1顶	同上		
留声机	1架	同上		
唱片	35张	同上		
电扇	1把	同上		
合计			4036.00	时价

109. 四川美丰银行泸处1939年9月11日员役被炸损失调查表（1939年9月）

姓名	损失物品
李维诚	被盖1床、毯子1床、长衫3件、洋小衣3套、鞋子2双、袜子2双
裴子庚	被盖1床、毯子1床、长衫2件、汗衣2套、皮鞋1双
周邦达	衣箱2口（内置棉夹绒衣物多件）
刘泽明	长衫3件、皮鞋1双、被盖2床、衣箱1只、四棉袍子1件、汗小衣2套、毛汗衣1件、绒衣1套
苏逸群	被盖1床、毯子1床、衣箱1只、长衫3件、汗小衣3套、袜子3双、绒衣1套、皮鞋1双
章尔淦	被盖1床、毯子1床、衣箱1只、毛制服2套、衬衣2件、袜子2双、皮鞋1双

续表

姓名	损失物品
卢放慈	驼绒夹衣4件、毛线汗衣1件、汗小衣2套、长衫2件
袁德修	被盖1床、毯子1床、长衫2件、毛汗衣1件、毛下装1条、汗小衣2套
刘玉合	被盖1床、毯子1床、长衫2件、汗小衣4套、袜子2双、布鞋1双
张树三	被盖1床、毯子1床、长衫1件、汗小衣1套、袜子3双、衣箱1只、油布1床、统绒衣1件
宋广模	被盖1床、夹衣1件、棉衣1件、长衫2件、汗小衣2套、袜子3双、胶鞋1双、衣箱1只
刘少清	被盖1床、毯子1床、长衫2件、汗小衣3套、袜子1双、鞋子1双、棉衣1件
张瑀龄	被盖1床、毯子1床、军服1套、汗小衣3套、袜子3双、皮鞋1双、毛线汗衣1件
皮光全	被盖1床、毯子1床、长衫2件、汗小衣2套、袜子3双、鞋子1双、箱子1口
马守君	被盖1床、线汗小衣1件、长衫3件、汗小衣2套、袜子2双、鞋子2双

110. 四川美丰银行万行员役物损津贴表(1939年11月10日)

(单位:国币元)

姓名	呈报损失数	核给数额	备考
王旭临		200.00	
陈茂宝		200.00	
罗绍忠		160.00	
艾孙瑞		100.00	
李季磨		120.00	
刘文映		60.00	
邓玉清		10.00	
合计		850.00	

111. 四川美丰银行渝、万、泸、乐员役炸后物损津贴表(1939年12月21日)

(单位:国币元)

行别	姓名	职务	津贴	备考
总行	胡培之	段支行役	50.00	
	邱德贵	段支行役	40.00	
万行	王旭临	经理	200.00	

续表

行别	姓名	职务	津贴	备考
	陈茂实	会计主任	200.00	
	文绍卿	营业主任	50.00	
	罗绍忠	职员	160.00	
	艾孙瑞	职员	100.00	
	李季唐	职员	120.00	
	刘文映	职员	60.00	
	郑玉清	行役	10.00	
泸处	李惟诚	主任	200.00	
	裴子庚	营业	120.00	
	周邦达	会计	140.00	
	刘泽明	职员	140.00	
	苏逸群	职员	140.00	
	章尔淦	职员	140.00	
	泸放慈	职员	100.00	
	袁德修	职员	100.00	
	刘玉合	行警	60.00	
	张树三	行警	50.00	
	宋广模	行役	40.00	
	刘少清	行役	40.00	
	张瑞龄	行役	40.00	
	皮光全	行役	40.00	
	马守君	行役	30.00	
乐处	袁燮寅	主任	200.00	
	苏荣忠	会计	140.00	
	何纯骏	出纳	140.00	
	谭鸿年	营业	100.00	
	田永康	行役	50.00	
	唐开五	行警	40.00	
合计			3040.00	

112.四川美丰银行段支行胡培芝被炸损失调查表(1939年[①])

（单位：国币元）

损失物名	数量	损失情况	估计价值	备考
新蓝布衫	2件	5月3日敌机袭渝，段支行被炸，房屋坍塌所损	14.00	该役头部曾受微伤
新蓝布汗衣	2套	同上	10.00	
胶鞋	1双	同上	2.00	
青洋袜	1双	同上	0.50	
棉被	1床	同上	12.00	
垫棉被	1床	同上	4.00	
白布包单	1床	同上	4.00	
枕头	2个	同上	5.00	
蓝布包袱皮	1张	同上	1.50	
洗面巾	1张	同上	0.50	
合计			53.50	

113.四川美丰银行段支行邱德贵被炸损失调查表(1939年[②])

（单位：国币元）

损失物名	数量	损失情况(说明)	估计价值	备考
铺盖	1床	花绒贡呢的面子、白市布包单、棉絮	18.00	段支行于5月3日被敌机炸毁
棉絮	1床	5斤	4.50	
毯子	1床	线毯	6.00	
枕头	1个	白市布	2.00	
雨衣	1件	帆布	8.00	
阴丹长衣	2件		14.00	
衬衣	2件	白市布	8.00	
洋汗衣	1件		3.00	

[①] 档案原文残破不全。根据内容考订，被炸时间是1939年5月3日。呈报时间当在被炸数年之后。

[②] 档案原文残破不全。根据内容考订，被炸时间是1939年5月3日。呈报时间当在被炸数年之后。

续表

损失物名	数量	损失情况(说明)	估计价值	备考
毛线汗衣	1件	1磅半	10.00	
棉紧身	1件	枣绒贡呢、花绒裹子	6.00	
胶鞋	1双	满胶	4.00	
制服	2套	青哔叽		
合计			83.50	

114. 四川美丰银行万行陈茂实被炸损失调查表(1939年①)

(单位:国币元)

损失物名	数量	损失情况(说明)	估计价值	备考
驼绒长衫		被炸毁不能穿用	30.00	本表系照战前实价照开。本人与罗绍忠同在二马路行址3楼居住,受灾最甚,仅就能记忆者列出,特注。陈茂实
台灯	1座	3楼被炸,屋顶下塌打坏	10.00	
手表	1只	同上	36.00	
官帽	1顶	被炸失去	6.00	
漱口盅	1个	被炸打烂	1.00	
洗脸盆	1个	同上	3.00	
其他零星杂物		被炸打坏或失落,不能记忆	20.00	
合计			120.00	

115. 四川美丰银行万行罗绍忠被炸损失调查表(1939年②)

(单位:国币元)

损失物名	数量	损失情况(说明)	估计价值	备考
驼绒袍子	1件	挂置衣架上,碎片洞穿损毁	27.00	1.本人住3楼,为是次受灾最重之处;2.所列价值概系战前价值;3.左列价值虽区区百元左右,但实际数字则过于此数,因事隔已久,多所遗忘也
瑞士挂表	1只	置桌上,屋顶当街1角塌毁致被击毁	30.00	
苔草草帽	1顶	碎片洞穿	7.00	
西装	1套	碎片洞穿,下装尚好	40.00	
其他衣物小件		碎片及瓦片击伤	1.00	
合计			129.00	

① 时间为编者估计。
② 时间为编者估计。

116. 四川美丰银行万行艾孙瑞被炸损失调查表(1939年[①])

(单位:国币元)

损失物名	数量	损失情况(说明)	估计价值	备考
黄色西服	1套	挂于2楼寝室之衣架,被碎片打穿,不能织补	45.00	左开各项均系战前购置之估价,不能记忆者均未列入,特此。艾孙瑞
镜子	1口	被震落地跌坏	2.00	
瓷漱口盅	1个	同上	1.00	
其他击坏及不知去向之物			10.00	
雨衣	1件		10.00	
合计			68.00	

117. 四川美丰银行万行李季唐被炸损失调查表(1939年[②])

(单位:国币元)

损失物名	数量	损失情况(说明)	估计价值	备考
法兰绒中山服	1套	炸毁,不能继续穿用	35.00	左列各物均系照战前实价。本人因住楼上,故损失极大,仅将能记忆者列入,特注。李季唐
黑羊皮衫	1件	同上	82.00	
小玻璃座钟	1架	由桌上震下损坏	10.00	
瓷漱口盅	1只	炸坏	2.00	
洗脸盆	1只	同上	1.80	
镜子	1面	同上	1.50	
其他零星物件		炸坏或失踪	10.00	
合计			145.00	

[①] 时间为编者估计。
[②] 时间为编者估计。

118. 四川美丰银行万行刘文映被炸损失调查表(1939年①)

(单位:国币元)

损失物名	数量	损失情况(说明)	估计价值	备考
兰洋布衫	1件	置于办公室内衣架上被破片洞穿	9.00	蓝布长衫与茶盅系战前购置,区区数样可谓损失有限。刘文映
官帽	1顶	同上	12.00	
茶盅		置于办公桌上击坏	3.00	
篮球汗衫	1件	置于衣架上被损坏	8.00	
合计			32.00	

119. 四川美丰银行万行郑玉清被炸损失调查表(1939年②)

(单位:国币元)

损失物名	数量	损失情况(说明)	估计价值	备考
皮鞋	1双	在行内被炸	6.00	
合计			6.00	

120. 四川美丰银行1939年度被炸行处损失表(1940年③)

行别	损失项目	地点	金额(国币元)
总行	营业用器具	新街口	
	营业用器具	段牌坊	572.09
	营业用房地产	新街口	537.65
	营业用房地产	万县	31000.00
	营业用房地产	泸县	27000.00
	营业用房地产	乐山	18000.00
万县分行	营业用房器具	万县	21000.00
	各项装修	万县	106.50
泸县办事处	营业用器具	泸县	764.60
	现钞	泸县	1613.19

---

① 时间为编者估计。
② 时间为编者估计。
③ 时间为编者估计。

续表

行别	损失项目	地点	金额(国币元)
乐山办事处	营业用器具	乐山	1615.97
合计			132296.56

121. 四川美丰银行各行处1939年度遭受轰炸损失一览表（1940年[①]）

(单位:国币元)

日期	科目	数量	原价	剩余	摊提	实损	付账	转账
(一)万行								
2月4日	营业用器具	一部	106.60			106.60	106.60	营业用器具
2月4日	开办费	各项装修	1157.30			1157.30	1157.30	开办费提存金
6月7日	营业用房地产	部分损失	57773.30	40040.00	5180.86	12552.44	27000.00	房地产提存金
(二)总行								
5月3日	营业用器具	全部	993.65			993.65	993.65	营业用器具
5月25日	营业用器具	六七楼部分	421.56			421.56	421.56	营业用器具
5月25日	营业用房地产	六七楼部分					31000.00	房地产提存金
8月19日	特别会计存乐白蜡	1467 $\frac{5}{16}$ 斤	19681.90			19681.90	19681.90	
(三)乐处								
8月19日	营业用房地产	全部	10136.35	3000.00		7136.35	21000.00	房地产提存金
8月19日	营业用器具	一部	1295.70		349.53	946.17	946.17	营业用器具
8月19日	定期放款(抵押)		34849.00				34849.00	催收款项准备金
(四)泸处								
9月11日	营业用器具	全部	2580.71		599.10	1981.61	1981.61	营业用器具
9月11日	营业用房地产	全部	8837.67	2400.00	854.00	5583.67	18000.00	房地产提存金
9月11日	现金		28686.46			28686.46	28686.46	各项开支战时损失

① 时间为编者估计。

122. 四川美丰银行文书股为8月16日泸处被炸请示事致人事股的签条(1940年8月24日)

昨午敌机60余架又袭泸城,市区及郊外均被狂炸,投弹约200余枚。由忠山后面起投,直线横渡南岸二郎滩、茜草坝一带,计被炸者:忠山小较场、银沟头、老南门、耳城、仓街口、学坎、上水巷子、南城垣、火星洞、二郎滩、第二仓库码头。本行瓦船1只(约10万瓦之谱),另外木船2只,第二仓库内职员寄宿舍中2弹全毁;货栈房屋震毁一部分,幸货物完整,人亦安全无恙。现正办理第二仓库善后事宜。查职员□□宿舍□完成,周邦达、刘泽明已迁入居住,李主任已搬一部分衣物,均全被毁。

兹奉报泸处八月十六日被炸职员物损调查表3份,敬请核示为荷。

8月24日,人事股在该签条上批示:寄损失调查表,嘱受损失员役分别填报。

9月18日,人事股答复曰:李维诚给予物损津贴200.00元,周邦达、刘泽明给予物损津贴100.00元。

1) 四川美丰银行泸处员役物损津贴核给表(1940年9月)

(单位:国币元)

姓名	呈报损失数	核给数额	备考
李维诚	650.00	200.00	1940年8月16日,敌机袭泸处,二郎滩宿舍中弹全毁
周邦达	850.00	100.00	
刘泽明	340.00	100.00	
合计	1840.00	400.00	

2)四川美丰银行泸处李维诚8月16日被炸损失调查表①(1940年9月7日)

(单位:国币元)

损失物名	数量	损失情况	估计价值	备考
夹衫	2件	二郎滩宿舍中弹	80.00	
毛呢衫	1件	同上	70.00	
西服	2套	同上	300.00	
披衫	1件	同上	200.00	
合计			650.00	

3)四川美丰银行泸处周邦达8月16日被炸损失调查表(1940年9月10日)

(单位:国币元)

损失物名	数量	损失情况	估计价值	备考
被盖(缎面)	2床	置二郎滩仓库宿舍内,中敌弹,全毁	100.00	
毯子	1床	同上	30.00	
驼绒袍子	1件	同上	100.00	
长衫	2件	同上	100.00	
汗衣	2套	同上	40.00	
皮鞋	2双	同上	120.00	
罗纹罩子	1床	同上	30.00	
面盘	1口	同上	10.00	
温水瓶	1个	同上	20.00	
西服	2套	同上	300.00	
合计			850.00	

---

①编者在不改变原文内容的前提下对表格进行了一定的修改。

4) 四川美丰银行泸处刘泽明8月16日被炸损失调查表(1940年9月7日)

(单位：国币元)

损失物名	数量	损失情况	估计价值	备考
被盖	2床	中弹全毁	60.00	
帐子	1床	同上	30.00	
长衫子	2件	同上	40.00	
皮鞋	1双	同上	20.00	
汗小衣	2套	同上	40.00	
面盆	1口	同上	10.00	
西服	1套	同上	140.00	
合计			340.00	

123. 四川美丰银行关支行为8月19日敌机袭渝员役被炸津贴事致人事股的签条(1940年9月6日)

敬签呈者。八月十九日，敌机袭渝，关支行被毁于火。兹将员役衣物损失，遵照战时抚恤办法第六条之规定，造具损失调查表，汇呈鉴核示遵。谨呈。

9月6日，四川美丰银行总经理康心如在此件上批示：闻康津贴150.00元，潘子炼100.00元，司役3人每人60.00元正。9月6日，康心如。

1) 四川美丰银行关支行物损津贴核给表(1940年9月)

(单位：国币元)

姓名	呈报损失数	核给数额	备考
闻康	439.00	150.00	1940年8月19日，敌机袭渝，掷下大量烧夷弹。关支行被波及焚毁，该行员役略受损失，详情附载调查表
潘子炼	130.00	100.00	
李建帆	220.00	60.00	
田仲良	188.00	60.00	
文质彬	171.00	60.00	
合计	1148.00	430.00	

2）四川美丰银行关支行闻康 8 月 19 日被炸损失调查表（1940 年 8 月 30 日）

（单位：国币元）

损失物名	数量	损失情况	估计价值	备考
被盖	1床	全毁	80.00	
布毯	1条	同上	35.00	
枕	1对	同上	15.00	
呢帽	1顶	同上	30.00	
衬衫	2件	同上	40.00	
纹皮鞋	1双	同上	90.00	
中山服	1套	同上	50.00	
布长衫	1件	同上	25.00	
小衣箱	1只	同上	20.00	
面盆	1只	同上	20.00	
镜子	1面	同上	10.00	
电筒	1支	同上	10.00	
背心	2件	同上	14.00	
合计			439.00	

3）四川美丰银行关支行潘子炼 8 月 19 日被炸损失调查表（1940 年 8 月 29 日）

（单位：国币元）

损失物名	数量	损失情况	估计价值	备考
棉衣	1件	炸毁	60.00	
夹衣	1件	同上	50.00	
呢帽	1顶	同上	20.00	
合计			130.00	

4）四川美丰银行关支行李建帆8月19日被炸损失调查表（1940年8月31日）

（单位：国币元）

损失物名	数量	损失情况	估计价值	备考
被盖	1床	全毁	60.00	
皮箱	1口	同上	20.00	
中衬服	2套	同上	60.00	
棉□□	1件	同上	15.00	
洋伞	1把	同上	12.00	
线小衣	1件	同上	10.00	
洗脸盆	1个	同上	16.00	
皮鞋	1双	同上	27.00	
合计			220.00	

5）四川美丰银行关支行田仲良8月19日被炸损失调查表（1940年8月30日）

（单位：国币元）

损失物名	数量	损失情况	估计价值	备考
被盖卷	全套	全毁	90.00	
安安兰长衫	1件	同上	25.00	
白衬衫	1件	同上	9.00	
青咔叽下装	1条	同上	12.00	
蓝布短裤	2条	同上	5.00	
毛背心	1件	同上	15.00	
线裤	1条	同上	13.00	
毛贡呢鞋子	1双	同上	14.00	
旧皮鞋	1双	同上	5.00	
合计			188.00	

6)四川美丰银行关支行文质彬8月19日被炸损失调查表(1940年8月30日)

(单位:国币元)

损失物名	数量	损失情况	估计价值	备考
被盖	全套	火焚	60.00	
线毯	1床	同上	15.00	
青制服	2套	同上	50.00	
蓝布长衫	1件	同上	23.00	
白皮箱	1口	同上	15.00	
青皮鞋	1双	同上	6.00	
旅行袋	1个	同上	2.00	
合计			171.00	

124. 四川美丰银行文书股为合处被炸津贴事致人事股的签条(1941年2月11日)

合处此次被烧,公物概未损失,所损失属私人零星物件。估计其大概价值,计:秦明光372.00元,周耀森525.00元,茶房龙应高、聂树棠、苏荣亮共计241.60元,职员周世燊189.00元,何明远67.00元,花单陈核,以上共计1394.60元。搬物力资杂缴514.42元(实际为675.42元),附上详单。奖励金940.00元,详二三条。以上合计,有形损失2849.02元(实际为3010.02元)。其余职员稍有损失,未及计算。除应付之杂缴力资及一部奖励金直付战时损失科目外,至职员损失及其他奖金,敬祈钧行核示。

人事股答复曰:查物损津贴系由行方酌给,并非全数补助。所报员役损失,有过多之处,是否属实,希再查实具报核夺为要。

对于此事,四川美丰银行总经理康心如于2月12日又如下批示:二月四日敌机炸合,该处员役努力抢救,深堪嘉许。职员牟志德、刘学煦应各记大功一次;夏禹畴、王正方、周世燊、何明远各记功一次;行警周耀森、秦明光、茶房苏荣亮,各奖金60.00元;茶房聂树棠、龙应高各奖金40.00元;范海清、陈兴全、龚银山、胡兴顺各奖金20.00元。希照办。此致人事股。总经理康心如。

1)四川美丰银行合处员役被炸损失核给表①(1941年2月)

(单位:国币元)

姓名	损失金额	拟核给金额	核给金额	备考
何明远	67.00	40.00	50.00	
周世燊	189.00	100.00	100.00	
聂树棠	113.00	40.00	50.00	
龙应高	73.00	40.00	50.00	
苏荣亮	55.00	20.00	30.00	
周耀森	525.00	60.00	100.00	
秦明光	372.00	60.00	100.00	
合计	1394.00	360.00	480.00	

2)四川美丰银行合处行警秦明光被炸救火损失报告表(1941年2月7日)

(单位:国币元)

名称	数量	单价	金额	备考
面巾	1张		3.00	
衬衫	2件	16.00	32.00	
毯子	1床		35.00	
软夹衫	1件		92.00	
布衫	2件	30.50	61.00	
礼帽	1顶		50.00	
织贡呢鞋	1双		26.00	
鸭绒袜子	2双		32.00	
短裤	2条		17.00	
面盆	1个		24.00	
合计			372.00	

---

① 四川美丰银行总经理康心如在该表上有"照核发额函知照发"的批语。

3）四川美丰银行合处职员何明远被炸救火损失报告表（1941年2月7日）

（单位：国币元）

名称	数量	单价	金额	备考
被单	1床		40.00	
棉絮	1床		27.00	
合计			67.00	

4）四川美丰银行合处职员周世燊被炸救火损失报告表（1941年2月7日）

（单位：国币元）

名称	数量	单价	金额	备考
毛毯子	1床		65.00	
兰〔蓝〕布衣	1件	16.00	45.00	
包单布	1床		30.00	
鸭绒袜子	2双		24.00	
短裤	2条	30.50	10.00	
背心	1件		9.00	
面巾	2根		6.00	
合计			189.00	

5）四川美丰银行合处行役聂树棠被炸救火损失报告表（1941年2月7日）

（单位：国币元）

名称	数量	单价	金额	备考
中山呢制服	1套		45.00	聂树棠的
中山呢下装	1条		20.00	同上
邮票			34.00	聂树棠经管收发保管剩余邮票
球鞋	1双		14.00	同上
青哈机下装	1条		25.00	龙应高的
帆布鞋子	2双		14.00	同上

续表

名称	数量	单价	金额	备考
面巾	1根		2.60	同上
洋瓷面盆	1个		32.00	同上
现钞			55.00	苏荣亮为救火遗失
合计			241.00	

6) 四川美丰银行合处行警周耀森被炸救火损失报告表(1941年2月7日)

(单位：国币元)

名称	数量	单价	金额	备考
毛线汗衣	1件		90.00	
线春棉袄	1件		140.00	
被盖	1床		110.00	
蓝布长衫	1件		30.00	
衬衫	2件		34.00	
线毯	1床		40.00	
毛直贡呢鞋	1双		26.00	
线袜	2双		10.00	
土布枕头	1付		20.00	
洋瓷面盆	1个		25.00	
合计			525.00	

125. 西南物产股份有限公司筹备处为新生路房屋被震事致四川美丰银行信托总部函(1941年7月1日)

敬启者。六月二十九日，敌机袭渝。本处承租贵行新生路20号新屋，以附近中弹颇多，屋顶一部震毁，现正觅工修理。估计约需清瓦400块，按市价约合国币26.00元。除俟修理工竣，再行奉达外，相应函请查照为荷。此致：
美丰银行信托总部

西南物产股份有限公司筹备处启

七月一日

7月3日，四川美丰银行信托总部收到此件，拟办为：请函复。已派人查看，屋顶稍震，不重，希自雇匠人检盖可也。

126. 四川美丰银行信托总部为新生路房屋被震事给西南物产股份有限公司的复函（1941年7月4日）

迳复者。接奉贵处七月一日筹字第47号大函备悉。承示贵处所租新生路第20号房屋因六月二十九日敌机袭渝，附近中弹，以致该房顶部被震。现正觅工修理，估计约需清瓦400块，按市价约合国币26.00元，一俟修竣，再行函告一节。经查，该屋敝行业已派人前来查看，惟震毁不多，希自雇工人检盖可也。特此函复，即祈查照为荷。此致：

西南物产公司

四川美丰银行信托总部

七月四日

127. 西南物产股份有限公司筹备处为新生路房屋被震事再次致四川美丰银行信托总部函（1941年7月11日）

迳启者。六月二十九日敌机袭渝，本处承租贵行新生路20号房屋屋顶一部震毁，比以筹字第47号函估价奉达，并荷惠复，嘱自办在案。现已修理工竣，计用去清瓦400块，合法币28.00元正。依租约"主料客工"之规定，相应检同是项发票一纸函请查照，惠将该款即日拨还，以凭归垫。至纫公谊。此致：

美丰银行信托总部

西南物产股份有限公司筹备处启

七月十一日

128. 四川美丰银行为填送财产直接间接损失报告表致重庆市银行公会文（1946年3月28日）

迳复者。接准大会本年三月九日银字第106号通知，略开：准市商会通知,为奉重庆市社会局训令再催报抗战损失报告表一案,嘱即填报以凭汇转,等由,准此,自应照办。兹特依式填就财产直接损失汇报表及财产间接损失报告表各1份,相应随函附上,即希查收为荷。

此致

重庆市银行商业同业公会

附件

四川美丰银行
三月二十八日

1)四川美丰银行1939年5月至1945年8月财产直接损失汇报表(1946年3月)

事件:空袭轰炸

日期:二十八年五月至三十四年八月

地点:重庆中正路、段牌坊、关庙街

分类	价值(国币元)
共计	31316900.00[①]
建筑物	28488900.00
器具	1428000.00
现款	1400000.00
仪器	—
文券	—
医药用品	—
原料	—
产品	—
其他	—

---

① 原文有"本行分支机构并未列入"之注释。

2）四川美丰银行1939年5月至1945年8月财产直接损失详表（1946年3月）

项目	价值（国币元）
（一）房屋	
总行钟楼	9383000.00
营业所天窗玻璃	2530000.00
各处窗玻璃	8024400.00
各处门玻璃	2551500.00
各处墙壁	1000000.00
大小霓虹灯	4000000.00
钟楼大钟	1000000.00
共计	28488900.00
（二）器具	
总行钟楼部分①	260000.00
关庙支行②	584000.00
段牌坊支行③	584000.00
共计	1425000.00
（三）现款	
关庙支行④	1400000.00
共计	1400000.00
总计	31316900.00

3）四川美丰银行1939年5月至1945年8月财产间接损失报告表（1946年3月）

分类	数额（国币元）
共计	227945437.00⑤
迁移费	—

① 损失器具有：木床20间、凳子10个、五抽橱4个。
② 损失器具有：木床10间、椅子8个、凳子10个、文件柜2个、办公桌6张、柜台1座。
③ 损失器具同关庙支行。
④ 1940年8月19日，关庙支行被炸，存储于保险柜内之现钞约1400000.00元被焚毁。
⑤ 原文有"尚未列入"之注释。

续表

分类	数额(国币元)
防空设备费	147637437.00
疏散费	76308000.00
救济费	—
抚恤费	4000000.00
可能生产额减少	—
可获纯利额减少	—

4)四川美丰银行1939年5月至1945年8月财产间接损失详表(1946年3月)

项目	价值(国币元)
(一)疏散费	
1.郊外房屋	
彭肇庆堂2栋房屋租金	3720000.00
陈晓钟房屋租金	200000.00
化龙桥车房租金	150000.00
打见寓大寝室建筑费(附油库)	5000000.00
打见寓数间小房建筑费	800000.00
七牌坊车房建筑费	200000.00
彭肇庆堂及陈晓钟、大寝室等处房屋约70盏电灯设备费	980000.00
共计	11050000.00
2.疏散交通费	
车辆之购置(大卡车2辆)	10000000.00
车辆之维持	11520000.00
车辆油料消耗	23040000.00
车辆驾驶及管理人员	7200000.00
其他器物之迁移费	2000000.00
共计	53760000.00
3.疏散郊外人员器物之重复配备	
工役及警卫之增加	8928000.00
器具之添配(办公桌40张、凳子100把、木床40间等)	1850000.00
消耗物品之增多	720000.00

续表

项目	价值（国币元）
共计	11498000.00
（二）防空费	
1.防空洞之建筑设备	
新街口	138337437.00
庞家岩	2000000.00
打见寓	5000000.00
牛角沱	100000.00
共计	145437437.00
2.其他防空设备	
防护团配备之器物	1000000.00
防护团之一切消耗	1000000.00
消防设备之消磨添置	200000.00
共计	2200000.00
（三）救济费	—
（四）抚恤费	
段支行2人（1939年5月3日段牌坊支行被炸，职员工友各一人殉职）	4000000.00
总计	227945437.00

129. 四川美丰银行为填送抗战财产损失报告表致重庆市仓库商业同业公会文（1946年4月29日）

迳复者。接准大会仓总字第1117号通知，略开：为转知迅将抗战直接、间接损失汇报表送会，以凭转报，等由，奉悉，自应照办。兹特依式填就本行第一仓库财产直接损失汇报表连同详细清单各一纸，相应随函附上，至祈查收转报为荷。此致：

重庆市仓库商业同业公会

　　附件

四川美丰银行
四月二十九日

1)四川美丰银行第一仓库财产直接损失汇报表(1946年4月)

事件:空袭轰炸

日期:二十九年六月

地点:陕西路7号

分类	价值(国币元)
共计	20200000.00
建筑物	19850000.00
器具	350000.00
现款	—
图书	—
仪器	—
文件	—
医药用品	—
原料	—
产品	—
其他	—

2)四川美丰银行第一仓库财产损失详表(1946年4月)

(单位:国币元)

名称	数量	单价	总价
(一)房屋			
青屋瓦面	25英平方	100000.00	2500000.00
屋架	5品	1200000.00	6000000.00
砖墙	27英平方	200000.00	5400000.00
楼板	15英平方	100000.00	1500000.00
60市寸×60市寸玻窗广片	37堂	50000.00	1850000.00
30市寸×20市寸玻窗广片	74堂	20000.00	1480000.00
40市寸×30市寸玻窗广片	8堂	40000.00	320000.00
柏木门	3堂	200000.00	600000.00
玻砖门	1堂	200000.00	200000.00
合计			19850000.00
(二)器具			

续表

名称	数量	单价	总价
楠木椅	4只	18000.00	72000.00
楠木茶几	2只	15000.00	30000.00
楠木方桌	2张	24000.00	48000.00
时钟	1座	200000.00	200000.00
合计			350000.00

130. 四川美丰银行为呈送该行及所属分行处抗战期间直接间接各项损失报告表呈财政部文（1947年9月3日）

案奉钧部三十六年七月三日财统一字第28749号代电，饬将属行暨属分行处抗战期间直接间接各项损失依照院颁格式，分别当年价值及战前价值详列总表各2份，呈送钧部存转，等因，自应遵办。兹谨依式造具属行暨属分行处抗战期间直接间接各项损失报告表各2份，理合具文呈送，仰祈钧部鉴核存转。此呈：

财政部部长俞

　　附件

四川美丰银行
九月三日

1) 四川美丰银行财产直接损失汇报总表（1947年8月）

分类	价值（国币元）	
	当年	战前
共计	371931.00	38745.20
房屋	246361.00	27387.20
器具	120070.00	10358.00
现款	5500.00	1000.00
生金银	—	—
保管品	—	—
有价证券	—	—

续表

分类	价值(国币元)	
	当年	战前
运输工具	—	—
信用放款	—	—
抵押放款	—	—
其他	—	—

2)四川美丰银行1939年5月3日被炸财产直接损失汇报表(1947年8月)

事件:空袭轰炸

日期:二十八年五月三日

地点:重庆段牌坊

填送日期:三十六年

分类	价值(国币元)	
	当年	战前
共计	4560.00	2280.00
房屋	—	—
器具	4560.00	2280.00
现款	—	—
生金银	—	—
保管品	—	—
有价证券	—	—
运输工具	—	—
信用放款	—	—
抵押放款	—	—
其他	—	—

3)四川美丰银行1939年5月3日被炸财产损失详表(1947年8月)

事件:空袭轰炸

日期:二十八年五月三日

地点:重庆段牌坊

(单位:国币元)

损失项目	单位	数量	当年价值	战前价值	备考
器具					
木器			3000.00	1500.00	
时钟	具	1	60.00	30.00	
文具及印刷品			1500.00	750.00	

4) 四川美丰银行1939年5月25日被炸财产直接损失汇报表(1947年8月)

事件:空袭轰炸

日期:二十八年五月二十五日

地点:重庆中正路

填送日期:三十六年

分类	价值(国币元)	
	当年	战前
共计	49050.00	24525.00
房屋	40950.00	20475.00
器具	8100.00	4050.00
现款	—	—
生金银	—	—
保管品	—	—
有价证券	—	—
运输工具	—	—
信用放款	—	—
抵押放款	—	—
其他	—	—

5) 四川美丰银行1939年5月25日被炸财产损失详表(1947年8月)

事件:空袭轰炸

日期:二十八年五月二十五日

地点:重庆中正路

(单位:国币元)

损失项目	单位	数量	当年价值 单价	当年价值 总价	战前价值	备考
(一)房屋						
钢筋混凝土层面及地坪	方	10	500.00	5000.00	2500.00	
大钟	座	1	500.00	500.00	250.00	
砖墙	方	100	50.00	5000.00	2500.00	
钢窗	堂	80	50.00	4000.00	2000.00	
窗玻璃	箱	30	20.00	600.00	300.00	
门玻璃	张	100	18.00	1800.00	900.00	
天窗玻璃(铝丝)	方呎	700	10.00	7000.00	3500.00	
天窗玻璃(磨砂)	方呎	700	4.00	2800.00	1400.00	
木门	堂	50	15.00	750.00	375.00	
板条墙	方	300	20.00	6000.00	3000.00	
电器材料				3000.00	1500.00	
霓虹灯(大1堂、小2堂)				2000.00	1000.00	
卫生设铺				1000.00	500.00	
青岛石门面及石级				1500.00	750.00	
(二)器具						
收音机	座	1	2000.00	2000.00	1000.00	
文具及印刷品				1000.00	500.00	
打字机	部	2	300.00	600.00	300.00	
计算机	部	1	500.00	500.00	250.00	

6)四川美丰银行1940年6月16日被炸财产直接损失汇报表(1947年8月)

事件:空袭轰炸

日期:二十九年六月十六日

地点:重庆陕西路

填送日期:三十六年

分类	价值(国币元) 当年	价值(国币元) 战前
共计	33051.00	6600.20

续表

分类	价值(国币元)	
	当年	战前
房屋	32611.00	6512.20
器具	440.00	88.00
现款	—	—
生金银	—	—
保管品	—	—
有价证券	—	—
运输工具	—	—
信用放款	—	—
抵押放款	—	—
其他	—	—

7) 四川美丰银行1940年6月16日被炸财产损失详表(1947年8月)

事件:空袭轰炸

日期:二十九年六月十六日

地点:重庆中正路

(单位:国币元)

损失项目	单位	数量	当年价值 单价	当年价值 总价	战前价值	备考
(一)房屋						
青瓦屋面	方	25	250.00	6250.00	1250.00	
屋架	品	5	1000.00	5000.00	1000.00	
砖墙	方	27	500.00	13500.00	2700.00	
楼板	方	15		6000.00	1200.00	
60"×60"广片玻窗	堂	37				
30"×20"广片玻窗	堂	74	861.00	172.20		
40"×30"广片玻窗	堂	8				
柏木门	堂	3	200.00	600.00	110.00	
玻砖门	堂	1	400.00	400.00	80.00	
(二)器具						

续表

损失项目	单位	数量	当年价值 单价	当年价值 总价	战前价值	备考
楠木椅	把	4	30.00	120.00	24.00	
楠木茶几	把	2	25.00	50.00	10.00	
方桌	张	2	35.00	70.00	14.00	
时钟	座	1	200.00	200.00	40.00	

8）四川美丰银行1940年8月19日被炸财产直接损失汇报表（1947年8月）

事件：空袭焚毁

日期：二十九年八月十九日

地点：重庆关庙街

填送日期：三十六年

分类	价值（国币元）当年	价值（国币元）战前
共计	26070.00	4740.00
房屋	—	—
器具	20570.00	3740.00
现款	5500.00	1000.00
生金银	—	—
保管品	—	—
有价证券	—	—
运输工具	—	—
信用放款	—	—
抵押放款	—	—
其他	—	—

9）四川美丰银行1940年8月19日被炸财产损失详表（1947年8月）

事件：空袭焚毁

日期：二十九年八月十九日

地点：重庆关庙街

(单位:国币元)

损失项目	单位	数量	当年价值	战前价值	备考
(一)器具					
木器			13750.00	2500.00	
时钟	具	1	220.00	40.00	
文具及印刷品			6600.00	1200.00	
(二)现款			5500.00	1000.00	

10)四川美丰银行1944年6月财产直接损失汇报表(1947年8月)

事件:敌寇陷湘,本行由衡撤退,原有房舍生财俱遭毁灭

日期:三十三年六月

地点:衡阳大西门正街

填送日期:三十六年

分类	价值(国币元)	
	当年	战前
共计	259200.00	600.00
房屋	172800.00	400.00
器具	86400.00	200.00
现款	—	—
生金银	—	—
保管品	—	—
有价证券	—	—
运输工具	—	—
信用放款	—	—
抵押放款	—	—
其他	—	—

11)四川美丰银行财产间接损失汇报总表(1947年8月)

分类	数额(国币元)	
	当年价值	战前价值
共计	16706920.00	302853.90

续表

分类		数额(国币元)	
		当年价值	战前价值
可能生产额减少		—	—
可获纯利额减少		4838400.00	11200.00
费用之增加	拆迁费	10392520.00	139113.14
	防空费	1210600.00	149122.62
	救济费	259200.00	600.00
	抚恤费	6200.00	2818.18

12) 四川美丰银行衡阳办事处财产间接损失汇报表(1947年8月)

分类		数额(国币元)	
		当年价值	战前价值
共计		7171200.00	16600.00
可能生产额减少		—	—
可获纯利额减少		4838400.00	11200.00
费用之增加	拆迁费	1728000.00	4000.00
	防空费	345600.00	800.00
	救济费	259200.00	600.00
	抚恤费	—	

13) 四川美丰银行重庆总行财产间接损失汇报表(1947年8月)

分类		数额(国币元)	
		当年价值	战前价值
共计		9535720.00	302853.90
可能生产额减少		—	—
可获纯利额减少		4838400.00	11200.00
费用之增加	拆迁费	10392520.00	139113.14
	防空费	1210600.00	149122.62
	救济费	259200.00	600.00
	抚恤费	6200.00[①]	2818.18

① 1939年5月3日,段支被炸。胡主任兴元与一行役殉难,共支抚恤费6200.00元。

14) 四川美丰银行重庆总行1939—1945年拆迁费汇总表①（1947年8月）

（单位：国币元）

年度	当年价值	战前损失
1939	88320.00	40145.45
1940	142700.00	27816.76
1941	372500.00	28653.84
1942	744900.00	19100.00
1943	1459600.00	11314.73
1944	2639500.00	6109.95
1945	3217000.00	1972.41
总计	8664520.00	135113.14

15) 四川美丰银行重庆总行1939—1945年拆迁费详表②（1947年8月）

（单位：国币元）

项目	价值
（一）1939年拆迁费	
彭肇庆堂房租	472.00
陈晓钟房租	200.00
车房房租	800.00
建筑费	3000.00（小屋及油库）
车辆购置	30000.00（卡车2辆）
车辆修理维持	10000.00
车辆消耗油料	24000.00（2400加仑）
车辆员工	4000.00（4人）
增雇工人	4800.00（10人）
增添器具	3000.00
增耗什物	2000.00
共计	88320.00
（二）1940年拆迁费	
彭肇庆堂房租	10000.00

---

① 标题为编者根据原文内容所拟。至换算倍数，1939年为2.20倍，1940年为5.13倍，1941年为13.00倍，1942年为39.00倍，1943年为129.00倍，1944年为432.00倍，1945年为1631.00倍。

② 该表系编者根据档案原文整理而成，标题为编者所拟。

续表

项目	价值
陈晓钟房租	5000.00
车房房租	1200.00
建筑费	15000.00（大寝室及车房）
车辆修理维持	30000.00
车辆消耗油料	50000.00（2400加仑）
车辆员工	10000.00（4人）
增雇工人	1200.00
增添器具	4500.00
增耗什物	5000.00
共计	142700.00
（三）1941年拆迁费	
彭肇庆堂房租	3500.00（堂屋及阁楼）
建筑费	3000.00（车房修整）
车辆维持	110000.00
车辆消耗油料	120000.00
车辆员工	35000.00
增雇工人	42000.00
增添器具	10000.00
增耗什物	17500.00
共计	372500.00
（四）1942年拆迁费	
彭肇庆堂房租	10500.00
车房修整	9000.00
车辆维持	150000.00
车辆消耗油料	2304000.00
车辆员工	52000.00（2人）
增雇工人	126000.00（10人）
增添器具	20000.00
增耗什物	52500.00
共计	744900.00
（五）1943年拆迁费	
彭肇庆堂房租	250000.00
车房修整	18000.00
车辆维持	375000.00
车辆消耗油料	432000.00

续表

项目	价值
车辆员工	130000.00(2人)
增雇工人	189000.00(6人)
增添器具	—
增耗什物	65600.00
共计	1459600.00
(六)1944年拆迁费	
彭肇庆堂房租	300000.00
车房修整	30000.00
车辆维持	937500.00
车辆消耗油料	972000.00
车辆员工	400000.00(2人)
共计	2639500.00
(七)1945年拆迁费	
彭肇庆堂房租	200000.00
车房修整	90000.00
车辆维持	1875000.00
车辆消耗油料	252000.00
车辆员工	800000.00(2人)
共计	3217000.00

16)四川美丰银行重庆总行1939—1945年防空费汇总表(1947年8月)

(单位:国币元)

年度	当年价值	战前损失
1939	180000.00	81818.00
1940	295000.00	57504.87
1941	60000.00	4615.38
1942	130000.00	3333.33
1943	110000.00	852.70
1944	90000.00	208.34
总计	865000.00	148332.62

17)四川美丰银行重庆总行1939—1945年防空费详表(1947年8月)

（单位：国币元）

项目	价值
（一）1939年防空费	
总行防空洞	50000.00
打见寓防空洞	60000.00（2座）
庞家岩防空洞	60000.00
防护团设备及费用	10000.00
共计	180000.00
（二）1940年防空费	
总行防空洞	240000.00
打见寓防空洞	20000.00
庞家岩防空洞	10000.00
防护团设备及费用	25000.00
共计	295000.00
（三）1941年防空费	
防护团设备及费用	60000.00
共计	60000.00
（四）1942年防空费	
防护团设备及费用	130000.00
共计	130000.00
（五）1943年防空费	
防护团设备及费用	110000.00
共计	110000.00
（六）1944年防空费	
防护团设备及费用	90000.00
共计	90000.00

二、重庆市五金电料商业同业公会及所属抗战财产损失

1. 重庆元益公司为6月26日被炸全毁请查照备案致重庆市五金同业公会文(1940年6月28日)

迳启者。敌机于六月二十六日狂炸市区，敝公司不幸命中，全毁。并于防空洞中遗失全部账册及各项单据、中国银行支票1本，除登报声明作废并分别咨呈外，理合函请备案，敬烦查照为荷！此致：

重庆市五金同业公会[①]

重庆元益公司启
中华民国二十九年六月二十八日

2. 重庆仁昌铁号为堆栈6月12日被炸请备案事致重庆市五金电料商业同业公会文(1940年6月30日)

迳启者。敝号临江门外丁字口横街33号堆栈，不幸于本月十二日被炸。当时曾函请大会备查，并转咨有关机关派员查勘，以昭慎重外，兹将清理后各货损失列单附呈，再恳大会备案，并转咨所得税、营业税、钢铁委员会、市社会局等有关机关备案，并请查核为荷！此致：

重庆市五金电料商业同业公会主席　周　钧鉴

重庆仁昌铁号启
中华民国二十九年六月三十日

二、重庆市五金电料商业同业公会及所属抗战财产损失　307

谨将六月十二日敝号堆栈被炸清理后各货损失开列于后：

名称	数量	单价	价值(国币元)
各分洋钉	4桶	280.00元/桶	1120.00
各寸洋钉	12桶	270.00元/桶	3240.00
大小铁管	1500斤	330.00元/100斤	4950.00
各分铁条	3000斤	200.00元/100斤	6000.00
三角铁	4350斤	105.00元/100斤	5002.50
旧铁	3200斤	185.00元/100斤	5920.00
方铁条	500斤	170.00元/100斤	850.00
铁皮	250斤	230.00元/100斤	575.00
市秤	2把		32.00
英尺	1把		15.00
卡尺	1把		35.00
100尺皮尺	1把		105.00
家具等项			500.00
管栈员2人衣服等件			400.00

　　以上之货物完全损失(因飞下河内去了)，合计法币28744.50元整。尚有被炸塆〔弯〕及炸破、炸坏之铁管12500斤，每百斤市价330.00元，合法币41250.00元。此货已成为废铁，每百斤市价100.00元，合值法币12500.00元整。迭除之外，敝号堆栈此次被炸实计损失合法币57494.50元整。再有竹节铁一，货原存数为113600斤，因于五月初即售妥80000斤与周砥平，迄未出货，当被炸后，敝号即通知该砥平速来出货，俾便共负损失责任。至今日止，该砥平仍未前来出货，因此，损失若干无法计算，容前途来出货后，损失若干另列单呈报不误。谨呈：
重庆市五金电料商业同业公会主席　周　钧鉴

重庆仁昌铁号启

中华民国二十九年六月三十日

3. 重庆永兴五金号为6月26日被炸请转函市所得税局及营业税局备查事致重庆市五金电料商业同业公会文（1940年6月30日）

迳启者。兹因敌机连日不断袭渝，小号不幸于本月二十六日中弹1枚，将全部房屋、家具及一部分货物悉被炸毁，特将炸毁各物，另单抄呈，祈大会转函本市所得税及营业税两局备查，实深沾感。此致:
五金电料商业同业公会

永兴五金号上

民国二十九年六月三十日

兹将被炸损失各物列后：

货物类		家具类	
洋锁	43打	厨房用具	全套
铅丝	10件	货架	2只
铁铰	32打	写字台	2张
洋钉	31桶	椅子	4只
窗钩	15笋	木床	4间
窗纱	6匹	凳子	8只
螺丝钉	80笋	账箱	1只
搽同水	10打	藤椅	4把
		圆桌	1只
		水瓶	1只
以上各物值法币16000余元正		以上各物值法币1000余元正	

4. 重庆远兴字号为抄呈被炸损失请转函事致重庆市五金电料商业同业公会文（1940年6月30日）

迳启者。奉大会大札，嘱将被炸损失各物另单抄录4份，兹遂所示封呈信内，祈照分转各局，实深沾感。此致:
五金电料商业同业公会

重庆远兴字号谨启

民国二十九年六月三十日

兹将被炸各物录后：全盘家具及厨房用具全套，以上值法币1000.00余元；钉子40桶，铝丝20件，胶水21打，油漆30打，以上各货值法币18000.00余元，两项共值法币19000.00余元。

5. 资余电料香烟号为7月8日被炸请转知有关机关备案致重庆市五金电料商业同业公会文（1941年7月14日）

敬启者。敝号于本月八日被敌机投下烧夷弹，将房屋各货物俱受损失，兹将损失单2份呈上，希给转知有关机关备案外，敝号图记同时烧毁。特呈：重庆市五金电料商业同业公会　鉴

资余电料香烟号经理王伯钦

临时通讯处：十八梯街第一号

中华民国三十年七月十四日

重庆市五金电料商业同业公会会员资余电料香烟号空袭损失报告表

填报日期：三十年七月十七日

商号名称	资余电料香烟号	经理或负责人姓名	王伯钦	被炸地址	中兴路48号	被炸日期	7月8日
未炸前营业状况	尚佳	炸后复业计划	俟将营业地点觅得后即行复业					

损失项目	单位	数量	价值（国币元）	备考
国术电池	打	20	268.00	
平项灯头	打	1	18.00	
开关灯头	只	1	4.00	
圆木	只	70	10.00	
自由灯泡	只	1	9.50	
75日月灯泡	只	1	9.50	
25中美电筒泡	只	2000	160.00	

续表

商号名称	资余电料香烟号	经理或负责人姓名	王伯钦	被炸地址	中兴路48号	被炸日期	7月8日
未炸前营业状况	尚佳	炸后复业计划	俟将营业地点觅得后即行复业					
损失项目	单位	数量	价值(国币元)	备考			
壁开关	只	12	21.60	
明珠电池	打	15	195.00	
永川灯泡	只	54	216.00	
喙子灯头	打	1	18.00	
花线	圈	3	315.00	
1/18皮线	圈	5	500.00	
合计总值法币			1744.60	

填报商号及经理(或负责人)：重庆资余电料行　王伯钦

附记：如号中职工有伤亡者，应分别填注于备考栏内。

6. 重庆义成五金号为送呈8月9日被炸损失清单请存查并转有关机关备案事致重庆市五金电料商业同业公会文(1940年8月15日)

迳启者。会员开设中正路(原名下大梁子)第378号，于八月九日附近中弹，致将号中货物暨家具等项震损，理合开具损失清单4份，报请大会存查并转请有关机关借案。此致：

重庆市五金电料商业同业公会

重庆义成五金号启

中华民国二十九年八月十五日

二十九年八月九日被炸货物损失清单：

花色	货物名称	数量	价值(国币元)		备考
			单价	总值	
1号、1¹/2	木砂纸	26打	3.00	78.00	碎片打烂
1号、1¹/2	铁砂布	25打半	7.00	178.50	同

续表

花色	货物名称	数量	价值（国币元） 单价	价值（国币元） 总值	备考
绿色	磁漆	1打半	60.00	90.00	同
20号、23号	新铝丝	95斤	5.00	475.00	碎片打成零节
家具	凳盒	1只	200.00	200.00	计玻砖1张，大小玻片6张
家具	货架	1只	68.00	68.00	计玻片17张
	门面全间		120.00	120.00	全部被碎片打烂
16眼	绿窗纱	1匹	200.00	200.00	被碎片打烂
生财家具共计1409.50元整					
总计损失1409.50元整					

7. 重庆宏大铁号为送呈8月9日被炸损失清单请存查并汇转事致重庆市五金电料商业同业公会文（1940年8月18日）

迳启者。敝店兹于本月九日午正遇敌机袭渝，敝店不幸货物账据以及家具等项全堂被炸馨尽，因各同事下乡与亡故之老人烧化中之袱包，店中留有2店员看守，一系防护团员，一系三民主义青年服团，空袭时均在街面服[务]，因是，其他各物均未携出，兹特抄录损失花单计4份，恳请跟〔赓〕即照转，此请五金电料商业同业本会钧鉴。

宏大铁号缄
中华民国二十九年八月十八日

计抄损失报告花单列后：

名称	数量	单价	总值	备考
各分洋钉	9桶	390.00	洋3510.00	
各寸洋钉	29桶	240.00	洋6960.00	
各号元丝	11圈	440.00	洋4840.00	
25白方锁	23打半	16.00	洋376.00	
各色新式锁	30打	35.00	洋1050.00	
搭川	34打	5.00	洋170.00	

续表

名称	数量	单价	总值	备考
1寸铁铰	15盒	7.00	洋105.00	
1寸半铁铰	8盒	13.00	洋104.00	
2寸铁铰	7盒	17.00	洋119.00	
2寸半铁铰	9盒	30.00	洋270.00	
3寸铁铰	21盒	41.00	洋861.00	
4寸铁铰	12盒	52.00	洋624.00	
各寸罗〔螺〕丝钉	45罗〔箩〕	9.00	洋405.00	
窗纱	5匹半	260.00	洋1430.00	
洋漆	47打半	65.00	洋3087.50	
洋灰	5桶半	42.00	洋231.00	
砂布	113张	11.00	洋1243.00	
砂纸	49打半	2.20	洋108.90	
18寸据〔锯〕条	3张	7.10		
24寸据〔锯〕条	5张	7.10		
28寸据〔锯〕条	7张	7.10		
30寸据〔锯〕条	9张	7.10		
32寸据〔锯〕条	8张	7.10		
门锁	8打	160.00	洋1280.00	
各种花色小五金等			洋480.00	
各样家具动用器物等			洋800.00	
总共合洋29171.00元整				

8. 重庆惠记五金号为送呈8月9日被炸损失清单请存转致重庆市五金电料商业同业公会文（1940年8月22日）

迳启者。小记不幸于本年八月九号被敌机轰炸，计损失货物法币6580.76元，家具损失法币318.80元整外，借用各物一并抄列清单，送呈贵会，请烦转呈管业所得利得三局存查为荷！此致：

五金电料商业同业公会钧鉴

附呈清单4份

惠记五金号谨启

中华民国二十九年八月二十二日

二、重庆市五金电料商业同业公会及所属抗战财产损失

1) 计抄损失家具清单

电灯	50.00元	国旗	4.00元	货架子	110.00元
玻璃	91.00元	茶壶	2.00元	布招牌	36.00元
水瓶	1.50元	凉床	4.30元	大小秤	14.00元
植物油灯	4.00元				
共合法币318.80元整					

2) 计抄借用家具清单

写字桌	1张	木方凳	4个	水烟袋	1支
大小秤	2把（50斤、100斤各1把）	木床	2间	凉床	2间
帐〔账〕箱	1个	铁床	1间	茶杯	4个
碗盏	全付〔副〕	铁锅	2口	面盆	2个
玻砖	1张	时钟	1架	藤椅	2把

3) 计抄损失各货数目清单

名称	数量	单价	总值	备考
各寸洋钉	12桶零25斤	280.00/10桶	□□□	
各号铝丝	246斤	670.00/100斤	1648.20	
各号钢丝	285斤半	170.00/100斤	485.35	
6寸钢皮尺	17打	17.50	297.50	
鹿头匙链	7罗〔箩〕	28.00	196.00	
大小木罗不	32罗〔箩〕	2.50	80.00	
各色洋漆	5打半零1听	27.00	150.75	
鞋油	9打零3合〔盒〕	10.00	92.50	
米达尺	9把	1.50	13.50	
砂布	5打	6.00	30.00	
砂纸	13打零2张	2.20	28.96	
绿铁砂	9丈4尺	90.00	84.60	
搽铜油	9合〔盒〕	20.00	15.00	
箱扣	3打半	9.10	3.05	
创铁	7张	2.50	17.50	
总共损失合法币6580.76元整				

9. 重庆更生五金号为送呈8月20日被炸损失请存转致重庆市五金电料商业同业公会文(1940年8月25日)

迳启者。本月二十日敌机袭渝,投下炸弹及燃烧弹甚多,敝号当即被炸,所有货物家具全部焚毁。兹将损失货物家具数目、价值列表附呈,尚希鉴察为荷!计货物损失共值洋14356.50元,家具损失共值洋1444.00元,店员衣物损失共值洋699.00元,以上三笔合共值洋16495.50元,并具呈社会局一□,所得税局一□,营业税局一□,统祈转呈各该局备案存查,不胜沾感!此致:
五金电料商业同业公会公鉴

重庆更生五金号启

中华民国二十九年八月二十五日

1)兹将损失货物数目、价值详列于后

货名	数量	单价	金额
1—6寸洋钉	31桶	280.00元/桶	8680.00元
洋钉	60斤	4元/斤	240.00元
14号新元丝	531斤	450.00元/100斤	2389.00元
12号新元丝	100斤	350.00元/100斤	350.00元
16号新元丝	80斤	55.00元/斤	440.00元
各种洋锁	19打	40.00元/打	76.00元
12寸锯条	1罗〔箩〕	150.00元/箩	150.00元
4寸铁铰	2合〔盒〕	80.00元/盒	160.00元
砂布	20打	12.00元/打	240.00元
匙牌胶水	18打	30.00元/打	540.00元
耶而门锁	2把	40.00元/把	80.00元
5寸插销	2打	10.00元/打	20.00元
6寸插销	1打	12.00元/打	12.00元
12寸窗钩	1罗〔箩〕	40.00元/箩	40.00元
3.50寸窗钩	1罗〔箩〕	75.00元/箩	75.00元
8寸窗钩	半罗〔箩〕	160.00元/箩	80.00元
10寸窗钩	半罗〔箩〕	200.00元	100.00元

以上合计共值法币14356.50元

2) 兹将损失家具数目、价值详列于后

名称	数量	单价	金额
货架	1堂	500.00元/堂	500.00元
电表	1个	20.00元/个	20.00元
电灯	8盏	30.00元/盏	240.00元
八方桌子	1张	25.00元/张	25.00元
麻将桌子	1张	20.00元/张	20.00元
大元〔圆〕桌	1张	30.00元/张	30.00元
凳子	8个	3.00元/只	24.00元
藤椅	4把	15.00元/把	60.00元
账桌	1张	30.00元/张	30.00元
文具		50.00元	50.00元
木厂〔敞〕床	6间	25.00元/间	150.00元
大小碗	2席	80.00元/席	160.00元
铁锅	1口	20.00元/口	20.00元
面盆	2个	10.00元/只	20.00元
脚盆	1个	5.00元/个	5.00元
衣架	1个	10.00元/个	10.00元
小称〔秤〕	1把	15.00元/把	15.00元
磁〔瓷〕茶壶	1个	15.00元/个	15.00元
大称〔秤〕	1把	50.00元/把	50.00元

以上合计共值法币1444.00元整

3) 兹将店员衣物损失价值详列于后

名称	数量	单价	金额
被盖	5床	50.00元/床	250.00元
皮箱	2口	20.00元/口	40.00元
布汗衣	5套	12.00元/套	60.00元
皮鞋	1双	50.00元/双	50.00元
毯子	5床	25.00元/床	125.00元
长布衫	4件	24.00元/件	96.00元
直贡呢鞋	4双	12.00元/双	48.00元

续表

名称	数量	单价	金额
寸〔衬〕衫	2件	15.00元/件	30.00元
以上合计共值洋699.00元整			

10. 重庆恒裕铜锡五金号为送呈8月20日被炸损失清单请存转致重庆市五金电料商业同业公会文(1940年8月26日)

迳启者。敝号不幸于本月二十日敌机狂炸燃烧本市,敝号全部被焚。兹将损失货物及器〔具〕、装修详录4份<原缺>,呈请钧会转呈报各有关机关为荷！此呈：

重庆市五金电料商业同业公会公鉴

重庆恒裕铜锡五金号启

地址：中正路287号

中华民国二十九年八月二十六日

计开货物损失详列于后：

货名	数量	单价	合计值国币
白铅	1026斤	2.50元/斤	2565.00元
铜精	150斤6两	2.60元/斤	391.62元
纯锑	164斤6两	3.00元/斤	493.12元
硬□	420斤5两	4.00元/斤	1681.20元
紫铜	185斤	2.00元/斤	370.00元
化铅	806斤	2.00元/斤	1612.00元
废锑	444斤	2.50元/斤	1110.00元
白铅皮	205斤	3.00元/斤	615.00元
点锡	172斤5两	8.00元/斤	1378.50元
珠钉	192磅	6.00元/磅	1152.00元
铅丝	3斤半	2.50元/斤	8.75元
□锡	71斤9两	4.00元/斤	286.25元
硼砂	1540斤	4.00元/斤	6160.00元
青铅	675斤	2.80元/斤	1890.00元
分钉	4桶另76斤	3.00元/斤	1310.60元

续表

货名	数量	单价	合计值国币
电盐	190斤	3.00元/斤	570.00元
红铜	220斤	4.00元/斤	880.00元
鞋钉	67包	1.10元/包	73.70元
共值法币22547.79元整			
电表	1只		押金洋9.00元
器具装修			1089.68元
三柱〔注〕总共计法币23646.47元整			

11. 重庆益丰号为送呈8月19日被炸损失请存转致重庆市五金电料商业同业公会文（1940年8月27日）

迳启者。本号开设中正路589号，不幸于本年八月十九号中弹被炸燃烧，房屋、家具、货物悉被毁损，理合开具被炸货物损失清单4份，报请大会存查并转请有关机关备案，实为公便！此致：

重庆市五金电料商业同业公会

附呈被炸损失货物清单4份①

重庆益丰号启

中华民国二十九年八月二十七号

计抄被炸损失货物清单：

货名	数量	单价	金额
洋钉	22桶	270.00元/桶	5940.00元
铅丝	700斤	400.00元/100斤	2800.00元
黄钢丝	600斤	180.00元/100斤	1080.00元
铁铰	240盒	20.00元/盒	4800.00元
门锁	5打	120.00元/打	600.00元
车料小五金等			2500.00元
全部家俱〔具〕动用			1200.00元
以上共合法币18920.00元整			

---

① 4份内容完全一致，此只录1份。

12. 新泰贸易公司为送呈8月20日被炸损失请存转致重庆市五金电料商业同业公会文(1940年8月27日)

迳启者。本月二十日敌机袭渝,敝号不幸全部被毁,损害不赀。兹将所受损失详列表册附上,至乞转存各有关机关备案为感,相应函恳,即希查照是幸！此上：

重庆市五金电料商业同业公会

  附损失清单一式4份

           新泰贸易公司经理人胡家骐谨启

           中华民国二十九年八月二十七日

  八月二十日敌机袭渝,新泰贸易公司被毁遭受损失详列于后：

名称	数量	原本单价	总计国币元	现值单价	总值	备考
1¹/2"牛皮带	160呎		156.00	1.00元/寸呎	240.00	
3"牛皮带	240呎		468.00	1.00元/寸呎	720.00	
黄牌钢丝	29磅	3.00元/磅	87.00	6.00元/磅	174.00	残体挖出
12"德货钢锯条	37打		197.33		370.00	同上
12"美三星钢锯条	4.50打	20.00元/打	90.00	26.00元/打	117.00	同上
12"司板纳	1把		18.00		24.00	同上
3/4"钢丝绳	378磅	3.00元/磅	1234.00	5.00元/磅	1890.00	同上
美女牌红而砂	8盒	8.00元/盒	64.00	11.00元/盒	88.00	
方听红而砂	6盒	10.00元/盒	60.00	12.00元/盒	72.00	
5/16"麻花钻	24支	1.76元/支	42.24	2.50元/支	60.00	见有残体
10m/m麻花钻	12支	2.40元/支	28.80	5.00元/支	60.00	
7m/m麻花钻	5支	3.00元/支	15.00	3.50元/支	17.50	
1/16"红橡皮	11磅	8.60元/磅	94.00	14.00元/磅	154.00	
1/8"夹布橡皮	7磅	8.60元/磅	60.20	14.00元/磅	97.00	
1/4"石棉线	5磅	8.80元/磅	44.00	15.00元/磅	75.00	
1/2"—3/4"石棉盼更	31.50磅	10.00元/磅	315.00	15.00元/磅	472.50	
1/2"—7/8"里粉盼更	25.465磅	22.00元/磅	560.23	28.00元/磅	713.02	
100呎皮尺	1把		30.00		80.00	

续表

名称	数量	原本单价	总计国币元	现值单价	总值	备考
50呎250皮尺	17把	45.00元/把	765.00	20.00元/把	1020.00	
2'1/2"扁漆刷	80把	1.25元/把	100.00	1.50元/把	120.00	
3/8"铜考克红而	4只	3.40元/只	13.60	4.50元/把	18.00	
2/8"—2"木螺丝钉	8包	8.00元/包	64.00	10.00元/包	80.00	
4"螺丝刀	8支	1.20元/支	9.60	2.00元/支	16.00	
门搭扣	3打	2.40元/打	7.20	3.50元/打	10.50	
门插销长短	279支		194.07		271.60	
1'1/2"—12"镀锌窗钩	88.50打		332.66		465.72	
1"—3'1/2"合页	36打		238.00		333.00	
8"手牌细扁锉	6打	4.80先令/打	547.20	6.00先令/打	684.00	
60眼黄铜丝布	44.5呎	13.00元/呎	578.50	23.00元/呎	1023.50	残体麇粉
16眼黄铜丝布	3呎	4.00元/呎	12.00	10.00元/呎	30.00	
链结	34斤	1.50元/斤	51.00	3.00元/斤	102.00	
2'1/2"帆布管	30呎	6.00元/呎	180.00	10.00元/呎	300.00	
14"—20"双纱包马达线	99磅	15.00元/磅	1485.00	22.00元/磅	2178.00	
18"保险丝	4卷	2.00元/卷	8.00	8.00元/卷	32.00	
3/4"黑包布	30卷	7.00元/卷	210.00	10.00元/卷	300.00	
1/2"黑包布	10卷	4.00元/卷	40.00	6.00元/卷	60.00	
5/8"玻璃管	110支	6.00元/支	660.00	8.00元/支	880.00	
3/4"玻璃管	12支	6.00元/支	72.00	8.00元/支	96.00	
1/2"—3/4"长短螺丝闩	355斤	2.50元/斤	887.50	3.70元/斤	1313.50	火场挖出者已除外短少者
1/4"—5/8"铁介子	78磅	4.50元/磅	351.00	5.00元/磅	390.00	
大小管子另〔零〕件	75只		525.00		675.00	除挖出短少者
生财家具	全部		约计600.00			包括装修
伙友私财			约计500.00			箱笼铺盖
共计			2895.13		15822.84	

新泰贸易公司二十九年八月二十七日抄

13. 重庆永利五金号为送呈8月20日被炸损失花单请存转致重庆市五金电料商业同业公会文（1940年8月28日）

敬启者。敝号于本月念日被敌机袭渝焚毁记中房屋与及货品器俱〔具〕又店员行李，今将损失各项花单详细开列照了请照收外，烦大会转各税局备案存查，不胜沾感！此致：

重庆市五金电料商业同业公会钧鉴

重庆永利五金号抄呈

中华民国二十九年八月二十八日

1）兹将损失货物、器具、衣物花单列后

货名	数量	单价	金额
1—4寸洋钉	19桶37斤	290.00元	5629.22元
3—6分洋钉	4桶63斤	450.00元	2115.00元
10—14号白铝丝	579斤	280.00元	1621.20元
14—16号新铝丝	1132斤	450.00元	5094.00元
克罗米弹子门锁	4打3把	360.00元	1530.00元
德绿丝布	6匹	280.00元	1680.00元
花漆布	1匹24尺	144.00元	240.00元
芝麻钉	68盒	1.80元	122.40元
3寸插川	5打2只	6.00元	31.00元
4寸插川	7打6只	8.00元	60.00元
2寸铜皮抽斗锁	3打4只	120.00元	400.00元
1寸半连钉铁铰	8打6方	14.00元	115.50元
1寸半连钉铁铰	11打3方	18.00元	199.50元
2寸连钉铁铰	7打12方	30.00元	225.00元
2寸半连钉铁铰	3打2方	40.00元	123.32元
3寸连钉铁铰	6打6方	50.00元	312.50元
4寸连钉铁铰	5打7方	70.00元	370.42元
铜杯钩	5打	8.00元	40.00元
铜方钩	3打9只	8.00元	30.00元
4分木罗〔螺〕丝	7罗〔箩〕	4.00元	28.00元

续表

货名	数量	单价	金额
5分木罗〔螺〕丝	3罗〔箩〕	5.00元	15.00元
6分木罗〔螺〕丝	11罗〔箩〕	6.00元	66.00元
7分木罗〔螺〕丝	5罗〔箩〕	7.00元	35.00元
1寸木罗〔螺〕丝	16罗〔箩〕	8.00元	128.00元
口分木罗〔螺〕丝	9罗〔箩〕	10.00元	90.00元
4寸插川	2打10只	10.00元	28.33元
3寸白铁窗钩	4打	6.00元	24.00元
4寸白铁窗钩	9打6只	8.00元	76.00元
5寸白铁窗钩	11打3只	10.00元	112.50元
6寸白铁窗钩	7打5只	12.00元	89.00元
共合法币20630.89元			

2）兹将家具损失列后

品名	数量	单价	金额
货架子	全堂	1500.00元	1500.00元
方凳子	8个	3.00元	24.00元
大秤	1把	50.00元	50.00元
手秤	2把	15.00元	30.00元
白铜水烟袋	2支	10.00元	20.00元
磁器茶壶	1把	12.00元	12.00元
茶杯	8个	0.80元	6.40元
账桌	2张	30.00元	60.00元
文具	全套	50.00元	50.00元
木厂〔敞〕床	4间	25.00元	100.00元
痰盂	4个	2.00元	8.00元
方桌	1张	12.00元	12.00元
麻将桌	1张	20.00元	20.00元
木银柜	1个	18.00元	18.00元
茶柜	1个	16.00元	16.00元
电灯	4盏	30.00元	120.00元
电表	1个	10.00元	10.00元

续表

品名	数量	单价	金额
洋瓷面盆	2个	8.00元	16.00元
大脚盆	1个	5.00元	5.00元
水缸	2口	6.00元	12.00元
青花瓷碗	全席	75.00元	75.00元
铁锅	1只	20.00元	20.00元
锅铲、炉桥、火钩、菜刀	全套	25.00元	25.00元
共合法币2209.40元整			

3）兹将店员衣服被盖损失列后

品名	数量	单价	金额
被条	4床	60.00元	240.00元
线毯	4床	25.00元	100.00元
府绸汗衣	6件	12.00元	72.00元
府绸中衣	6条	8.00元	48.00元
灰绸衫子	2件	50.00元	100.00元
蓝布衫子	8件	24.00元	192.00元
共合法币752.00元整			

以上三笔总共合法币23592.29元。

14. 重庆巨康五金号为送呈8月20日被炸损失请存转事致重庆市五金电料商业同业公会文（1940年8月28日）

迳启者。本月二十日敌机袭渝，敝号不幸被毁。兹将所受损失详列表册附上，至乞转陈各有关机关备案为感。专此函恳，至希查照为荷！此上：
重庆市五金电料商业同业公会台启

附上损失清单一式4份

重庆巨康五金号谨启
中华民国二十九年八月二十八日
临时通讯处：林森路222号瑞记五金号专

兹将八月二十日被炸损失各项花色开列于后[①]:

货名	数量	进价	共计	最近市价	共计
1分红纸柏	2张34磅	2.00元/磅	306.00元	16.00元/磅	544.00元
半分红纸柏	20张183磅	1.40元/磅	24.22元	17.00元/磅	29.41元
3寸4层橡皮带	1卷328尺	5.45元/尺	177.12元	17.00元/磅	294.10元
2分1寸铝盼更	31磅	12.00元/磅	372.00元	20.00元/磅	620.00元
16号纱包考而	47磅	6.20元/磅	291.40元	15.00元/磅	705.00元
26呎、50呎皮尺	2把	20.00元/把	40.00元	60.00元/把	120.00元
6寸钢皮尺	2把	24.00元/把	48.00元	30.00元/把	60.00元
12寸钢锯条	7把	7.00元/把	49.00元	9.00元/把	63.00元
1分夹布橡皮	1卷114磅	13.00元/磅	14.82元	15.00元/磅	17.00元
同事私产			200.00元		
12寸钢皮尺	7支	3.00元/支	21.00元	5.00元/支	35.00元
1米元钢卷尺	2把	42.00元/把	84.00元	70.00元/把	140.00元
2米元钢卷尺	1把	51.00元/把	51.00元	90.00元/把	90.00元
半分麻花钻	60支	0.60元/支	36.00元	1.80元/支	10.80元
1分麻花钻	60支	1.20元/支	72.00元	1.80元/支	10.80元
1.25分麻花钻	60支	1.50元/支	90.00元	2.20元/支	13.20元
2分麻花钻	60支	2.40元/支	144.00元	3.60元/支	216.00
4分钢丝绳	220磅	1.50元/磅	330.00元	3.00元/磅	660.00元
8号铝丝	130斤	1.00元/斤	130.00元	2.20元/磅	286.00元
共计			7939.60元		10899.60元

附注:生财全部被焚。

15. 重庆荣记贸易行为送呈8月20日被炸损失请存转事致重庆市五金电料商业同业公会文(1940年8月31日)

迳启者。敝行白象街38号原址,不幸于八月二十日敌机袭渝时全部焚毁。虽一部货物早经疏散在乡,而存行备售之货件及生财、家俱〔具〕、同人衣物等,均被烧毁,总计损失洋15798.57元。所有一部分账据文件因存储保险

[①] 本表系根据档案原文制成。由于原文系毛笔手写体,数目采用旧式记账符号,故在辨认中难免有误。

箱亦遭毁焚，用物专函呈报钧会备查，另附呈详细损失单，计同式4纸，恳请分报有关税局存案，实为德便！专此。即请重庆市五金电料商业同业公会钧鉴！

附件

重庆荣记贸易行启

中华民国二十九年八月三十一日

临时办事处：白象街35号内

二十九年八月二十日敌机袭渝，本行白象街38号原址不幸全部焚毁。兹将所蒙损失分陈于左<下>：

存货项（一部分早经疏散在乡）：

货名	数量	成本价	金额
开关灯头	1280只	1.40元/只	计洋1792.00元
平灯头	324只	0.80元/只	计洋259.20元
矮脚灯头	850只	1.60元/只	计洋1360.00元
花线	45卷	42.00元/卷	计洋1890.00元
50支灯泡	448只	2.60元/只	计洋1164.80元
40支灯泡	686只	2.60元/只	计洋1783.60元
25支灯泡	200只	2.60元/只	计洋520.00元
15支灯泡	524只	2.60元/只	计洋1362.40元
5支灯泡	712只	2.60元/只	计洋1851.20元
存货损失共计成本洋11983.20元整			

生财项：计损失洋1448.70元整；

现钞项：（其一部分账据存储保险箱被焚）计损失洋1466.67元；

同人损失项：（由本行津贴发给）计损失洋900.00元整。

总共计损失洋15798.57元整。

重庆荣记贸易行具报

中华民国二十九年八月三十一日

16. 重庆慧星电料行为填送8月19日被炸损失请存转呈重庆市电料商业同业公会文（1940年8月）

商民慧星电料行于本月十九日遭受敌机空袭，所有电器材料以及二十八年与二十九年度账簿，除进货流水1本外，完全焚毁，理合将损失货品等项造表赍呈，恳请大会备案存查，并请转详有关机关，实沾德便！谨呈：

重庆市五金电料商业同业公会钧鉴

慧星电料行呈
中正路485号
中华民国二十九年八月

重庆市电料商业慧星电料行造呈"八一九"惨遭敌炸货品家具损失表

项别	单价	品名	数量	金额	备考
货品	14.00元/只	国术A电	1只	14.00元	
	12.00元/只	日月C电	2只	24.00元	
	40.00元/只	星球B电	1只	40.00元	
	22.00元/只	鹰牌A电	3只	66.00元	
	8.00元/打	星球电池	30打	240.00元	
	6.50元/打	必胜电池	170打	1105.00元	
	200.00元/箱	永川电池	2.50箱	500.00元	
	26.00元/打	开关灯头	3打	78.00元	
	11.00元/托	保险丝	7托	77.00元	
	30.00元/只	告AB电表	2只	60.00元	
	14.00元/只	虎牌A电	47只	658.00元	
	16.00元/只	真空管	9只	144.00元	
	22.00元/只	永备A电	3只	66.00元	
	90.00元/只	永备B电	1只	90.00元	
	7.40元/打	国术电池	5打	37.00元	
	7.00元/打	防空电池	10打	70.00元	
	12.00元/圈	胶布	8圈	96.00元	
	合计国币3479.10元				

续表

项别	单价	品名	数量	金额	备考
家具	400.00元/只	外出窗货架	2只	800.00元	
	300.00元/只	玻屯盒	2只	600.00元	
	28.00元/只	写字台	2只	56.00元	
	50.00元/张	铁床	2张	100.00元	
	8.00元/个	木方凳子	8个	64.00元	
	22.00元/口	铁锅	2口	44.00元	
	8.00元/张	1816玻片	66张	528.00元	
	500.00元/只	两边货架	2只	1000.00元	
	24.00元/张	账桌子	1张	24.00元	
	16.00元/张	桌子	2张	32.00元	
	8.00元/把	藤椅	2把	16.00元	
	100.00元/张	4832玻砖	4张	400.00元	
	40.00元/只	账箱货架	1只	40.00元	
	60.00元/张	大餐桌	1张	60.00元	
	合计国币3756.00元				
二共合计法币7235.10元					

17. 重庆元益公司为8月19、20日千厮门仓库被炸请备案事致重庆市五金电料商业同业公会文（1940年9月1日）

迳启者。敌机于八月十九、二十两日连逐狂炸，敝公司千厮门仓库全部被焚，损失细数正在清理中，敬先备函具报，至希查照备案为荷！此致：

重庆市五金电料商业同业公会主席周

重庆元益公司启

中华民国二十九年九月一日

18. 重庆均记电池制造厂为送呈8月19日被炸损失请存转致重庆市五金电料商业同业公会文（1940年9月6日）

迳启者。敝厂营业处于八月十九日被敌机轰炸焚毁，兹特将敝厂损失各种物品造表函达贵会，祈代为转呈各处为盼！此致：

五金电料商业同业公会钧鉴

> 重庆均记电池制造厂启
> 暂住都邮街
> 九月六日

均记电池厂营业部于二十九年八月十九日被敌机轰炸焚毁各货录后：

单价	货名	数量	合计数
10.00元/打	五羊池	10打8只	166.70元
10.00元/打	狮牌池	2打2只	21.64元
7.40元/打	国术池	6打	44.40元
12.00元/打	日月池	11打	132.00元
6.50元/打	本厂池	773打9只	5029.40元
7.00元/打	良友池	4打9只	33.22元
8.50元/打	星球池	1打1只	9.20元
96.00元/打	300马头电筒	10支	80.00元
120.00元/打	500狗头电筒	1打	120.00元
120.00元/打	500虎头电筒	1只	10.00元
144.00元/打	700狗头电筒	1支	12.00元
144.00元/打	700虎头电筒	5只	60.00元
120.00元/打	1500无畏电筒	3只	30.00元
96.00元/打	700无畏电筒	5支	40.00元
240.00元/打	三益电筒	6支	120.00元
54.00元/打	300杂牌电筒	28打4只	1522.00元
120.00元/打	500羊头电筒	1打2只	140.00元
50.00元/100只	保久电珠	279只	139.50元
60.00元/100只	奇异电珠	81只	48.60元
30.00元/100只	绿色电珠	111只	33.30元
100元/100只	62奇异电珠	29只	29.00元
1.00元/只	汽车电珠	1只	1.00元
15.00元/100只	62冲美电珠	28只	4.20元
24.00元/打	胶开关灯头	2打6只	60.00元
220.00元/100只	电灯泡	406只	893.20元

续表

单价	货名	数量	合计数
3.00元/只	车丝灯泡	3只	9.00元
4.00元/只	亚司令、飞利浦灯泡	57只	228.00元
12.00元/打	壁开关	33只	33.00元
18.00元/打	插头座	1打	18.00元
4.00元/100付	磁夹	40付	1.60元
1.00元/只	直脚	10只	10.00元
2.00元/只	灯钩	18只	36.00元
3.00元/只	葫芦	4只	12.00元
3.00元/箩	外丝钉	1罗〔箩〕100只	5.00元
3.50元/箩	外丝钉	1罗〔箩〕	3.50元
5.00元/箩	1寸丝钉	5罗〔箩〕	25.00元
7.00元/箩	1.50寸丝钉	半罗〔箩〕	3.50元
10.00元/箩	2寸丝钉	1罗〔箩〕	10.00元
8.00元/卷	胶布	半卷	4.00元
60.00元	花线	1卷	60.00元
4.00元/只	7500电灯泡	11只	44.00元
10.00元/打	平灯头	4打11只	49.17元
0.50元/只	磁灯盖	3只	1.50元
18.00元/打	950美池	1打	18.00元
1.00元/打	通计	1打半	1.50元
5.00元/只	10000电灯泡	2只	10.00元
	生财家具	全部	1200.00元

总计法币10570.21元整

19. 重庆稣济电料行为送呈8月19日被炸损失请存转致重庆市五金电料商业同业公会文（1940年9月6日）

迳启者。查敝号中正路405号铺面不幸于八月十九日被敌机投弹焚毁，家俱〔具〕、货物、生财完全焚毁。回忆遭此巨灾空前绝后，目睹之余，惨状莫名。尤以敌机此种酷形〔刑〕而我同人心志益坚，誓愿在政府领导之下继续奋斗，不畏牺牲一切以答复敌人。然而，如此次较巨损失，商已窘态呈出。虽云不遗力奋斗，毕竟残喘维艰。以此函达大会，兹特将所损失货物、生财逐一查明，另具报告表4份以资察核，并希汇转我贤明当局及有关税局，设法于以抚恤，用资救济难商而维市场，俾长作政府之后盾，以期胜利速决。此致：
重庆市五金电料商业同业公会钧鉴

付〔附〕上损失报告表4份

会员商号：重庆稣济电料行

住址：中正路马家巷360号

（按，原址系中正路405号，被炸后暂迁该办事处）

中华民国二十九年九月六日

重庆稣济电料行财产损失报告表

事件：被轰炸

日期：八月十九日

地点：中正路405号

货名	单价（国币元）	数量	金额（国币元）
7/8′50支铝皮线	850.00元/100支	250支	2125.00
6分Aeg包布	8.00元/卷	18卷	144.00
1/8′OE统一牌交线	82.00元/卷	62卷	5084.00
38/40花线	75.00元/卷	37卷	2775.00
1/6′交统一牌皮线	145.00元/卷	24卷	3480.00
7/8′交皮线	520.00元/卷	6卷	3120.00
7/20交线	460.00元/卷	2卷	920.00
2/8比金铝皮线	350.00元/卷	10卷	3500.00
交木平灯头	15.00元/打	12打	180.00
交木矮脚灯头	32.00元/打	52打	1664.00
交壁开关	14.00元/打	5打	70.00
交床上开头	14.00元/打	10打	140.00
4分小磁管	0.25元/支	1800支	450.00
12寸风雨长磁管	1.20元/支	642支	770.40
6寸风雨短磁管	1.20元/支	320支	384.00
220P亚司令灯泡	3.00元/只	64只	192.00

续表

货名	单价(国币元)	数量	金额(国币元)
220P新光灯片	1.80元/只	350只	630.00
220P亚令其灯片	1.80元/只	540只	972.00
交玉机灯	1.50元/只	350只	525.00
交开关灯头	26.00元/打	18打	468.00
工字小钢惜	60.00元/打	55打	3300.00
4胶耳筒线	850.00元/卷	2卷	1700.00
2股舌子线	800.00元/卷	2只	1600.00
200支汽油灯	140.00元/只	4只	560.00
200支汽灯开关	85.00元/打	2打	170.00
200支汽灯油肠	85.00元/打	2打	170.00
2寸磁夹板	20.00元/付	500付	100.00
200支通火针	0.80元/打	150打	120.00
200支轻纱罩	5.00元/打	42打	210.00
200支奶子	6.50元/打	65打	422.50
200支酒精黄	45.00元/打	2打	90.00
400支酒精黄	5.00元/支	14支	70.00
交先令螺丝	15.00元/打	18打	270.00
交元及合子	14.00元/打	24打	336.00
雷铃金线	14.00元/卷	46卷	644.00
大交炭精片子	5.00元/张	24张	120.00
高塔火车电池	8.00元/打	84打	672.00
文明牌电池	9.00元/打	67打	603.00
三羊小雷珠	700.00元/10000只	12000只	840.00
500尺三羊手灯	55.00元/打	18打	990.00
500尺如意手灯	5.00元/支	90支	450.00
6寸座风扇	80.00元/支	2支	160.00
72奇普吊扇	600.00元/支	1支	600.00
60A三线甲刀	30.00元/只	3只	90.00
45A三线甲刀	19.00元/只	5只	95.00
220p40W银光灯泡	5.00元/只	126只	630.00
220p400W结面可灯泡	1.80元/只	345只	621.00

20. 重庆鸿达电料行为填报8月19日被炸损失请存转致重庆市五金电料商业同业公会文（1940年9月7日）

窃上月十九日，敌机袭渝，遍投烧夷弹，本店不幸，适被焚如，所有存储电料货物与玻柜货架暨动用家俱〔具〕等物，尽成灰烬。半生心血，化为乌有。缮后复业，感生困难，以致本店人等生活，均处于危殆境地。除将本店损失清单附录4份赍呈外，理合报恳大会鉴核，据实转呈有关机关备查，优予救济，以维营业，而矜商艰。可否有当？静候示遵。谨呈：

重庆市五金电料商业同业公会

附呈电料损失清单4份

鸿达电料行

住磁器街67号

经手：刘国华

中华民国二十九年九月七日

谨将本年"八一九"敌机肆虐，本店被毁所有货架、玻柜与动用家俱〔具〕等尽付一炬外，存储电料等货亦遭灰烬。用将各货损失详录于后：

500尺狗头电筒2打	300尺狗头2打	300尺杂壳3打	三益筒1打
38美泡500只	25美泡1000只	40支永川灯泡120只	100支雷亭泡3个
75支雷亭泡2只	开关灯头1打	壁上开关2打	花线1圈
皮线2圈	大刀牌电池5打	美狗电池6打	国术电池7打
良友电池10打	文明电池5打	均记电池8打	双凤电池2打
明珠电池20打	农工电池10打	总共损失法币1850.30元	

21. 重庆余记五金号为呈报8月20日被炸损失清单请存转致重庆市五金电料商业同业公会文（1940年9月7日）

敬启者。敌机八月二十日结队来袭，商号寄堆同业永记五金号堆栈各货（地点：太平门下首元通寺隔壁），该处适落燃烧弹，栈屋顿成废虚，致栈内各货均遭受损失。商号前曾具函分呈大会暨所得税局在案，旋蒙所得税局派员苴商号调查属实，又复接大会来函，示告前函呈报手续不合，等因，奉此。兹遵照呈报手续，缮具损失清单一式4份附呈大会，恳请分别转呈层峰主管机关备案为感。统希察鉴是荷！此上：
重庆市五金电料商业同业公会

重庆余记五金号启

中华民国二十九年九月七日

计开：

货名	数量	单价	金额
皮结	2475只	7.00元/10只	1732.50元
水肥皂	1听	20.00元/听	20.00元
玻璃管	75根		127.00元
白呢	2匹(110码)	26.00元/码	2860.00元
打手皮带	83.30公斤		2209.50元
6分牛油盼更	12公斤	14.00元/公斤	168.00元
长毛绒	1匹(55码)	15.00元/码	825.00元
3寸橡皮带	106尺	2.40元/尺	254.40元
蔴帆布	2匹	48.00元/匹	96.00元
头号飞翼	980只	14.00元/10只	1372.00元
纸盼更	45公斤		682.50元
抱柱弹簧	13600只	0.10元/只	1360.00元
3号飞翼	1478只	1.20元/只	1773.60元
方纱盼更	0.56公斤		6.65元
片子弹簧	140只	2.00元/只	280.00元
筒管齿轮	297只	1.70元	504.90元
纱带	20卷	1.00元	20.00元
绒棍弹簧	340只	1.50元/只	510.00元
汽缸油	143听	75.00元/听	10725.00元
铜丝卷	469盒	20.00元/盒	9380.00元
共计国币34195.65元			

22. 重庆裕昶五金号为送呈8月20日被炸损失清单请存转致重庆市五金电料商业同业公会文(1940年9月8日)

迳启者。八月二十日敌机狂炸渝市,敝号存太平门元通寺内各货致被燃烧弹焚毁,计损失国币50270.00元。兹附奉各货被炸焚毁纫单5张,希即转交各有关机关备案为要。此请:

五金公会台鉴

重庆裕昶五金号
中华民国二十九年九月八日

被炸各货详列如下:

货名	数量	单价	金额
洋钉	86桶	350.00元/桶	合计国币30100.00元
盐脑	11桶	1200.00元/桶	合计国币13200.00元
铝粉	41袋	170.00元/袋	合计国币6970.00元
以上各货共计国币50270.00元			

23. 中亚贸易行为补呈8月20日被炸损失单致重庆市五金电料商业同业公会文(1940年9月11日)

迳启者。奉八月三十日总字00014号复1件,嘱开具清单5份一节,现敝行业经整理完毕,谨将损失较重者列表5份,请即转呈备案为祷!此致:

五金电料商业同业公会

附表5份

炮台街12号中亚贸易行启
中华民国二十九年九月十一日

二十九年八月二十日被炸损失表：

货名	数量	价格	金额	附记
亚而登50支光灯泡	750只	200.00元/只	1500.00元	
亚而登15W灯泡	810只	150.00元/只	1215.00元	
亚而登5支光灯泡	1122只	150.00元/只	1683.00元	
共计	2682只		4398.00元	

24. 重庆仁昌铁号为送呈8月19日被炸损失清单请存转致重庆市五金电料商业同业公会文（1940年9月11日）

迳启者。敝号营业处不幸于本年八月十九日被炸又烧，敝号所陈设样货及家俱〔具〕等项悉被焚毁。兹特将被焚损失各项列单5份随呈，恳祈钧会备案并转咨有关机关查核备案，以符法规，实沾德便！此呈：

市同业公会主席周钧鉴

重庆仁昌铁号启
中华民国二十九年九月十一日

谨将八月二十九日敝号营业处被炸烧损失开列于后：

货名	数量	单价（现价）	金额
3、4、5、6分洋钉	3桶半	400.00元/桶	合法币1400.00元
1—6寸洋钉	9桶正	350.00元/桶	合法币3150.00元
2.3寸铁皮	1卷（重125斤）	300.00元/100斤	合法币375.00元
粗细铝丝	650斤	250.00元/100斤	合法币1625.00元
店员6人衣物等，计约法币2000.00元整			
家俱〔具〕，计值法币350.00元整			
上项物品合计损失法币8900.00元整			

25. 重庆永康电料行为送呈8月19日被炸损失清单请存转致重庆市五金电料商业同业公会文（1940年9月11日）

迳启者。兹有会员陈渊儒在磁器街13号所做之永康电料行，于上月十九号敌机狂炸本市时敝号被焚去各货，今特开列4张于后，请公会转呈各税收机关为盼！此致：

重庆五金电料商业同业公会台鉴

会员重庆永康电料行陈渊儒

住磁器街13号

中华民国二十九年九月十一日

计开被焚之货列后：

货名	数量	单价	金额
明珠电池	56打	4.50元/打	252.00元
国术电池	8打	7.40元/打	59.00元
文明池	9打	8.50元/打	76.50元
小电珠	3000只	5.00元/100只	150.00元
奇异小电珠	30	65元/100只	19.50元
永川牌电灯泡	58只	1.50元/只	87.00元
磁夹	600付	15.00元/1000付	9.00元
螺丝钉	2盒	3.85元/盒	7.602元
1.2寸螺丝钉	1盒	7.50元/盒	7.50元
2寸螺丝钉	2盒	9.50元/盒	19.00元
1.5寸螺丝钉	1盒	8.00元/盒	8.00元
以上共计法币700.30元整			

26. 重庆市五金电料商业同业公会为转呈新泰贸易公司8月20日被炸损失请备案事致重庆市社会局文（1940年9月19日）

案据本会会员新泰贸易公司报告称：“会员开设本市商业场西大街第10号，不幸于本年八月二十日敌机袭渝被炸，所有货物家具，全部焚毁。理合开具损失清单5份，报请大会备查并转有关机关备案。"等情，附清单5份，前

来。经查属实,除准予备查并分别呈函外,理合检附原清单1份,备文呈请钧局鉴核备案,实为公便。仍候指令只遵。谨呈:

重庆市社会局

附呈原清单1份

重庆市五金电料商业同业公会主席　周荟柏

中华民国二十九年九月十九日

八月二十日敌机袭渝,新泰贸易公司被毁遭受损失详列于后:

名称	数量	原本单价	总计（国币元）	现值单价	总值（国币元）	备考
1 1/2"牛皮带	160呎	0.975元/呎寸	156.00	1.00元/呎寸	240.00	
3"牛皮带	240尺	同上	468.00	同上	720.00	
黄牌钢丝	29磅	3.00元/磅	87.00	6.00元/磅	174.00	残体抓出
12"德货钢锯条	37打	64.00元/罗〔箩〕	197.33	120.00元/罗〔箩〕	370.00	同上
12"三星钢锯条	4.5打	20.00元/打	90.00	26.00元/打	117.00	同上
12"司板纳	1把		18.00		24.00	同上
3/4"钢丝绳	378磅	3.00元/磅	1134.00	5.00元/磅	1890.00	同上
美女牌几而砂	8盒	8.00元/盒	64.00	11.00元/盒	88.00	
方听几而砂	6盒	10.00元/盒	60.00	12.00元/盒	72.00	
5/16"麻花钻	24支	1.76元/支	42.24	2.50元/支	60.00	见有残体
10m/m麻花钻	12支	2.40元/支	28.80	5.00元/支	60.00	
7m/m麻花钻	5支	3.00元/支	15.00	3.50元/支	17.50	
1/16"红橡皮	11磅	8.60元/磅	94.00	14.00元/磅	154.00	
1/8"夹布橡皮	7磅	8.60元/磅	60.00	14.00元/磅	97.00	
1/4"石棉线	5磅	8.80元/磅	44.00	15.00元/磅	75.00	
1/2"—3/4"石棉盼更	31.50磅	10.00元/磅	315.00	15.00元/磅	472.50	
1/2"—7/8"里粉盼更	25.465磅	22.00元/磅	560.23	28.00元/磅	713.02	
100呎皮尺	1把		30.00		80.00	
50呎250皮尺	17把	45.00元/把	765.00	60.00元/把	1020.00	
2 1/2"扁漆刷	80把	1.25元/把	100.00	1.50元/把	120.00	

续表

名称	数量	原本单价	总计（国币元）	现值单价	总值（国币元）	备考
3/8"考克几而	4只	3.40元/只	13.60	4.50元/只	18.00	
7/8"—2"木螺丝钉	8包	8.00元/包	64.00	10.00元/包	80.00	残骨犹存
4"螺丝刀	8支	1.20元/支	9.60	2.00元/支	16.00	同上
门搭扣	3打	2.40元/打	7.20	3.50元/打	10.50	同上
门插销（长短）	279支	0.90元/寸打	194.07	1.26元/寸打	271.60	同上
$1\frac{1}{2}$"—12"镀锌窗钩	88.50打		332.66		465.72	同上
1"—$3\frac{1}{2}$"合页	36打		238.00		333.00	同上
8"手牌细扁锉	6打	4.80先令/打	547.20	6.00先令/打	684.00	同上
60眼黄铜丝布	44.50呎	13.00元/呎	578.50	23.00元/呎	1023.50	同上
16眼黄铜丝布	3呎	4.00元/呎	12.00	10.00元/呎	30.00	残体庽粉
链结	34斤	1.50元/斤	51.00	3.00元/斤	102.00	残体在
$2\frac{1}{2}$"帆布管	30呎	6.00元/呎	180.00	10.00元/呎	300.00	
14#—20#双纱包马达线	99磅	15.00元/磅	1485.00	22.00元/磅	2178.00	残体犹在
18#保险丝	4卷	2.00元/卷	8.00	8.00元/卷	32.00	
3/4"黑包布	30卷	7.00元/卷	210.00	10.00元/卷	300.00	
1/2"黑包布	10卷	4.00元/卷	40.00	6.00元/卷	60.00	
5/8"玻璃管	110支	6.00元/支	660.00	8.00元/支	880.00	残体犹在
3/4"玻璃管	12支	6.00元/支	72.00	8.00元/支	96.00	炸焚后而失踪者
1/2"—3/4"长短螺丝卩	355斤	2.50元/斤	887.50	3.70元/斤	1313.50	同上
1/4"—5/8"铁介子	78磅	4.50元/磅	351.00	5.00元/磅	390.00	同上
大小管子零件	75件		525.00		675.00	同上
生财家具	全部		约计600.00			包括装修
伙友私财	全部		约计500.000			衣物、箱笼铺盖
总计			11895.13		15822.84	

27. 重庆市五金电料商业同业公会为转呈重庆永美五金号8月19日被炸损失致重庆市社会局文（1940年9月19日）

案据本会会员永美五金号报告称："会员开设本市中正路541号，不幸于本年八月十九日敌机袭渝被炸，所有货物家具全部焚毁。理合开具损失清单5份，报请大会存查并转有关机关备案。"等情，附清单5份，前来。经查属实，除准予存查分别呈函外，理合检附原清单1份，备文赍呈钧局鉴核备案，实为公便。仍候指令只遵。谨呈：

重庆市社会局

　　附呈清单1份

　　　　　　　　　　　　重庆市五金电料商业同业公会主席　周荟柏

　　计抄被炸烧损失货物清单：

货名	数量	单价	金额
洋钉	37桶	250.00元/桶	9250.00元
洋钢	549斤	400.00元/100斤	2196.00元
铝丝	531斤	200.00元/100斤	1062.00元
新铝丝	10斤	10.00元/斤	100.00元
钢丝	561斤	180.00元/100斤	1009.80元
铁铰	38盒半	22.00元/盒	847.00元
皮带扣	27支	2.00元/支	54.00元
□钩	2只	0.15元/只	0.30元
□□钉	22包	1.60元/包	35.20元
鞋油	2打	16.00元/打	32.00元
揩铜油	25盒	1.50元/盒	37.50元
螺丝钉	46罗〔箩〕	6.50元/箩	299.00元
砂纸	72张	0.25元/张	18.00元
洋锁	19打	14.00元/打	266.00元
洋锁	8只	1.40元/只	11.20元
磁漆	18筒	4.00元/筒	72.00元
古磁衣钩	1只	0.20元	0.20元
□□	80只	0.10元/只	8.00元

续表

货名	数量	单价	金额
□圈	37罗〔箩〕	2.50元/箩	92.50元
帐圈	48只	0.02元	0.96元
窗钩	1罗〔箩〕	30.00元/箩	30.00元
窗钩	1打	3.00元/打	3.00元
胶水	4打	10.00元/打	40.00元
胶水	2筒	1.00元/筒	2.00元
梅花钉	14磅	12.00元/磅	168.00元
螺丝圈	5罗〔箩〕	2.20元/箩	11.00元
螺丝圈	1打	0.22元/打	0.22元
锯条	7打	10.00元/打	70.00元
英尺	3把	8.00元/把	24.00元
铁插	26打	3.00元/打	78.00元
6开洋刀	4把	2.20元/把	8.80元
匙链	4罗〔箩〕	35.00元/箩	140.00元
匙链	85更〔根〕	0.30元/根	25.50元
洋错〔锉〕	10支	6.00元/支	60.00元
砂布	3打	10.00元/打	30.00元
砂布	2张	1.00元/张	2.00元
铜钉	6包	7.00元/包	42.00元
弹弓交	3对	45.00元/对	135.00元
门锁	25把	9.00元/把	225.00元
泡钉	半盒	8.00元/盒	4.00元
窗纱	60尺	2.50元/尺	157.50元
箱扣	29打	1.60元/打	46.40元
家具等			347.70元
共计法币17080.72元整			

28. 重庆永记五金号为报送8月20日被炸损失请存转致重庆市五金电料商业同业公会文（1940年9月19日）

迳启者。商号堆栈原在太平门元通寺附近张家亭（聚光荣堆栈下层），于八月二十日敌机投下大量燃烧弹，商号堆栈适被命中，致将栈中货物被焚，损失颇巨。兹经雇工挖掘后,所有杂货五金及油料等悉化灰烬,惟尚有大花色钢铁条板管等,形式虽在,实际性质已失效用,尚未列入表内,顺此附闻。兹附呈各货损失表一式5份,至祈察鉴备案是荷!此呈:
重庆市五金商业同业公会

重庆永记五金号谨启
中华民国二十九年九月十九日

重庆永记五金号1940年8月20日被敌机炸焚各货损失表

货名	数量	单位	价格(国币元)	金额(国币元)
绿铁丝布	3	匹	180.00	540.00
3/4"玻璃管	41	支	9.00	369.00
1/8 红纸柏	84.50	磅	11.58	978.51
麻蓬布	2	匹	100.00	200.00
纸柏线	30.05	磅	9.00	274.50
12"粗扁锉	71	支	4.05	287.55
14"粗扁锉	97	支	5.40	523.80
12"钢锯条	48	打	3.35	160.80
1/4"—3/4"美螺丝铰板	1	副		850.00
橘饼洗刀	1	套		40.00
1"扁漆刷	9 又 5/6	打	7.20	70.80
1 1/2"扁漆刷	10	打	8.40	84.00
2"扁漆刷	18 又 1/2	打	12.29	227.40
2 1/2"扁漆刷	9	打	10.80	97.20
3"扁漆刷	7	打	16.00	112.00
500磅天秤	1	架		120.00
250公斤天秤	2	架	130.00	260.00
5/8"ב3/4 木螺丝	20	罗〔箩〕	2.60先令	47.66
3/4"ב5 木螺丝	24	罗〔箩〕	2.60先令	57.17
3/4"ב6 木螺丝	20	罗〔箩〕	2.60先令	52.00
3/4"ב8 木螺丝	20	罗〔箩〕	2.60先令	58.50
1 1/4 "ב6 木螺丝	20	罗〔箩〕	4.00先令	106.66
1"ב6 木螺丝	13	罗〔箩〕	3.50先令	51.19

续表

货名	数量	单位	价格(国币元)	金额(国币元)
1"×#7木螺丝	6	罗〔箩〕	3.50先令	25.38
1"×#8木螺丝	20	罗〔箩〕	4.00先令	78.00
13m/m×40m/m白钢皮	134.50	磅	4.50	605.25
25m/m×0.50m/m白钢皮	141.75	磅	4.50	637.88
7.4m/m风钢车刀钻	22	支	28.00	616.00
3/4"铜几耳	7	只	3.30	23.10
1"铜几耳	2	只	4.00	8.0
1"4铜几耳	5	只	1.80	9.00
1 1/2"铜几耳	6	只	7.00	42.00
2"铜几耳	3	只	8.00	24.00
3"铜几耳	1	只		9.00
6"弹弓门绞	4	副	6.00	24.00
白几士令油	1桶327	磅	5.00	1935.00
黄几士令油	3	柄	1500.00	4500.00
润滑油	210	加仑	11.00	2310.00
#1 1/2人头砂布	38	打	7.40	281.20
#45皮带机	16	盒	7.00	112.00
#35皮带机	3	盒	26.00	78.00
1/4"蓝牌方钢	41	磅	1.00	41.00
5/16"蓝牌方钢	57	磅	1.00	57.00
3/8蓝牌方钢	72	磅	1.00	72.00
1"蓝牌方钢	185	磅	1.20	222.00
5/16方钢	261	磅	0.60	156.60
7/16"方钢	264	磅	0.60	158.40
7/16"元钢	240	磅	0.60	144.00
1/4"×1 1/2"扁钢	154	磅	0.65	100.10
1/16"×1"铁板3张	210	斤	210.00	441.00
薄亮钢皮	1451	斤	0.90	1305.90
1/2"白铁管	47	尺	4.75	460.75
1"黑铁管	56.50	尺	9.50	536.75
1 1/2"黑铁管	78	尺	13.46	1049.88
共计				21631.93

29. 重庆同美五金号为送呈8月20日被炸损失请存转致重庆市五金电料商业同业公会文（1940年10月8日）

迳启者。敝号于八月二十日惨遭敌机轰炸，损失颇重。事先因敝号店员周远华、曹梦侨均在三民主义青年团二分团空袭服务队服务，每次空袭均将重要物品装置保险箱内，俾便服务，且遭炸中亦日登时抢救。殊是日敝号号址命中爆炸弹及燃烧弹各一枚，全体房屋遏〔塌〕下后再着火延烧，故无法抢救。翌日清晨，火熄，始将保险柜挖出，凭大会常务委员张孔亮、监委林文骏、同业远大五金号同人街邻林海峰、刘仲密等及敝号股东多人，会同启视内藏各物，如账簿、现金、图章、票据等，悉成灰烬。敝号同人跟即分头登报（时事新报八月三十一日及九月十二日）声明，并赴黑石子清各存货及召集股东大会，仍亟谋恢复，遂于九月一日就原址另建临时铺面营业。现各事均已就绪，故特申报大会备查，并请转报有关机关呈案是荷！此上：

五金电料商业同业公会公鉴

重庆同美五金号启

住中正路294号

十月八日

重庆同美五金号损失清单：

（一）货物			
货名	数量	单价	金额
各时洋钉	5桶	300.00元/桶	1500.00元
各分洋钉	3桶	400.00元/桶	1200.00元
16号新铅丝	101斤	5.00元/斤	505.00元
鸡牌窗纱	2匹	250.00元/匹	500.00元
25白方钻	20打	20.00元/打	400.00元
35白方钻	20打	20.00元/打	400.00元
20花蓝钻	2打	40.00元/打	80.00元
30花蓝钻	2打	50.00元/打	100.00元
40花蓝钻	2打	60.00元/打	120.00元
长城洋漆	6打	80.00元/打	480.00元

续表

(二)生财家具		
名称		金额
厨房用具		300.00元
电灯		200.00元
木器等		100.00元
(三)店员4人损失		
被盖4床		200.00元
衣服		800.00元
(四)其他		
账簿	全数	
现钞		1300.00元
共计全体损失洋8195.00元		

30. 民新五金车料行重庆总行为送呈8月19日被炸损失请存转致重庆市五金电料商业同业公会文（1940年10月13日）

敬启者。属号于八月十九日被敌炸烧,铺房、货物、生财、家俱〔具〕等烧烬无余。特将所损失各货缮表5份,赍呈大会存查,其余4份请转所得税、营业税、钢铁委员会、社会局存案备查,实为公便。此请:

重庆市五金电料商业同业公会公鉴

附计损失表5份

会员商号民新五金车料行谨启

中华民国二十九年十月十三日

二十九年八月十九日被炸损失各货花目于左〈下〉：

货名	数量	单价	金额
36老头牌外胎	84付半	200.00元/付	10900.00元
36三元牌外胎	1付	190.00元/付	190.00元
36双刀牌外胎	49付半	190.00元/付	9405.00元
36加重钢卷	55付半	70.00元/付	3885.00元
花古头	30付	40.00元/付	1200.00元

续表

货名	数量	单价	金额
包车钢碗	20打另7只	18.00元/打	370.50元
25分网珠	27笋	14.00元/笋	378.00元
无珠卷	28打半	7.20元/打	205.20元
25英交水	60打另7听	48.00元/打	2908.00元
铜泡钉	5磅	8.00元/磅	40.00元
大汽代	28尺	2.50元/尺	70.00元
汽箍	527只	0.50元/只	263.50元
六角帽	14打另1只	12.00元/打	169.00元
有丝大华水	23打另10只	12.00元/打	286.00元
花古骨	45只	0.50元/只	22.50元
6分白螺丝钉	15只	0.10元/只	1.50元
3寸白螺丝钉	1笋另30只	40.00元/笋	48.00元
2寸白螺丝钉	1笋另101只	28.00元/笋	48.20元
各寸洋钉	3桶	280.00元/桶	840.00元
4寸椅弹簧	40打	10.00元/打	400.00元
6寸椅弹簧	30打	15.00元/打	450.00元
8寸椅弹簧	30打	20.00元/打	600.00元
半磅金色漆	2打另5听	84.00元/打	203.00元
1磅黄色漆	4听	13.00元/听	52.00元
2分铜帐卷	48笋另120只	1.00元/笋	48.80元
2号揉铜油	3盒	2.00元/盒	6.00元
2寸铁铰	2盒另3只	16.00元/盒	34.00元
4寸铁铰	12盒另4只	40.00元/盒	486.40元
4分木螺丝钉	43笋另30只	4.00元/笋	172.90元
6分木螺丝钉	2笋另62只	6.00元/笋	14.58元
1.20寸木螺丝钉	7笋另100只	10.00元/笋	79.10元
4寸铁插川	1打半	4.00元/打	6.00元
6寸铁插川	1打另10只	7.20元/打	13.20元
12寸锯条	1张	1.00元/张	1.00元
6寸手拿子	3只	5.00元/只	15.00元
1.50寸铁窗钩	1笋另46只	12.00元/笋	15.83元
2.50寸铁窗钩	68只	0.10元/只	6.80元

续表

货名	数量	单价	金额
各号灯钩	96只	0.05元/只	4.80元
蜜蜂牌松紧布	3匹	180.00元/匹	540.00元
钻石牌鞋油	1笃另73盒	180.00元/笃	271.25元
28眼牌内胎	10付另1支	26.00元/付	273.00元
24水鸭内胎	6付	22.00元/付	132.00元
1.25分钢珠	48笃另119只	4.00元/笃	195.33元
1.75分钢珠	37笃	6.00元/笃	222.00元
链条锁	9把	5.00元/把	45.00元
黑书架	8只	6.00元/只	48.00元
黑书架连寸架	5只	12.00元/只	60.00元
本电喇叭	7只	8.00元/只	56.00元
26钢丝	9笃另94只	40.00元/笃	386.32元
26足车架	1支	80.00元/支	80.00元
千斤螺丝	31只	0.50元/只	15.50元
座子螺丝	81只	0.50元/只	40.50元
活生头	13只	0.20元/只	2.60元
铜院具	3只	0.50元/只	1.50元
28德脚车	5部	500.00元/部	2500.00元
前后天心	4打另2只	18.00元/打	75.00元
足车商标	122张	0.50元/张	61.00元
36老头牌内胎	2付半	55.00元/付	137.50元
36三元牌内胎	5付	50.00元/付	250.00元
36双木牌内胎	76付半	50.00元/付	3825.00元
天心扛	31支	30.00元/支	930.00元
青果簧	47付半	50.00元/付	2375.00元
包车扎头	35打另11只	18.00元/打	646.50元
有珠卷	43打另7只	13.00元/打	784.50元
25人头交胶水	66打另7只	60.00元/打	3995.00元
花祺交胶水	1瓶	3.00元/瓶	3.00元
36工字钢丝	2600支	0.80元/支	2080.00元
小汽代	23尺	0.50元/尺	11.50元
汽针	141只	0.50元/只	70.50元

续表

货名	数量	单价	金额
小华水	61打另7只	4.80元/打	295.60元
无丝大华水	18打	6.00元/打	108.00元
36钢丝帽	200只	0.40元/只	80.00元
25白螺丝钉	90只	0.30元/只	27.00元
15白螺丝钉	40只	0.15元/只	6.00元
汽车内外胎	1套	1200.00元/套	1200.00元
各寸零洋钉	154斤	3.20元/斤	492.80元
5寸椅弹簧	30打	12.50元/打	375.00元
7寸椅弹簧	30打	17.50元/打	425.00元
10寸椅弹簧	50打	25.00元/打	1250.00元
半磅各色漆	23打另8听	84.00元/打	1967.00元
4号藤皮	256斤另6两	12.00元/斤	3076.50元
大号搽铜油	22盒	3.00元/盒	66.00元
1寸铁铰	21盒另21只	8.00元/盒	175.00元
3分木螺丝钉	14笼另126只	3.00元/笼	44.52元
35寸铁铰	21只	1.00元/笼	21.00元
5分木螺丝钉	1笼另64只	5.00元/笼	7.22元
1寸木螺丝钉	6笼	8.00元/笼	48.00元
1.50寸木螺丝钉	3笼另30只	12.00元/笼	38.50元
5寸铁搽川	20打另2只	6.00元/打	121.00元
古钉	1磅	7.00元/磅	7.00元
各寸锉刀	148寸	1.20元/寸	177.60元
信箱拉手	4只	0.50元/只	2.00元
2寸铁窗钩	1笼69只	18.00元/笼	26.62元
各号螺丝卷	129只	0.05元/只	6.45元
制革烙铁	24只	1.50元/只	36.00元
6行铜丝刷	10把	6.00元/把	60.00元
28眼牌外胎	9付半	60.00元/付	570.00元
26水鸭内胎	1付	24.00元/付	24.00元
1分钢珠	136笼另43粒	3.00元/笼	408.089元
1.50分钢珠	9笼另100粒	5.00元/笼	48.47元
2分钢珠	14笼另86只	8.00元/笼	116.77元

续表

货名	数量	单价	金额
德书架	1只	8.00元/只	8.00元
白寸架	18只	8.00元/只	144.00元
踏脚螺丝帽	48只	0.05元/只	2.40元
德电喇叭	1只	12.00元/只	12.00元
全面链条盒	5只	14.00元	70.00元
大小汽嘴	2笼另12只	7.20元/笼	15.00元
汽枪夹	5只	0.50元/只	2.50元
打汽夹	2只	0.20元/只	0.40元
28花古头	10只	6.00元/只	60.00元
交院具	4只	0.20元/只	0.80元
刹车铰	1笼另6只	72.00元/笼	75.00元
总天心	1支	8.00元/支	8.00元
大小皮碗	9打另4只	6.00元/打	56.00元

共计法币65818.68元(外计生财器具约值5000.00元)

31. 重庆市旧五金商业同业公会为造报会员被炸损失清册请转报救济致重庆市商会文(1940年10月14日)

窃查本会原地点及两次已被炸烧各会员等,业经分别呈报暨函请备查在案。复据已被炸烧各会员等,先后报请救济,以资恢复营业,各等情,前来。经本会派员复查属实,损失数量之巨,深堪悯恻,除另汇造损失数量清册分别呈核外,相应检同清册1份,函请大会查核转报予以救济,并希赐复为荷!此致:

重庆市商会主席周

　计呈损失数量清册1份

重庆市旧五金商业同业公会主席　向霭卿

十月十四日

重庆市旧五金商业同业公会造报二十九年七、八月份本会地址各会员先后炸烧详细清册

牌号	经理人姓名	住址门牌	炸烧日期	被灾情形	损失数量	备考
	公会	白象街11号	1940年8月9日、20日	炸烧	1560.00	查本会办公用具纸张油印机及一切木器概行烧毁,约计如上<左>数
同记	张善庆	白象街11号	1940年8月9日、20日	炸烧	8600.00	查该会员两次炸烧,复经被窃,约计损失如上<左>数
炳荣祥	赖炳荣	白象街20号	1940年8月20日	烧	2000.00	
恒泰	陈毓英	白象街11号	1940年8月9日、20日	炸烧	4160.00	除电料概被烧毁外,其余少数物品均系贷款购存,竟作废物出售,约计损失如上<左>数
	杨森林	白象街11号	1940年8月9日、20日	炸烧	2020.00	
	李国章	白象街21号	1940年8月9日、20日	炸烧	4000.00	
买卖委托商行	王鸣岗	白象街20号	1940年8月20日	烧	18000.00	
本会办事账牒	萧世伟	白象街11号	1940年8月9日、20日	炸烧	540.00	查该员被盖及衣箱内单夹棉衣物等件,约计损失如上<左>数
鼎新	向霭卿	千厮门中行街55号	1940年8月9日	炸滥	5000.00	除电料完全炸毁无遗外,其余物品及机械在内均成废物出售,约计损失如上<左>数
协泰隆	黄协泰	千厮门中行街77号	1940年8月9日	炸滥	7640.00	除电料完全炸毁无遗外,其余物品及机械在内均成废物出售,约计损失如上<左>数

续表

牌号	经理人姓名	住址门牌	炸烧日期	被灾情形	损失数量	备考
顺成祥	黄顺成	千厮门中行街55号	1940年7月6日	震毁	500.00	查以上各会员等两次炸烧之货品均作废物出售,约计损失如上各数,除特殊情形详注外,合并声明
协泰祥	巫金山	千厮门水巷子91号	1940年8月9日	炸	1240.00	
积利森	刘炳林	千厮门外正街17号	1940年6月12日	烧	960.00	
恒泰	萧汉卿	千厮门外正街49号	1940年6月12日	烧	1200.00	
同心和	杨汉章	千厮门外正街47号	1940年6月12日	烧	2000.00	
先发	王先发	千厮门外正街64号	1940年6月12日	烧	5000.00	
义和	陈殊能	千厮门外正街61号	1940年6月12日	烧	1200.00	
积森福	杨全森	新衣服街第1号	1940年8月20日	烧	2000.00	
同记	胡三和	新衣服街第21号	1940年8月20日	烧	800.00	
义成	王义成	新衣服街第2号	1940年8月20日	烧	1300.00	
同兴祥	王国栋	老衣服街第8号	1940年8月20日	烧	1500.00	
	黄安乾	老街122号	1940年8月20日	烧	500.00	
协利	陈德全	尚武巷51号	1940年8月20日	烧	1700.00	
同兴昌	李江河	尚武巷48号	1940年8月20日	烧	1600.00	
协记	朱尧	尚武巷51号附1号	1940年8月20日	烧	900.00	
东记	蒲子东	尚武巷51号附2号	1940年8月20日	烧	600.00	
	王吉安	尚武巷19号	1940年8月20日	烧	700.00	
金长合	胡金山	荒市街第1号	1940年8月20日	烧	600.00	
鑫记	周贵明	兴隆街	1940年8月20日	烧	1500.00	
三义祥	黄锡三	上清寺	1940年8月20日	烧	1000.00	
云祥	高尧阶	荒市街	1940年8月20日	烧	1000.00	
兴华	胡信和	荒市街38号	1940年8月20日	烧	17000.00	
三益祥	张绍兴	荒市街37号	1940年8月20日	烧	1000.00	
兴仁	王兴仁	镇江寺26号	1940年8月20日	烧	1000.00	
荣记	周银山	镇江寺29号	1940年8月20日	烧	6000.00	
荣发祥	李荣发	镇江寺28号	1940年8月20日	烧	2000.00	
琛记	牟超然	镇江寺26号	1940年8月20日	烧	5000.00	

续表

牌号	经理人姓名	住址门牌	炸烧日期	被灾情形	损失数量	备考
镒昌	刘锡畴	镇江寺25号	1940年8月20日	烧	5000.00	
光余号	李光余	镇江寺16号	1940年8月20日	烧	1000.00	
源盛	王源盛	镇江寺15号	1940年8月20日	烧	3000.00	
和记	陈寿康	东岳庙92号	1940年8月20日	烧	3000.00	
治记	洪俊皋	大阳沟94号	1940年8月20日	烧	10000.00	
联记	刘子余	十八梯18号	1940年8月20日	烧	1000.00	
海发祥	罗海明	镇摊子街第2号	1940年8月20日	烧	900.00	
俊记	伍俊才	东华观街	1940年8月20日	烧	2100.00	
复昌	王成修	纸盐河街103号	1940年8月20日	烧	1000.00	
积福公	胡正坤	厚磁街16号	1940年8月20日	烧	1000.00	
正发祥	高正发	小较场44号	1940年8月20日	烧	500.00	
正安号	王树森	机房街101号	1940年8月20日	烧	1400.00	
协记	熊万成	鼎新街43号	1940年8月20日	烧	2000.00	
合记	刘茂轩	鼎新街51号	1940年8月20日	烧	2000.00	
荣泰祥	廖云程	鼎新街	1940年8月20日	烧	2000.00	
吉安	陈平安	鼎新街56号	1940年8月20日	烧	1000.00	
荣新	崔学良	鼎新街62号	1940年8月20日	烧	12100.00	
同心公	彭彬	鼎新街61号	1940年8月20日	炸烧	3300.00	
同利	官仲元	鼎新街63号	1940年8月20日	烧	1500.00	
鑫丰炽	李俊林	鼎新街64号	1940年8月20日	烧	2100.00	
明记	陈明寿	鼎新街67号	1940年8月20日	烧	1500.00	
祥和	唐顺成	鼎新街	1940年8月20日	烧	2000.00	
祥记	聂子猷	鼎新街69号	1940年8月20日	烧	1000.00	
钰记	刘茂荣	鼎新街74号	1940年8月20日	烧	2000.00	
金记	田金和	鼎新街	1940年8月20日	烧	1000.00	
和记	魏少猷	鼎新街69号	1940年8月20日	烧	2000.00	
宝成	韩成玉	鼎新街79号	1940年8月20日	烧	5000.00	
益记	唐静宣	鼎新街81号	1940年8月20日	烧	1500.00	
锡三祥	蒋智模	鼎新街79号	1940年8月20日	烧	1500.00	
义和祥	徐利生	鼎新街85号	1940年8月20日	烧	1000.00	
鑫记	柯瑞微	鼎新街87号	1940年8月20日	烧	1000.00	

续表

牌号	经理人姓名	住址门牌	炸烧日期	被灾情形	损失数量	备考
同钰	蒋斌臣	鼎新街86号	1940年8月20日	烧	1400.00	
协昌	李培厚	鼎新街88号	1940年8月20日	烧	1800.00	
联记	唐湖海	鼎新街92号	1940年8月20日	烧	1500.00	
铨记	洪有毅	鼎新街92号附1号	1940年8月20日	烧	3000.00	
荣信成	洪建勋	鼎新街91号	1940年8月20日	烧	2500.00	
庆记	龙如海	鼎新街98号	1940年8月20日	烧	3800.00	
同心祥	罗银盛	鼎新街81号	1940年8月20日	烧	500.00	
兴盛	陈金河	鼎新街60号	1940年8月20日	烧	900.00	
集义生	王治钧	鼎新街53号	1940年6月27日、8月20日	炸烧	900.00	
福兴祥	石建壁	鼎新街65号	1940年6月27日、8月20日	炸烧	1000.00	
泰安	杨万才	鼎新街93号	1940年6月27日、8月20日	炸烧	1000.00	
吉安	廖化吉	鼎新街58号	1940年8月20日	烧	500.00	
和记	聂海清	鼎新街75号	1940年8月20日	烧	1500.00	
源记	范顺源	鼎新街98号	1940年8月20日	烧	800.00	
五盛祥	杨荣生	鼎新街46号	1940年8月20日	烧	800.00	
同心隆	刘洪安	鼎新街46号	1940年8月20日	烧	500.00	
炳森荣	吴炳荣	鼎新街21号	1940年8月20日	烧	2000.00	
玉祥	严玉祥	鼎新街50号	1940年8月20日	烧	1000.00	
	陈汉卿	鼎新街68号	1940年8月20日	烧	1500.00	
	萧仿陶	鼎新街95号	1940年8月20日	烧	600.00	
三元祥	张文良	上南区马路141号	1940年6月28日	炸	1000.00	
和记	张伯卿	上南区马路137号	1940年6月28日	炸	5000.00	
同兴德	唐海林	上南区马路137号	1940年6月28日	炸	500.00	
义发祥	廖海廷	上南区马路17号	1940年6月28日	炸	10000.00	
□□□	□□□	观音岩62号	1940年8月20日	烧	1540.00	
合计	93名				211660.00	

32. 仁源号为呈报8月20日被炸损失请存转致重庆市五金电料商业同业公会文（1940年10月22日）

迳启者。敝号货物系堆存太平门外圆通寺公记五金堆店，本年八月二十日敌机狂炸，该店致遭焚烧，敝号所堆存货物一部分亦被烧毁，核计损失国币11308.00元整。特此函请大会分别在有关机关备案，是所至祷！专呈：

重庆市五金电料商业同业公会

附被炸清单5份

仁源号谨启
地址：林森路407号
中华民国二十九年十月二十二日

被炸损失清单：

货名	数量	单价	金额	备考
煤锹455把	修好232把	4.50元/把	1044.00元	修理费
	烧毁223把	16.00元/把	3568.00元	
笔铅粉	1包		200.00元	
钢丝绳	5件(928.00斤)	7.00元/斤	6496.00元	
合计			11308.00元	

33. 重庆市五金电料商业同业公会为转呈永成五金号8月19日被炸损失致重庆市社会局、营业税处等文稿（1940年11月2日）

案据本会会员永成电料行报告称："会员开设本市磁器街90号，不幸于本年八月十九日敌机袭渝被炸，所有货物家具全部焚毁。除在原址搭盖棚屋营业外，理合开具损失清单4份，报请大会存查并转请有关机关备案。"等情，附清单4份，前来。经查属实，除准予存查并分别呈函外，理合、相应检附原清单1份，据情转请钧会、钧局、贵处鉴查备案，实为公便。仍候，希指令只遵、见复为荷！谨呈。

永成电料行八月十九日被炸损失货件于后：

货名	数量	单价	金额
5亚司令灯泡	17只	2.40元/只	40.80元
15亚司令灯泡	20只	4.00元/只	80.00元
75亚司令灯泡	6只	8.00元/只	48.00元
100亚司令灯泡	5只	11.00元/只	55.00元
国货灯泡	300只	1.80元/只	540.00元
18皮线	30码	0.60元/码	18.00元
花线	50码	0.70元/码	35.00元
300狗头电筒	3支	12.50元/支	37.50元
丸牌电筒	2打	40.00元/打	80.00元
38奇异电泡	8盒	9.50元/盒	76.00元
25奇异电泡	13盒	6.00元/盒	78.00元
38国货电泡	1盒	15.00元/盒	15.00元
25国货电泡	6盒	4.00元/盒	24.00元
25保久电泡	5盒	6.00元/盒	30.00元
25颜色电泡	1盒	40.00元/盒	40.00元
平灯头	3打	8.00元/打	24.00元
开关灯头	2打	16.00元/打	32.00元
壁开关	2打	8.50元/打	17.00元
壁插座	1打	10.00元/打	10.00元
三火插同	1打	21.00元/打	21.00元
日月电池	3打	9.50元/打	28.50元
大刀电池	2打	10.00元/打	20.00元
美狗电池	1打	9.80元/打	9.80元
国术电池	2打	8.40元/打	16.80元
良友电池	2打	8.00元/打	16.00元
冲永备电池	4打	7.00元/打	28.00元
星球电池	1打	8.50元/打	8.50元
文明电池	2打	9.00元/打	18.00元
明珠电池	5打	6.00元/打	30.00元
农工电池	1打	6.00元/打	6.00元
火车电池	5打	8.00元/打	40.00元

续表

货名	数量	单价	金额
三角鱼烛	1箱半	35.00元/箱	52.50元
吉星肥皂	40块	0.80元/块	32.00元
本记动用器具			1150.00元
总共合洋2762.40元			

34. 重庆市华昌铁号为报送10月25日被炸损失请存转致重庆市五金电料商业同业公会文（11月2日）

敬启者。小记住信义街90号，于十月二十五号敝铺不幸遭敌机轰炸，损失各重大小锅及大小鼎锅共计653口，实合法币4329.20元；又，家具等合法币220.00元，统共合法币4549.20元。正将各货家具等另开损失花色清单附内，请大会转知各有关机关为荷！

五金电料商业同业公会公鉴

华昌铁号启

中华民国二十九年十一月二日

计开损失各重大小锅及鼎锅、家具等花色清单列后：

货名	数量	单价	金额
北平	6口	40.00元/口	240.00元
老天	32口	16.00元/口	512.00元
牛五	22口	11.00元/口	242.00元
牛四	18口	10.40元/口	187.40元
秀龙	8口	4.50元/口	36.00元
反边	18口	6.00元/口	108.00元
龙口	29口	5.00元/口	145.00元
牛三	14口	7.50元/口	105.00元
小斗	12口	2.50元/口	30.00元
鼎冲	5口	12.00元/口	60.00元
辛六	40口	6.00元/口	240.00元
九马	6口	3.60元/口	21.60元

续表

货名	数量	单价	金额
七马	12口	2.80元/口	33.60元
烙洋	5口	3.40元/口	17.00元
中炉	2口	7.50元/口	15.00元
瓮坛	6口	10.00元/口	60.00元
闷元	1口	5.20元/口	5.20元
炖缸	1口	9.60元/口	9.60元
大元	14口	4.50元/口	63.00元
二元	11口	4.00元/口	44.00元
盖瓦	4口	2.00元/口	8.00元
熨斗	8口	1.00元/口	8.00元
二平	11口	16.00元/口	176.00元
大五	15口	12.00元/口	180.00元
见四	16口	10.00元/口	160.00元
小四	29口	9.00元/口	261.00元
元车	4口	7.00元/口	28.00元
双边	24口	5.00元/口	120.00元
大斗	36口	3.60元/口	129.60元
鼎龙	16口	4.00元/口	64.00元
小三	32口	7.00元/口	224.00元
大龙	96口	3.20元/口	307.20元
十马	8口	4.00元/口	32.00元
八马	26口	3.20元/口	83.20元
六马	22口	2.40元/口	52.80元
小页	3口	6.00元/口	18.00元
大平炉	3口	6.50元/口	19.50元
辛刀	8口	6.20元/口	49.60元
料什	2口	10.00元/口	20.00元
开关	12口	5.20元/口	62.40元
巨元	3口	5.50元/口	16.50元
三元	8口	3.90元/口	31.20元
药冲	5口	3.00元/口	15.00元
生炉桥	148斤	0.60元/斤	88.80元

续表

货名	数量	单价	金额
		以上共计44笔，合法币4329.20元整	
木床	3间		
大小秤	2支		
桌子	1张		
凳子	8个		
货架	4个		
算盘	1架		
写字桌	1个		
大小瓷碗	1席半		
以上共计8笔，合法币220.00元整			

35. 重庆市五金电料商业同业公会为会所及档卷簿据被炸请予备案呈重庆市社会局、中国国民党中央直属重庆市执行委员会文（1940年11月4日）

窃查本会二府卫街会所于本年八月九日敌机袭渝时被炸，所有二十七年以前之档卷及二十三年以前之簿据，与早已废业之福泰隆、正泰诚两会员商号，因账务纠纷存会备查之账簿等项，悉被炸毁。除分呈重庆市社会局、中国国民党中央直属重庆市执委会备案存查外，理合具文呈请钧局、会鉴核备案，仍候指令只遵。谨呈：

重庆市社会局

中国国民党中共直属重庆市执行委员会

全衔主席　周○○[①]

[①] "周○○"，即重庆市五金电料商业同业公会会长周荟柏。

1)庶务任鹏高呈报之重庆市五金电料商业同业公会1940年8月9日被炸损失清单①(1940年8月)

(单位:国币元)

名称	数量	单价	总价
五花大电灯	1盏		120.00
大花中堂电灯	1盏		80.00
小电灯	22盏		110.00
电料、花线、皮线、磁夹等			380.00
穿衣镜	1座		140.00
五抽柜	1个		50.00
写字台	3张	50.00	150.00
书桌	40个	10.00	400.00
方凳	54个	5.00	270.00
窗玻璃	3箱		900.00
冰梅片	1箱		1000.00
皂色冲染餐椅	1堂		150.00
杂色木椅各式	2堂		320.00
花钵	大小52		100.00
福泰恒账簿	1挑		
各样书籍			300.00
房产			60000.00
长板凳(黑漆宽大)	24根	5.00	120.00
大方桌(黑漆)	10张	20.00	200.00
麻将桌子	2张	25.00	50.00
大圆桌子	1张		50.00
藤椅	11把	20.00	220.00
藤茶桌	5个	10.00	50.00
敞床	1张		60.00
小床	4张		40.00
钟灵印字机	1部		120.00
大卷柜	1个		80.00
衣橱	2个		100.00

① 标题为编者所拟,表格为编者根据内容制成。

续表

名称	数量	单价	总价
木车工花漆布圈椅	半堂		300.00
1934年前簿据			
竹椅	15把		30.00
正泰诚账簿	1箱		
1929—1937年文卷			
合计			65890.00

2) 重庆市五金电料商业同业公会空袭受灾损害调查表(1940年8月)

主席姓名	周荟柏	住址	林森路24号
公会所在地	二府卫街34号		
受灾日期及地点	1940年8月9日		
	在二府街街24号被炸		
公会损失情形	文件	1938年以前之旧卷悉被炸毁	
	印信	无损失	
	簿据	1934年以前之簿据被炸	
	财产	65890.00元	
会员损失情形	受灾单位	144家	
	财产统计	约288万余元	
灾后新迁会址	本会隔壁普仁善堂		
灾后会务现状	仍照常办公		
灾后会员变动情形	除一部分会员下乡清理存货准备复业外,其余多就原址搭盖棚屋继续营业		
答复会员复业计划	依照市商会关于复兴市场之决议案进行		
答复会务进行计划	照原定计划进行		
备考			

重庆市党部制

36. 重庆聚光荣为报送8月18、19等日被炸损失请存转致重庆市五金电料商业同业公会文（1940年11月20日）

迳启者。敝号年来对于敌机轰炸多方避免，以冀减轻损失，故自备防空壕，用以藏储轻细货品，复备坚固货窖，用以存储粗笨货件。此重分别办法，原期减少损害，历年皆处如恒。不意于前六月二十七、二十八日初，将门面陈设备货轰炸部分复于八月十八日号址全被燃烧，十九日货窖又遭焚如。十月六日，在货窖掘出之残货亦再遭炸埋，损失似此，迭遭轰炸，已极人间之惨酷。一再燃烧，玉石俱焚。痛苦不独公私财产丧失罄尽，即友人寄堆之各货亦荡然无存。敝记曾于九月十日登载《时事新报》声明上情，谅邀各界诸翁洞鉴矣。兹已详查本记各项损失数量（另单呈详），清查完毕，实值原价法币32480.00余元，特此呈报大会，以明情形。敬乞将上项情由分别转报有关各机关备案候查，是为至荷，实沾公便。此致
本市五金电料商业同业公会主席周钧鉴
　　附抄损失财产花目单4份<原缺>

重庆聚光荣书柬谨呈
中华民国二十九年十一月二十日

37. 重庆泉盛电料行1940年8月19日被炸损失原料、货物、家具详细报告表（1940年11月20日）

名称	数量 单位		价值（国币元）	合计金额（国币元）	备注
铅皮	桶	半	4000.00	2000.00	
石粉	斤	228	0.40	91.20	
松香	斤	47	0.62	29.14	
豆粉	斤	200	0.96	192.00	
盐化	会	半	400.00	200.00	
盐脑	桶	半	960.00	480.00	
文明牌电池	打	121打另9	9.50	1156.70	
双开牌电池	打	57打另5	8.20	470.80	

续表

名称	数量		价值(国币元)	合计金额(国币元)	备注
	单位				
爱国牌电池	打	60打另11	7.60	463.00	
300手灯	打	30打另10	50.00	1541.60	
冲美泡	只	2641	0.05	132.05	
灯泡	只	64	1.80	115.20	
奇异泡	只	46	0.70	32.20	
铁琢	只	5	0.20	1.00	
先令	只	58	0.10	5.80	
灯盖	只	12	0.20	2.40	
各项家具			300.00	300.00	
合计				7213.09	

38. 陪都群记新成号为报送8月20日被炸损失请存转致重庆市五金电料商业同业公会文(1940年11月23日)

迳启者。小记住民族路234号,八月二十日被敌机轰炸燃烧。因经理出街进货,店员早以〔已〕下乡,铺内只有厨工1人,以此铺内货物、账簿、图章一并无存,共计损失法币9687.35元。下抄有呈单4张,请大会转呈各有关机关为荷!此请:

五金电料商业同业公会鉴

陪都群记新成号寄

中华民国二十九年十一月二十三日

计开损失清单于后:

货名	数量	单价	金额
<残缺>			
胶床开关	14打	0.50元/个	84.00元
灯头接头	22打	0.45元/打	9.90元
电熨操针	18只	5.00元/只	90.00元
15皮线	8卷	75.00元/卷	700.00元
花线	11卷半	68.00元/卷	782.00元

续表

货名	数量	单价	金额
广磁夹	850付	3.00元/100付	25.50元
土磁夹	1850付	2.00元/100付	37.00元
广先令	56只	0.80元/只	44.80元
土先令	125只	0.25元/只	31.25元
胶壁插头	42只	1.20元/只	50.40元
磁壁插头	152只	1.00元/只	152.00元
五用灯泡	18只	6.00元/只	108.00元
25完生小灯泡	8500只	0.35分/只	297.50元
台灯盖	35只	1.50元/只	52.50元
荷叶盖	180只	0.70元/只	126.00元
元古罩	13只	3.50元/只	45.50元
200支外玻罩	46只	0.30元/只	13.80元
大小螺丝钉	38箩	8.00元/箩	304.00元
元木	270只	5.00先/只	13.50元
木槽板	50付	0.20元/付	10.00元
日月池	8打	10.00元/打	80.00元
明珠池	15打	5.00元/打	75.00元
文明池	10打	7.20元/打	72.00元
星球池	6打	8.00元/打	48.00元
国书池	12打	5.20元/打	62.40元
大刀池	18打	6.00元/打	108.00元
工合池	12打	4.50元/打	54.00元
三一电筒	15支	10.00元/支	150.00元
保久泡	550只	0.40元/只	220.00元
货架	2幅	280.00元/幅	560.00元
账桌	1个	20.00元/个	20.00元
木凳	5个	4.00元/个	20.00元
1500狗头电筒	8支	10.00元/支	80.00元
700狗头电筒	12支	9.00元/支	108.00元
500狗头电筒	20支	7.50元/支	150.00元
300狗头电筒	30支	7.20元/支	216.00元
700大无畏筒	10支	6.00元/支	60.00元

续表

货名	数量	单价	金额
500大无畏筒	15支	4.50元/支	67.50元
300扎牌筒	70支	4.00元/支	280.00元
100飞利浦灯泡	10只	9.00元/只	90.00元
750飞利浦灯泡	15只	6.50元/只	97.50元
50飞利浦灯泡	15只	5.00元/只	75.00元
15飞利浦灯泡	500只	2.80元/只	1400.00元
700雷亭灯泡	5只	11.00元/只	55.00元
20雷亭灯泡	10只	8.00元/只	80.00元
150雷亭灯泡	15只	6.50元/只	97.50元
10雷亭灯泡	25只	5.00元/只	125.00元
75雷亭灯泡	40只	3.50元/只	140.00元
50国货灯泡	600只	0.80元/只	480.00元
保险丝	12托	7.00元/托	84.00元
胶元保险	40只	0.50元/只	20.00元
胶木开关	120只	0.50元/只	60.00元
胶先令	80支	0.50元/只	40.00元
胶木扎灯头	130只	0.50元/只	65.00元
胶开关灯头	100只	1.00元/只	100.00元
良友池	10打	4.80元/打	48.00元
美狗池	8打	5.60元/打	44.80元
火车池	30打	6.00元/打	180.00元
电表板	22套	1.50元/套	33.00元
奇异小珠泡	850只	0.50元/只	425.00元
200支软沙罩	22打	2.00元/打	44.00元
玻柜	2个	150.00元/个	300.00元
巴壁□盒	1个	90.00元/个	90.00元
圆桌	1张	15.00元/张	15.00元
厨房家具	全套		180.00元
以上各项损失总共合洋9687.35元			

39. 重庆新明电料行为报送8月20日被炸损失致重庆市五金电料商业同业公会文(1940年11月25日)

具报人新明电料行,原住民族路137号,电料业。本年八月二十日遭敌机轰炸,投中烧夷弹被焚。因当时各处均大火,路途阻塞,欲救无门。所有全部货物及家俱〔具〕均全焚毁,二十八年、二十九年账簿及印信、图记因系放置保险箱内,空袭警报之前,因管保险箱钥匙之人因事外出,致无法取出,事后掘出开视,因燃烧过久,则已全成灰烬。行址被焚后,因无地营业,致全号同人均星散。今就原址(民族路137号)简陋修复,照常营业。今特将被焚损失货件逐一开单列后:

计开:

货名	数量	单价	金额
2号普通电筒	5打另3支	50.00元/打	262.50元
2号狗头电筒	15支	10.00元/支	150.00元
3号普通电筒	6支	6.00元/支	36.00元
5号狗头电筒	3支	20.00元/支	60.00元
三益牌电筒	8支	20.00元/支	160.00元
25普通手灯泡	2580只	0.08元/只	206.40元
25奇异泡	200只	0.90元/只	180.00元
永川牌灯泡	15只	2.20元/只	33.00元
外国货灯泡	80只	3.50元/只	280.00元
本市土电泡	150打	6.00元/打	900.00元
花线	1卷	70.00元/卷	70.00元
1/18皮线	2卷	80.00元/卷	160.00元
胶开关灯头	5打	24.00元/打	120.00元
胶单灯头	8打	15.00元/打	120.00元
胶插座	3打	30.00元/打	90.00元
三火插座	2打	30.00元/打	60.00元
保险丝	4卷	10.00元/卷	40.00元
胶布	5卷	8.00元/卷	40.00元
100瓦亚司令灯泡	15只	10.00元/只	150.00元
磁夹	600付	0.02元/付	12.00元

续表

货名	数量	单价	金额
平顶保险	50只	0.30元/只	15.00元
货架	3个	60.00元/个	180.00元
玻盒	4个	30.00元/只	120.00元
账桌	1个	10.00元/个	10.00元
椅凳	12只	2.00元/只	24.00元
桌子	1张	10.00元/张	10.00元
保险柜	1只	80.00元/只	80.00元
1939年账簿	5本		
1940年账簿	5本		
历年账具	无数		
印鉴图记	5颗		
厨房用具	全部		80.00元
上列各件约值当时市价3940.00元			

重庆新明电料行谨呈
经理：戴肇华
中华民国二十九年十一月二十五日

40. 同济五金号为报送10月25日被炸损失请存转致重庆市五金电料商业同业公会文（1940年12月10日）

谨启者。属号于十月二十五日被敌机炸毁店屋二、三、四楼，迩时所有文件货物均零乱无绪，损失无从统计。经月余整理，渐有要领，定于日内复业。兹就可以查考者，造具损失表6份、公函5件，函请钧会分呈有关各机关备案，不胜感祷。谨上：

重庆市五金电料商业同业公会

同济五金号谨启
中华民国二十九年十二月十日

十月二十五日被炸损失统计表

(一) 货物部

名称	数量	单价	总值
25"皮带扣	50合	26元/合	1300.00元
35"皮带扣	50合	26元/合	1300.00元
8"方油石	14块	22.52元/块	315.28元
1"、12"砂轮	2块	336.00元/块	672.00元
1P焊锡膏	34听	5.00元/听	170.00元
1/2"玻璃管	88支	7.75元/支	682.00元
5/8"玻璃管	154支	10.00元/支	1540.00元
3/4"玻璃管	92支	12.50元/支	1150.00元
1"玻璃管	11支	16.33元/支	179.63元

共计国币7308.91元

(二) 生财装修部

名称	数量	单价	总值
小衣橱	1只	10.00元/只	10.00元
玻璃损失			371.80元
灶	1具		120.00元
水缸	3只	8.00元/只	24.00元
热水瓶	1只		19.00元
玻璃茶杯	2打	14.00元/打	28.00元
银箱	1只		300.00元
元桌面	1张		17.60元
写字台	1张		28.00元
木床	6只	14.00元/只	84.00元
五斗橱	1只		50.00元
电灯装费			280.00元
藤榻	1只		133.00元
厨房周围板墙			26.40元
厨房双扇玻窗			23.10元
厨房添做瓦面			84.00元
厕所板墙连板门			12.60元
厕所单扇玻窗			11.55元
二层竹笆灰板墙			56.10元

续表

单扇洋门			37.80元
单扇玻璃翻窗	1扇		21.80元
扶梯小门	1扇		10.50元
晒台竹笆			20.80元
四属楼竹笆灰板墙			48.60元
单扇洋门	1扇		37.80元
晒台钉板墙			35.00元
油漆门窗	7扇	4.00元/扇	28.00元
下二三四层周围平顶修补费			200.00元
上部修理及漆字工料			30.00元
津贴同人衣被损失			1900.00元
共计国币4049.45元			
两共计国币11358.36元			

41. 重庆源茂五金行为报送8月20日被炸损失请存转致重庆市五金电料商业同业公会文（1940年12月11日）

敬启者。查敝行前于八月二十日被炸延烧，所有装修、生财、货物等项损失，曾经奉钧会通知，嘱查明呈报，等由。兹已查明，详细列表3份附奉，送请查照，并祈分别转呈有关机关备案，是所感祷。此上：

重庆市五金电料商业同业公会

　　附表3份

重庆源茂五金行谨启

中华民国二十九年十二月十一日

　　谨将林森路155号敝行于八月二十日被炸延烧货物、生财、装修等各项列表如下：

名称	数量	金额(国币元)	名称	数量	金额(国币元)
门锁	30把	297.84	画镜钩	1打	4.80
抽斗锁	4把	4.41	长柄螺丝钻	7支	42.60

续表

名称	数量	金额(国币元)	名称	数量	金额(国币元)
手板锯	3把	7.61	磁漆	7听	20.51
钢卷尺	10把	37.00	扁漆刷	5支	9.00
钢折尺	2把	4.10	铁木螺丝	22箩	69.00
木尺	18把	78.58	铜自来水龙头	6只	7.20
钢皮尺	73把	92.82	柏油胶	20斤	66.60
开听刀	11把	5.94	螺丝攻	1付	13.60
橡胶水	13听	5.20	螺丝起子	5支	11.85
洋漆片	1^{7}/16斤	14.38	擦铜木浆	11听	13.69
钢丝钳	1把	1.54	铜拉手	1付	6.90
胶柄钳	1把	17.50	纱门拉手	1打	2.64
内外卡钳	16把	9.60	活洛板头	1把	13.10
弓钳	1把	1.80	木匠锯条	10支	29.00
帆布	150尺	40.50	螺丝钢卡尺	1支	45.00
绿罗文纱	945尺	510.00	白铁窗钩	62只	20.46
账夹	11只	3.15	铁插销	130支	21.07
木柄	7支	16.17	铁铰链	127付	168.84
		1148.14			568.52
生财		928.85	开办费(装修)		2466.41
总计国币55111.92元					

42.合记同心协玻璃号为报送8月19日被炸损失请存转致重庆市五金电料商业同业公会文(1940年12月20日)

迳启者。本年八月十九日敌机狂炸渝市,小记亦被焚毁,所有店内家居〔具〕、图记及账据全被焚化,损失约1000.00余元。附抄损失单1纸,恳请贵会查核合符后转报所得税局存查,以利营业。此启。

同心协启

经理 江释五

中华民国二十九年十二月二十日

同心协玻璃号损失单：

价额	品名	数量	总额	备考
4.00元/张	19×14冲绣屏	12张	48.00元	
3.50元/张	18×13冲丝织屏	7张	24.50元	
4.50元/张	19×14丝西湖画屏	11张	49.50元	
7.00元/张	22×16绣花屏	6张	42.00元	
5.50元/张	19×14绣花屏	9张	49.50元	
6.50元/张	23×18油画屏	2张	13.00元	
5.00元/张	26×9寸绣花屏	6张	30.00元	
3.00元/张	19×14粉画屏	12张	36.00元	
4.00元/张	24×14粉画屏	4张	16.00元	
5.50元/张	缎画屏	4张	22.00元	
20.00元/打	1寸半金条代卡	2打	40.00元	
28.00元/打	2寸银花条代卡	1打半	42.00元	
0.90元/斤	土玻璃	275斤	247.50元	
2.20元/斤	广玻璃	198斤	435.60元	
以上总共合洋1095.60元整				
	重庆同心协盖印蛋元图记	1个		
	银钱总录	1本		
	银钱流水	1本		
	售货流水	1本		
	进货流水	1本		

43. 重庆市五金电料商业同业公会为转报成昌五金号8月19日被炸损失致财政部所得税事务处川康办事处重庆区分处文(1940年12月28日)

案据本会会员成昌五金号报告称："会员中正路440号营业地址，于本年八月十九日被炸延烧，损失甚巨，无法继续营业，旋经股东会议决停业在卷。为特报请大会存查并转请所得营业两税处查核备案。"等情；前来。经本会查明属实，除分函营业税处备查外，相应据情转请贵处查核备案，实为公便。仍希见复为荷！此致：

财政部所得税事务处川康办事处重庆区分处

主席 周荟柏

中华民国二十九年十二月二十八日

44. 重庆鑫记五金号为报送8月20日被炸损失请鉴核备查事致直接税事务处重庆分处文稿（1940年12月28日）

敬报告者。本年八月二十日，本号遭受敌机轰炸，房屋毁灭，货物、器具概化灰烬，所有损失为数颇巨。兹特逐项分别开列呈报，伏祈鉴核并予存案备查，不胜感激之至。此上：

直接税事务处重庆分处

鑫记五金号

经理 张重振

中华民国二十九年十二月二十六日

鑫记五金号8月20日被炸损失财产明细表：

种别	数量	单价	总价	备考
盘头			2440.00元（剔除）	
装修			1698.70元	
	合计	法币4138.70元		
写字台	1只		140.00元	
藤椅	1套		98.00元	
玻璃台	1只		108.00元	
木床	1张		13.40元	
皮箱	2只	25.00元/只	50.00元	
包车	1部		500.00元（剔除）	
木床	2张		33.00元	
行军床	1张		10.00元	
铺板	1副		95.00元	
木架子	2只		200.00元	
木箱	4只			

续表

种别	数量	单价	总价	备考
圆桌	1张		51.60元	
方凳	10根			
	合计	法币1299.00元		
$1\frac{3}{8}$长柄钻	17支	1.05元/分	331.50元	
$1\frac{1}{4}$长柄钻	29支	1.05元/分	522.00元	
$1\frac{1}{8}$长柄钻	26支	1.05元/分	429.00元	
$\frac{3}{4}$长柄钻	73支	1.05元/分	657.00元	
$\frac{7}{8}$长柄钻	52支	1.05元/分	546.00元	
$\frac{5}{8}$长柄钻	63支	1.05元/分	472.50元	
$\frac{1}{2}$长柄钻	42支	1.05元/分	252.00元	
$\frac{7}{16}$长柄钻	38支	1.05元/分	199.50元	
$\frac{3}{8}$长柄钻	33支	1.05元/分	148.50元	
$\frac{5}{16}$长柄钻	27支	1.05元/分	101.02元	
20#白钢丝	62磅	15.00元/磅	930.00元	
21#白钢丝	27磅	15.00元/磅	405.00元	
22#白钢丝	9磅	15.00元/磅	135.00元	
23#白钢丝	15磅	15.00元/磅	225.00元	
24#白钢丝	2磅	15.00元/磅	30.00元	
30#白钢丝	10磅	15.00元/磅	150.00元	
19#白钢丝	9磅	15.00元/磅	135.00元	
18#白钢丝	5磅	15.00元/磅	75.00元	
17#白钢丝	3磅	15.00元/磅	45.00元	
$\frac{3}{4}$边鱼钻花	8支	9.00元/支	72.00元	
20.50m边鱼钻花	3支	0.30元/米	18.45元	
$\frac{3}{8}$边鱼钻花	2打	54.00元/打	108.00元	
$\frac{7}{16}$边鱼钻花	36支	63.00元/打	189.00元	
$\frac{1}{4}$边鱼钻花	9打	36.00元/打	324.00元	

续表

种别	数量	单价	总价	备考
$\frac{7}{32}$ 边鱼钻花	5打	31.08元/打	157.50元	
$\frac{3}{8}$ 边鱼钻花	3打	54.00元/打	162.00元	
8.50m 边鱼钻花	7支	3.00元/支	21.00元	
$\frac{1}{2}$ 边鱼钻花	4支	6.00元/支	24.00元	
11.50m 边鱼钻花	9支	0.03元/米	31.05元	
6m 边鱼钻花	5打10支	0.30元/米	126.00元	
8.25 边鱼钻花	4打	0.30元/米	118.80元	
$\frac{3}{16}$ 边鱼钻花	5打	27.00元/打	135.00元	
4.80m 边鱼钻花	3打	0.30元/米	51.80元	
$\frac{1}{4}$ 边鱼钻花	28打	36.00元/打	1008.00元	
$\frac{3}{16}$ 边鱼钻花	30打	27.00元/打	810.00元	
$\frac{1}{8}$ 钻花	45打	18.00元/打	810.00元	
$\frac{5}{32}$ 钻花	33支	22.50元/打	61.84元	
$\frac{1}{16}$ 钻花	74打	18.00元/打	1332.00元	
2.00m 钻花	5打	0.30元/米	36.00元	
1.50m 钻花	9打	0.30元/米	45.00元	
$\frac{1}{32}$ 钻花	9打	12.00元/打	108.00元	
$\frac{9}{32}$ 钻花	27支	38.00元/打	85.00元	
9.00m 钻花	10支	0.30元/米	27.00元	
1.00m 钻花	9打	12.00元/打	108.00元	
$\frac{11}{32}$ 钻花	9支	27.00元/打	20.25元	
$\frac{7}{32}$ 钻花	1打	29.00元/打	29.00元	
4.50m 钻花	3打	18.00元/打	54.00元	
5.00m 钻花	3打	0.30元/米	54.00元	
4.00m 钻花	7打	0.30元/米	100.80元	
2.50m 钻花	3打	16.80元/打	50.40元	
3.50m □□钻	2打	0.30元/米	25.20元	

续表

种别	数量	单价	总价	备考
$\frac{7}{64}$□□钻	4打	18.00元/打	72.00元	
$\frac{5}{16}$□□钻	8打	36.00元/打	388.00元	
12.00m锯架	1打	80.00元/打	80.00元	
12.00m弹簧丝钻	10只	18.00元/只	180.00元	
$\frac{3}{8}$□□□	9付	8.20元/分	221.40元	
$\frac{3}{4}$豆腐□	10付	8.50元/分	510.00元	
$\frac{5}{8}$豆腐□	12付	8.50元/分	510.00元	
$\frac{1}{3}$豆腐□	13付	8.50元/分	442.00元	
$\frac{6}{17}$豆腐□	3付	8.50元/分	89.25元	
$\frac{3}{8}$豆腐□	7付	8.50元/分	178.50元	
$\frac{1}{4}$豆腐□	9付	8.50元/分	153.00元	
$\frac{3}{16}$豆腐□	10付	8.50元/分	127.50元	
5"150磅汽表	1只	85.00元/只	85.00元	
5"100磅汽表	1只	85.00元/只	85.00元	
小砂轮	150块	1.50元/块	225.00元	
$\frac{1}{16}\times\frac{1}{4}$螺丝绞板	1付		100.00元	
1磅黑漆	113听	54.00元/打	508.50元	
1磅红漆	87听	62.10元/打	450.00元	
1磅绿漆	58听	54.00元/打	261.00元	
1磅灰漆	109听	54.00元/打	490.50元	
14#锅丁	90磅	5.00元/磅	450.00元	
12三星锯条	18打	280.00元/箩	420.00元	
12坟□锯条	38打	100.00元/箩	376.66元	
12孔士锯条	100打	80.00元/箩	666.50元	
16"本桶板锯	28根	5.63元/10根	15.70元	
黄油石	1块	40.00元/块	480.00元	
2′黄油石	11块			
1"×2"×8"灰油石	2块	40.00元/块	80.00元	

续表

种别	数量	单价	总价	备考
14"管子钳	15把	35.70元/把	535.50元	
$\frac{1}{2}$磅灰漆	30听	2.50元/听	75.00元	
$\frac{1}{2}$磅白漆	50听	30.40元/打	126.66元	
$\frac{1}{2}$磅绿漆	35听	2.45元/听	85.90元	
$\frac{1}{2}$磅黑漆	20听	29.40元/打	49.00元	
$\frac{1}{2}$磅甘漆	10听	29.40元/打	24.50元	
美女牌几而砂	59盒	8.00元/盒	472.00元	
14"细为	2打	0.80元/寸	268.80元	
14"粗为	1打	0.70元/寸	117.60元	
12"细为	2打	0.80元/寸	230.40元	
12"粗为	3支	0.70元/寸	25.20元	
10"细为	3打	0.80元/寸	288.00元	
10"粗为	1打	0.70元/寸	84.00元	
10"边鱼光锉	1打	1.40元/寸	168.00元	
8"细为	1打	0.80元/寸	76.80元	
8"粗为	1打	0.70元/寸	67.20元	
8"边鱼光锉	1打	1.10元/寸	105.60元	
6"细为	2打	0.80元/寸	115.20元	
6"粗为	半打	0.70元/寸	25.20元	
6"细召锉	半打	0.80元/寸	28.80元	
6"边鱼光锉	3支	1.10元/寸	19.80元	
5"细为	1打	0.80元/寸	48.00元	
4"粗为	10打	0.70元/寸	336.00元	
4"细为	5打	0.80元/寸	192.00元	
5"中米元	11支	0.70元/寸	38.50元	
6"中米元	20支	0.70元/寸	84.00元	
8"中米元	1打	0.70元/寸	67.20元	
10"粗米元	10支	0.70元/寸	70.00元	
12"粗米元	6支	0.70元/寸	50.40元	
14"粗米元	9支	0.70元/寸	88.20元	

续表

种别	数量	单价	总价	备考
12"粗元	1打	0.70元/寸	100.80元	
10"细元	5支	0.70元/寸	35.00元	
8"粗元	5支	0.70元/寸	44.80元	
6"细元	3支	0.70元/寸	12.60元	
4"细元	4支	0.70元/寸	11.20元	
8"细三角	3支	0.70元/寸	16.80元	
6"中三角	64支	0.70元/寸	268.80元	
4"中三角	6支	0.70元/寸	16.80元	
4"细三角	23	0.70元/寸	64.40元	
6"粗方	8支	0.70元/寸	33.60元	
4"细方	47支	0.70元/寸	131.60元	
32"木锯条	5打	0.505元/寸	96.90元	
30"木锯条	5打	0.505元/寸	909.00元	
28"木锯条	5打	0.505元/寸	848.40元	
26"木锯条	5打	0.505元/寸	787.80元	
22"木锯条	23支	0.505元/寸	255.50元	
32"木锯条	5打	0.505元/寸	969.60元	
24"木锯条	5打	0.505元/寸	727.20元	
$\frac{1}{2}$玻璃管	48支	4.80元/支	230.40元	
$\frac{5}{8}$玻璃管	100支	6.00元/支	600.00元	
$\frac{5}{8}$玻璃管	52支	7.20元/支	374.40元	
塞平油	6听	34.00元/听	204.00元	
5"抬虎钳	5只	25.00元/寸	625.00元	
4"抬虎钳	3只	25.00元/寸	300.00元	
$\frac{5}{8}$紫铜管	20磅	19.00元/磅	380.00元	
钢筋	330磅	3.20元/磅	1056.00元	
$\frac{3}{8}$紫铜管	92磅	19.00元/磅	1748.00元	
$\frac{5}{8}$牛油盼更	96磅	9.00元/磅	864.00元	
$\frac{1}{2}$牛油盼更	120磅	9.00元/磅	1080.00元	

种别	数量	单价	总价	备考
$\frac{3}{4}$"牛油盼更	35磅	9.00元/磅	315.00元	
1"牛油盼更	37磅	9.00元/磅	333.00元	
$1\frac{1}{4}$"牛油盼更	35磅	9.00元/磅	315.00元	
焊锡	580斤	3.40元/斤	1972.00元	
洋干漆	50磅	16.20元/磅	810.00元	
4"×42橡皮带	525尺	7.00元/尺	3696.00元	
3"×32橡皮带	333尺	5.28元/尺	1758.24元	
2"×32橡皮带	328尺	2.64元/尺	865.84元	
$1\frac{1}{4}$"牛皮带	410尺	1.08元/尺	486.00元	
14"细为	5打	0.80元/寸	672.00元	
合计法币51203.93元				
三共合计法币56641.63元				

附吴明堂关于鑫记五金号8月20日被炸损失调查报告于后：

"查鑫记五金号所报被炸损失一节，经往侧正两面调查，则知其在被炸前系为一间门面，三层楼房，曾于二十九年八月间轰炸时适重燃烧弹，被炸全毁，化作灰烬。而今该号门面全系新筑者，故于初进该号调查时，当命其根据被炸以前账簿，抄誊损失清单，嗣进该号调查时，即谨阅所开损失细目，发现其中两项损失，有背于事实。一为盘头科目，在会计学上称为无形资产，当无被炸之可能；二为黄包车一辆，非为该号营业必用之物，虽然被炸而毁，本局亦不能承认其为正当损失，故为增加国库税收计，当将该两项损失金额，予以剔除。至于其余装修与生财器具损失，逐一核对其被炸以前账簿，并无不符。具生财器具中所列各物，均系该号必用家具。其次，根据被炸以前进货账册与售货账册逐一与其所开清单核对，结果亦符。最后饬其提出进货用具以及装修之单据，该号负责人称于空袭时仓促跑进防空洞，并未想起带出事宜，实因单据不知为有用之物，故该号单据被炸而焚，情似可能。是以该号所报损失56641.63元之数目，应予剔除2940.00元，其余53701.63元金额，始可称为正当损失。谨将调查经过详为陈述与核计，理合签呈鉴核！职吴明堂，二月二十日。"

45. 重庆远大昌记五金号为报送8月19日被炸损失请存转致重庆市五金电料商业同业公会文（1940年12月30日）

敬启者。小记不幸于本年八月十九日遭遇敌机空袭，全部门市货品、生财与二十八年度账簿、本年度有关单据及同事衣物等件，悉被焚如。随即登诸报端，申明在案。理合早日具报大会，以昭郑重。无奈同事星散，莫法解决。今乃详为清理损失，抄单并剪报粘奉，乞予备查并请转呈有关处所，不胜感荷之至。此致：

重庆市五金电料商业同业公会公鉴

重庆远大昌记五金号

中华民国二十九年十二月三十日

开列8月19日被炸损失货品于后①：

货名	数量	单价	金额
30蓬卷	11筹又72只	25.00元/筹	287.50元
24蓬卷	38筹又129只	18.00元/筹	700.12元
人头内胎	83对又1支	60.00元/对	5010.00元
25白方锁	6打又8只	20.00元/打	133.27元
35白方锁	4打又1只	20.00元/打	81.66元
4分木螺丝钉	79筹又106只	6.00元/筹	478.40元
5分木螺丝钉	20筹又72只	7.00元/筹	143.50元
6分木螺丝钉	29筹又31只	9.00元/筹	263.06元
1寸木螺丝钉	30筹又135只	12.00元/筹	371.24元
40花蓝锁	9只	4.00元/只	36.00元
285—45腰元锁	1打	50.00元/打	50.00元
2寸德箱扣	5打又3只	6.00元/打	31.50元
3寸德箱扣	2打又1只	8.50元/打	17.70元
444—40元锁	1打又9只	40.00元/打	70.00元

① 本表错字较多，校正如下："罗"应为"螺"或"筹"，"勾"应为"钩"，"纱"应为"砂"，"交"应为"铰"，表中皆使用正确之写法。

续表

货名	数量	单价	金额
444—50元锁	4只	4.50元/只	18.00元
人字锁	1打	35.00元/打	35.00元
3寸本插川	3打	9.00元/打	27.00元
2.50寸铰链	1盒又13方	30.00元/盒	46.25元
4寸铰链	18打又6方	60.00元/打	1295.00元
7寸椅簧	3打又8支	15.00元/打	55.00元
车钢丝	67支	0.90元/支	60.30元
4寸本插川	6打又2只	12.00元/打	74.00元
2.50寸本插川	1打又6只	7.50元/打	11.25元
6分木螺丝钉	5箩	5.00元/箩	25.00元
7分木螺丝钉	7箩又98只	10.00元/箩	76.80元
1.20寸铝螺丝钉	1盒又51只	20.00元/盒	27.08元
6分开刀	1把	0.50元/把	0.50元
5寸胶木钳	3把	7.00元/把	21.00元
6寸胶木钳	2把	9.00元/把	18.00元
2寸铰链	6盒又5方	25.00元/盒	155.20元
3寸铰链	1盒	40.00元/盒	40.00元
3.50寸铰链	1方	2.00元/方	2.00元
全几耳	14打	3.00元/打	42.00元
汽钉	30打	2.00元/打	60.00元
30元锁	3只	3.50元/只	10.50元
窗纱	1匹	250.00元/匹	250.00元
4号羊眼	9箩又130只	7.00元/箩	69.30元
5号羊眼	7箩又110只	9.00元/箩	71.12元
6号羊眼	12箩又60只	11.00元/箩	136.58元
55白方锁	2打又10把	28.00元/打	79.33元
100尺皮尺	1只	110.00元/只	110.00元
2.50寸刷子	6把	4.00元/把	24.00元
17号元丝	9斤	5.00元/斤	45.00元
1.50寸磁珠	240只	0.08元/只	19.20元
双钱内胎	60对	50.00元/对	3000.00元
各寸洋钉	12桶又15斤	300.00元/桶	3650.00元

续表

货名	数量	单价	金额
三元外胎	15对又1支	290.00元/对	4495.00元
凳子	20只	4.00元/只	80.00元
账桌	4只	80.00元/只	320.00元
账箱	1只	100.00元/只	100.00元
铁床	9间	35.00元/间	315.00元
电灯	1号	327.50元/号	327.50元
方桌	2张	25.00元/张	50.00元
厨房用具			300.00元
玻璃	16张		620.00元
1.20寸木螺丝钉	164笋	15.00元/笋	2460.00元
1.50寸木螺丝钉	2笋又72只	18.00元/笋	45.00元
6分帐圈	37笋又10只	1.80元/笋	66.72元
7分帐圈	1笋	2.10元/笋	2.10元
黄白泡钉	6盒又581只	25.00元/盒	168.15元
札钮	3笋又121只	30.00元/笋	115.20元
古铜门锁	2把	20.00元/把	40.00元
2.50寸箱扣	7打又8只	7.00元/打	53.66元
3寸箱扣	9打又2只	8.40元/打	77.92元
4寸箱扣	5只	11.50元/打	4.80元
白钢丝	46磅	22.00元/磅	1012.00元
洋漆	3打又1筒	88.00元/打	262.08元
马头胶水	14打又3筒	40.00元/打	570.00元
大华水	6打又10只	3.00元/打	20.50元
小华水	34打又3只	2.50元/打	85.62元
小橡皮	22笋又102只	14.00元/笋	317.90元
钢碗	49打又5只	18.00元/打	889.50元
2寸窗钩	72只	0.20元/只	14.40元
青果簧	4对又1支	50.00元/对	225.00元
锯条	37打又1张	9.00元/打	334.75元
2寸铜螺丝钉	89只	0.15元/只	13.35元
古铜拉手	4只	0.15元/只	0.60元
2寸木螺丝钉	91只	0.15元/只	13.95元
1.50寸窗钩	3笋又45只	15.00元/笋	49.69元

续表

货名	数量	单价	金额
黑汽代	3.80尺	2.00元/尺	7.60元
大皮碗	5打又9只	5.00元/打	28.74元
人头砂布	6张	0.30元/张	1.80元
铜包	8打又7只	2.00元/打	17.16元
吊牌	15只	2.00元/打	2.50元
3分木螺丝钉	72只	0.05元/只	3.70元
7号羊眼	110只	0.10元/只	11.00元
芝麻钉	315盒	1.40元/盒	441.00元
1寸磁珠	95只	0.50元/只	47.50元
双钱矿胎	10对	270.00元/对	2700.00元
砂纸	1打又5张	4.50元/打	6.87元
三元内胎	20对又1只	50.00元/对	1025.00元
2.50寸铝螺丝钉	1笭又138只	25.00元/笭	489.50元
2号羊眼	2笭	3.00元/笭	6.00元
4号羊眼	11笭	4.00元/笭	44.00元
55白方锁	11打又10把	28.00元/打	79.31元
1寸铰链	23盒又12方	11.00元/盒	305.50元
1号羊眼	19笭	2.00元/笭	38.00元
3号羊眼	1笭	5.00元/笭	5.00元
铆钉	18磅	3.00元/磅	54.00元
各分洋钉	10桶又26斤	440.00元/桶	4527.08元
人头胶水	1打又7筒	55.00元/打	87.08元
3分洋钉	1桶又6斤	700.00元/桶	746.62元
2寸刷子	6把	3.00元/把	18.00元
椅子	2堂	200.00元/堂	400.00元
货架	3只	433.10元/只	1100.00元
柜子	3只	50.00元/只	150.00元
电话机	1只	100.00元/只	100.00元
脚车	1部	150.00元/部	150.00元
压信机	1部	70.00元/部	70.00元
大小秤	3只	35.00元/只	105.00元
全号职员衣物损失			2500.00元

以上合计共损失法币43446.81元整

46. 丁佑记五金号为5月16日被炸报请停业致财政部川康直接税局重庆分局文（1941年5月18日）

迳启者。因本记开设本市千厮门行街第52号门牌忽于本（三十）年五月十六日突遇敌机入市狂炸，于本记所存列各式五金及家具动用什物并房屋等项悉炸毁，损失罄尽。兹今暂行停业，已经设法组织将房屋修理完竣，俟另行呈报。兹特相应函报钧局鉴核备查，准予停征为荷。此致：

财政部川康直接税局重庆分局公鉴

丁佑记五金号启
中华民国三十年五月十八日

47. 重庆鸿昌电业社为报送5月16日被炸损失致重庆市五金电料商业同业公会文（1941年5月18日）

启者。是十六日被炸，本社门面损坏，柱窗玻璃一应粉碎，货物等情破裂受损有许，台风扇损2只，大小泡子80余只，各零件抛开数样无踪，本小台灯损2只，用大小工具损失数样矣。

此致

重庆鸿昌电业社呈
中华民国三十年五月十八日

被毁损坏报告单：

三十年五月十六日，本社震毁，门面招牌震坏，橱窗玻璃完全粉碎，货物等情失踪者。

门面招牌	1扇		合洋50.00元
柱窗广片玻璃	16块	每块9.00元	合洋144.00元
华生台扇	2把	去年成本每把120.00元	合洋240.00元
100支飞利浦儿子	4只	每只成本22.00元	合洋88.00元
40支建华泡	40只	成本3.60元	合洋144.00元
60支建华泡	42只	成本3.60元	合洋151.20元
开关灯头	12只	成本3.00元	合洋36.00元
木札灯头	8只	成本1.60元	合洋12.80元
荷叶罩	15只	成本1.40元	合洋21.00元
共计损失费洋887.00元			

48. 源鑫五金电料行6月7日被炸财产损失报告单(1941年6月15日)

事件:被敌机轰炸全部受损

日期:六月七日

地点:中正路536号

填送日期:三十年六月十五日

损失项目	单位	数量	单价	价值(国币元)	备注
洋锁	打	4打1只	20.00	81.66	
铁铰[①]	盒	14盒7只	28.00	357.28	
花珠	盒	6盒12只	10.00	63.33	
锉刀	支	17支	15.00	255.00	
英尺	只	1只	10.00	10.00	
砂纸	打	13打9张	74.00	55.00	
冉安	只	1只	6.00	6.00	
螺丝钉	箩	25箩	14.00	350.00	
插川	打	19打10只	6.00	119.00	
锯条	张	2张	2.00	4.00	
螺丝刀	只	9只	3.00	27.00	
砂布	打	6打	20.00	120.00	
窗钩	只	24只	0.20	4.80	
箱扣	打	16打半	1.50	24.75	
电铃线	圈	9圈	12.00	108.00	
皮线	圈	2圈	110.00	220.00	
花线	圈	21圈	90.00	1890.00	
保险丝	磅	3磅	12.00	36.00	
先令	只	70只	1.50	105.00	
葫芦		6	2.00	12.00	
洋漆	只	13只	3.00	39.00	
反耳		5	10.00	50.00	
电灯泡	只	50只	4.00	200.00	
洋钉	桶	420桶	4.50	1890.00	
电筒	支	5支	14.00	70.00	

① 本表错字较多,现统一校对如次:"交"应为"铰","错"应为"锉","纱"应为"砂","罗"应为"箩",表中使用正确写法。

续表

损失项目	单位	数量	单价	价值(国币元)	备注
平保险	只	9只	1.20	10.80	
交灯头	打	60打3只	36.00	2169.00	
元木	只	66只	0.20	13.20	
保久泡	只	6000只	0.72	4320.00	
货架	只	1只	200.00	200.00	
囤盒	只	3只	70.00	210.00	
底柜	只	2只	60.00	120.00	
48×18玻璃	块	2块	200.00	400.00	
广算盘	架	2架	30.00	60.00	
双面写字桌	张	1张	200.00	200.00	
单面写字桌	张	1张	70.00	70.00	
茶椅	套	1套	30.00	30.00	
小银箱	只	1只	300.00	300.00	
小床	张	2张	50.00	100.00	
竹凉板	只	2只	12.00	24.00	
圆桌	张	1张	30.00	30.00	
碗柜	只	1只	10.00	10.00	
案板	张	1张	12.00	12.00	
水缸	只	1只	18.00	18.00	
建筑费				4800.00	
合计		总值国币		19194.82	

受损失商号：源鑫五金电料行

附记：如不能写阿拉伯字，可用中文大写数目字填写。

49. 稣记复兴厂6月2日被炸财产损失报告单(1941年6月17日)

事件：中燃烧弹焚毁

日期：六月二日

地点：上南区马路104号

填送日期：三十年六月十七日

二、重庆市五金电料商业同业公会及所属抗战财产损失

损失项目	单位	数量	价值(国币元)	备考
商标		13000	520.00	其他包括家具动用等损失如所列数
盐脑	斤	75	1200.00	
8号铝皮	张	18	1800.00	
炭精	磅	115	805.00	
笔粉	包	3	780.00	
锰粉	包	2	520.00	
火漆	斤	65	52.00	
A电池	只	4	40.00	
盐化	会	1/2	300.00	
保险粉	斤	50	100.00	
打电机	部	2	800.00	
压力机	部	1	250.00	
缠线机	部	1	200.00	
蒸电器	具	1	180.00	
滚边机	部	1	150.00	
铜帽机	部	1	120.00	
大小药水缸	口	2	70.00	
钢模子	付	3	240.00	
药水表	具	1	30.00	
其他			1000.00	
合计			9157.00	

受损失商号：稣记复兴厂　蒋明德

附记：如不能写阿拉伯字，可用中文大写数目字填写。

50. 重庆国光合记五金号6月15日被炸损害调查表(1941年6月23日)

填送日期：三十年六月二十三日　　　　　　　(单位：国币元)

商号名称	主体人姓名	住址	损失情形						营业状况		备考
^	^	^	人		物				未炸前	被炸后	^
^	^	^	伤	亡	种类	名称	价值总额	被炸月日	^	^	^
国光合记	刘蔚堂	林森路45号			全部大小玻璃		3400.00	6月15日	暂停1星期	门面装修工竣即行照常营业

商号名称	主体人姓名	住址	损失情形					营业状况		备考
			人		物			未炸前	被炸后	
			伤	亡	种类	名称	价值总额	被炸月日		
					花罩吊灯		2700.00	同上	同上	同上
					装修门面，添盖瓦片		2200.00	同上	同上	同上

说明：

1. 损失情形一栏，对于"人"一项，应分别轻伤、重伤；"物"一项包括房屋、现金、货品、用具等项，均以估计之数字填入，但估计之数字必须与实际情形相合；

2. "营业状况"应填明未炸前之荣枯及被炸后能否继续，以简短之文字记载；

3. 如各商号能自行详细填报，则由各该商号自填，交由公会转报，否则，由公会代为查填，均由公会及填报人加具印章。

51.重庆国光合记五金号6月15日被炸财产损失报告单（1941年6月25日）

事件：敌机投弹波及

日期：六月十五日

地点：林森路45号

填送日期：三十年六月二十五日

损失项目	单位	数量	价值（国币元）	备考
大号白光吊罩	只	19	1539.00	
2号白光吊罩	只	11	495.00	
荷叶灯罩	只	350	420.00	
各种花罩	只	75	262.50	
大小橱窗玻璃（广片）	块	65	1625.00	
40×30玻砖	块	6	1800.00	门面橱窗木匠包工
样子厨	只	1	860.00	
瓦片	块（张）	5000	340.00	
木枋	根	6	360.00	
石灰	挑	10	130.00	
纸金	斤	10	40.00	

续表

木匠工	工	21	273.00	
泥水工	工	16	192.00	
合计			8336.50	

受损失商号：重庆国光合记五金号　刘蔚堂

52. 陪都益川电料行6月15日被炸损害调查表(1941年6月25日)

填送日期：三十年六月二十五日　　　　（单位：国币元）

商号名称	主体人姓名	住址	损失情形				被炸月日	营业状况		备考
			人		物			未炸前	被炸后	
			伤	亡	种类	名称	价值总额			
益川电料	胡国钧	林森路185号				灯皿	约300.00	6月15日	萧条	亦不佳
						灯泡	100.00			
						平顶	50.00			
						玻砖	300.00			
						玻片	750.00			
						修整房屋	250.00			

说明：

1. 损失情形一栏，对于"人"一项，应分别轻伤、重伤；"物"一项包括房屋、现金、货品、用具等项，均以估计之数字填入，但估计之数字必须与实际情形相合；

2. "营业状况"应填明未炸前之荣枯及被炸后能否继续，以简短之文字记载；

3. 如各商号能自行详细填报，则由各该商号自填，交由公会转报，否则，由公会代为查填，均由公会及填报人加具印章。

53. 重庆市五金电料商业同业公会会员永大五金水电材料工程行空袭损失报告表(1941年6月)

商号名称	永大五金水电材料工程行	姓名	被炸日期	5月26日	被炸地址	保安路四号	炸后复业计划	备考
损失项目		单位	数量	价值(法币元)		总计(法币元)	屋顶已雇工修复原状，门面俟秋凉后再修	
门面震坏,屋顶全部震毁				2000.00		2000.00		

54. 重庆市五金电料商业同业公会为转报永茂五金号6月1日被炸损失致财政部川康直接税局重庆分局函(1941年7月4日)

案据本会会员永茂五金号报告称："会员小梁子铁板街1号营业地址,不幸于本年六月一日敌机袭渝时,号址适中炸弹3枚,所有货物家具,悉被损毁。除将五金货物于倒塌处清出一部分,迁驻林森路中大街3号继续营业外,理合开具损失清单5份,报请大会存查,并转请有关机关备案。"等情,附清单5份;前来。经查属实,除准予登记备查并分别呈函外,相应检附原清单1份,据情转请贵局查核备案,实为公便。仍希见复为荷。此致：
财政部川康直接税局重庆分局

附清单1份

主席周荟柏

中华民国三十年七月四日

财产损失报告单

    事件：被炸

    日期：三十年六月一日

    地点：民族路铁板街1号

    填送日期：三十年六月十九日

损失项目	单位	数量	价值(国币元)	备考
(一)货物				
汽缸油	桶	8桶	3600.00	
调水油	桶	2桶	300.00	
黄牛油	桶	3桶	450.00	
帮浦灯	只	2只	560.00	
1/16"铁板	张	2张	900.00	
24"白铁皮	张	5张	1200.00	
磅秤	架	1架	1500.00	
抬秤	架	1架	500.00	
秤	尺	1只	50.00	

续表

损失项目	单位	数量	价值(国币元)	备考
(二)生财				
大圆桌	个	1个	60.00	
茶几	个	2个	70.00	
椅子	把	4把	160.00	
圆凳	个	8个	40.00	
方桌	张	4张	200.00	
房2幢修理费			1200.00	
板墙两面修理费			500.00	
(三)杂项				
暖水瓶	只	2只	140.00	
茶杯	只	9只	27.00	
茶壶	只	1只	20.00	
其他杂件			200.00	
合计	总值国币			11677.00

受损失商号:永茂五金号

附记:如不能写阿拉伯字,可用中文大写数目字填写。

55. 重庆市五金电料商业同业公会会员北平鼎记达明电器行空袭损失报告表(1941年7月23日)

商号名称	北平鼎记达明电器行	姓名	王弼卿	被炸日期	6月1日	被炸地址	民生路22号	炸后复业计划	备考
损失项目	单位	数量	价值(法币元)		总计(法币元)			由北京朋友借款及亲友帮助	
门面装修门橱货架			1500.00		1500.00				
屋顶瓦(自己搭盖)		5000	0.07		350.00				
瓦工	工	20	12.00		240.00				
合计					2040.00				

56. 重庆市五金电料商业同业公会会员益丰电池厂空袭损失报告表(1941年7月28日)

商号名称	益丰电池厂	姓名	贺师能	被炸日期	1941年6月30日	被炸地址	南岸马鞍山	炸后复业计划	备考
损失项目		单位	数量	价值(法币元)		总计(法币元)			
厂房弹片波及			瓦片5万张	每万650.00		3250.00			
厂房弹片波及			玻璃320块	每块1.00		320.00			
厂房弹片波及			石灰1000斤	每1000斤130.00		130.00			
厂房弹片波及			纸金			20.00			
厂房弹片波及			工匠110工	每工12.00		1320.00			
厂房弹片波及			洋钉20斤	每斤15.00		300.00			
厂房弹片波及			木料			180.00			
合计						5520.00			

57. 重庆市五金电料商业同业公会会员清华电业社空袭损失报告表(1941年7月)

商号名称	清华电业社	姓名	萧履丰	被炸日期	6月30日	被炸地址	上清寺65号	炸后复业计划	备考
损失项目		单位	数量	价值(法币元)		总计(法币元)		本店全部被炸、全部损失。只得另筹资本在原址复业	
生财			全部	500		500.00			
货物			全部	700		700.00			

58. 同济五金号为报送7月30日被炸损失情形致重庆市五金电料商业同业公会文(1941年8月4日)

迳启者。七月三十号,敌机肆虐,敝号屋后落弹甚多,以致房屋被震坏,计损失装修、生财、货物等。今立表6份,仰仗贵会费神分报各管理部局登记,是为德便。此致:

五金电料商业同业公会

　　附奉表6份

二、重庆市五金电料商业同业公会及所属抗战财产损失

同济五金号谨启

中华民国三十年八月四日

空袭损失报告表

商号名称	同济五金号	经理或负责人姓名	李惠卿	被炸地址	陕西路153号	被炸日期	七月三十日
损失项目		单位	数量		价值(国币元)		备注
(一)修理								
门面及照牌			全部		480.00		
灶间及平台					540.00		
油漆及做字					90.00		
大门			2堂		80.00		
大橱窗			全堂		350.00		
电灯			3盏		40.00		
(二)生财								
大小玻璃			184块		1200.00		
厨房碗锅等					280.00		
热水瓶			2只		300.00		
茶杯等					70.00		七月三十日下午店后落弹被震损失
家具床椅					150.00		
门锁			1把		200.00		
(三)货物								
5寸汽表			1只		250.00		
24寸水平尺			2把		280.00		
各种锁			1打		200.00		
油石			4块		240.00		
试电表			1只		150.00		
元盛台尺			2把		160.00		
胶木钢卷尺			1打		300.00		
四开木尺			1打		100.00		
12寸砂轮			1块		960.00		
玻璃刀			1把		130.00		
12吋锯条			6打		180.00		

续表

商号名称	同济五金号	经理或负责人姓名	李惠卿	被炸地址	陕西路153号	被炸日期	七月三十日
损失项目		单位		数量	价值(国币元)	备注	
木匠弓钻				1只	150.00		
中号手摇钻				1只	180.00		
36寸大板锯				1把	46.00		
分厘尺				1把	350.00		
合计总值法币					7456.00		

填报商号及经理(或负责人):同济五金号

附记:如不能写阿拉伯字,可用中文大写数目字填写。

59. 重庆市五金电料商业同业公会为转报霖元贸易行6月7日及29日被炸损失致财政部川康直接税局重庆分局文(1941年8月7日)

案据本会会员霖元贸易行报告称:"会员民国路43号营业地址,不幸于六月七日及二十九日先后被炸受损,修整费计金额4270.00元。理合开具损失报告表5份,报请大会存查并转请有关机关备案。"等情,附表5份;前来。经查属实,除核存并分别呈函外,相应检附原表1份,据情转请贵局查核备案,实为公便。仍希见复为核。此致:

财政部川康直接税局重庆分局

附表1份

主席 周荟柏
中华民国三十年八月七日

空袭损失报告表

填报日期：三十年七月二十六日

商号名称	霖元贸易行	经理或负责人姓名	张志敏	被炸地址	民国路43号	被炸日期	6月7、29日
损失项目		单位		数量		价值(国币元)	备注
房屋屋顶		全部		瓦全损毁(2次)		1360.00	
厨房及佣人卧室		3间		全毁(1次)		1200.00	左列费用均连修理费
门面		2间		半毁(2次)		520.00	
家具		件		毁8件		840.00	
用品(厨房用)				全毁		350.00	
合计总值法币						4270.00	

填报商号及经理(或负责人)：张志敏

附记：如不能写阿拉伯字，可用中文大写数目字填写。

60. 重庆荣记贸易行为补报被炸损失单致重庆市五金电料商业同业公会文(1941年9月17日)

迳启者。顷奉总字第223号贵会答复，内开报告暨附件均悉："查该行自五月三日起至七月三十日止，所受之空袭损失延至九月半始行填报，殊有未合。惟念该行受损尚属实情，姑准存转，仰再补具损失报告单1份来会，以凭核办"等语。查敝行曾于六月三十日填用前颁重庆市工商各业空袭损害调查表格式报告"五·三"、"六·七"、"六·二九"3次受损数字送呈贵会，有卷可查，旋贵会再颁财产损失报告单格式一种，嘱将受损情形重新填报，不旋踵又遭"七·五"惨炸，敝行房屋全毁，从此迁移地点，整理货件，日不暇给，而寇机疲劳性之轰炸昼不间歇，兼旬不绝，填报损失略有稽延，即是故也。幸贵会审度实情，姑准存转，良为感荷！兹再补具损失报告单1份，随函送上，烦为查收办理是祷！此致：

重庆市五金电料商业同业公会

　　计附财产损失报告单1份

重庆荣记贸易行启

中华民国三十年九月十七日

重庆荣记贸易行财产损失报告单

填报日期：三十年九月十四日

事件	日期	地点
附近落弹门面震毁	1941年5月3日[①]	民权路新生路口
附近落弹屋宇震坏	1941年6月7日	民权路新生路口
附近落弹门面震毁	1941年6月29日	民权路新生路口
门旁中弹屋宇全毁	1941年7月5日	民权路新生路口
附近落弹屋瓦震坏	1941年7月30日	白象街35号

损失项目	单位	数量	价值国币	备考
（一）"五·三"空袭损失				
修葺房屋			729.70	
玻璃毁坏			1400.00	
（二）"六·七"空袭损失				
修葺房屋			1658.80	
装置毁坏			715.00	
生财毁坏			1092.20	
货件毁坏			1537.50	
（三）"六·二九"空袭损失				
修葺房屋			50.40	
玻璃毁坏			30.00	
（四）"七·五"空袭损失				
装置毁坏			3261.70	
生财毁坏			1683.50	
货件毁坏			11631.50	
职员行李补偿			1000.00	
（五）"七·三〇"空袭损失				
修葺房屋			293.50	
合计			25083.80	

[①] 表中的年份全部转换成公元纪年，编者注。

61. 重庆永瑞字号为报送7月30日被炸损失请存转致重庆市五金电料商业同业公会文（1941年9月6日）

迳启者。敝号前中正路250号住所不幸于本年七月三十日敌机袭渝时直接中弹炸毁。除账簿随身带走外，所有家具、存号一部分货物及文件、单据并职工行李等，因事出仓促，不及携走，以致完全损失，约共值法币数千元之谱。兹已觅妥赣江街86号内新址继续营业。特此函达，请烦查照。并希转报所得税局、利得税局等有关机关备查为荷！此致：

重庆市五金电料商业同业公会

重庆永瑞字号启
中华民国三十年九月六日

62. 重庆永茂五金号为报送7月30日被炸损失请存转致重庆市五金电料商业同业公会文（1941年12月22日）

查本年七月三十日敌机进袭市区，肆虐投弹，于敝号所在地林森路口中大街3号附近落弹甚多，以致全部房屋遭受震塌，所受损失计国币13万元之巨。理合开具细账一式5纸报请备案，并祈转呈各上级机关分别备案为荷！此请：

重庆市五金电料商业同业公会主席周

附损失单5份

会员永茂五金号具
中华民国三十年十二月二十二日

三十年七月三十日被炸损失单

（店址：林森路中大街第3号门牌）

货物类			生财类		
2000斤磅秤	1只	5000.00	写字台	2只	600.00
1000斤磅秤	1只	2500.00	大圆桌	1只	150.00
砂布	135打	4050.00	凳子	12只	360.00
砂纸	250打	2250.00	大对镜	1座	1200.00

续表

货物类			生财类		
50磅台秤	1只	1500.00	全堂玻璃	全部	5000.00
油石	10块	1200.00	挂钟	1座	800.00
大小砂轮	15块	20000.00	台钟	1只	500.00
花铅皮	40张	4000.00	电灯	全堂	3000.00
皮尺	12把	1800.00	方桌	2只	500.00
绿铁丝布	20卷	3000.00	靠椅	8把	600.00
螺丝铰板	3付	12000.00	藤椅	4把	300.0
			沙发椅	2把	800.00
			茶几	4只	200.00
			磁痰盂	4只	60.00
			茶壶	2把	50.00
			大小热水瓶	2只	300.00
			茶缸	1只	40.00
			玻璃怀	12只	30.00
			靠壁货橱	1口	2400.00
			洗脸盆	4口	400.00
			铺板	8付	400.00
			木床	8只	1600.00
			文具印刷等类		3000.00
			同人衣箱被褥		10000.00
			其他杂物		1000.00
			房屋全部修理费		40000.00
共计		57300.00	共计		73290.00

货物、生财两合总共国币130590.00元

63. 重庆市五金电料商业同业公会会员瑞渝五金号财产损失报告单(1945年8月28日)

日期:三十三年六月

地点:浙江丽水

填送日期:三十四年八月二十八日

损失项目	单位	数量	价值(国币元)	备考
头布橡皮	公斤	1000	5400000.00	
45#皮带扣	盒	30	409500.00	
35#皮带扣	盒	30	299250.00	
25#皮带扣	盒	30	236250.00	
合计			6345000.00	

受损失商号:瑞渝五金号

64. 重庆市五金电料商业同业公会会员信义商行财产损失报告单(1945年8月30日)

事件:被敌机轰炸,营业及堆货、房屋暨宿舍完全损毁,保甲邻近可作证明

日期:二十八年五月四日

地点:保安路(旧米花街)120号郑家院内附2号

填送日期:三十四年八月三十日

损失项目	单位	数量	价值(国币元)	备考
0#—2#龟牌砂布	打	300	120000.00	现在价值
$1\frac{1}{2}$"铁铰链	合	700	7150000.00	同上
2"铁铰链	合	250	2000000.00	同上
8#新元丝	担	25	3000000.00	同上
1"洋钉	桶	10	2000000.00	同上
$1\frac{1}{2}$"洋钉	桶	20	3800000.00	同上
$\frac{3}{8}$"洋钉	桶	3	1200000.00	同上
$\frac{1}{2}$"洋钉	桶	8	2400000.00	同上
$\frac{5}{8}$"洋钉	桶	8	2400000.00	同上
家具	连宿舍全部毁损		1500000.00	估计现在价值,实际尚不只此。因名目繁多,不能一一备载
衣服	职工家属等除随身穿着之外全被烧毁		1500000.00	
合计			23070000.00	

受损失商号:信义商行　李觉非

65. 重庆市五金电料商业同业公会会员重庆元益公司运货木船被炸财产损失报告单（1945年8月30日）

事件：运货木船被炸损失

日期：民国二十七年十二月

地点：万县

填送日期：三十四年八月三十日

损失项目	单位	数量	价值（国币元）	备考
元条	吨	5	5000.00	表列价值系当时市价，若依照日本投降前工矿处核定1000倍以上
元钢	吨	6	26400.00	
钢板	吨	15	18000.00	
合计			49400.00	

受损失商号：重庆元益公司

66. 重庆市五金电料商业同业公会会员重庆元益公司仓库被炸财产损失报告单（1945年8月30日）

事件：元益公司仓库被炸损失

日期：民国二十九年八月

地点：重庆千斯门盐码头93号

填送日期：三十四年八月三十日

损失项目	单位	数量	价值（国币元）	备考
锰粉	吨	10	9000.00	1. 此项损失曾报奉重庆市营业税处及直接税局核销免税有案；2. 被炸燃烧后各种大五金仍可销售者未计入；3. 表列价值系当时市价。若依照日本投降时工矿处核定单价计算，约在600倍以上
笔铅粉	吨	13	22100.00	
人头砂布	令	30	16800.00	
鹿头胶	听	120	10800.00	
硼砂	部	2200	26400.00	
灰橡皮	部	1200	4800.00	
30#白铅皮	张	100	7000.00	
洋钉	桶	100	25000.00	
$1\frac{1}{2}$"—4"皮带	呎	10000	75000.00	
盐酸	箱	20	4000.00	

续表

损失项目	单位	数量	价值(国币元)	备考
红丹粉	听	80	20000.00	
皮线	卷	500	6250.00	
纸柏坭	吨	8	8000.00	
自建仓库房屋	座	2	18200.00	
合计			253350.00	

受损失商号:重庆元益公司

67. 重庆市五金电料商业同业公会会员重庆元益公司1940年6月26日被炸财产损失报告单(1945年8月30日)

事件:元益公司被炸损失

日期:民国二十九年六月二十六日

地点:重庆中大梁子老门牌95号

填送日期:三十四年八月三十日

损失项目	单位	数量	价值(国币元)	备考
夹布橡皮	部	400	4000.00	
螺丝公	分副	1000	9000.00	
麻花钻	分	1500	3000.00	
锯条	箩	40	14000.00	1. 此项损失曾报奉重庆市营业税处及重庆直接税分局核销免税有案;
砂轮	时	1500	18000.00	
螺丝铰板	副	5	10000.00	
橡皮盼更	部	250	5000.00	2. 被炸后各种大五金仍可销售者未计入。
橡皮带	卷	12	12000.00	
铜泡丁	盒	300	3900.00	
抽斗锁	打	30	1280.00	3. 表列价值系以被炸时市价计算,依照日本投降时工矿调整处核定单价,约在600倍以上
门锁(4开)	打	40	10000.00	
木尺	打	30	5100.00	
黄铜皮	张	90	5400.00	
紫铜管	部	600	3600.00	
皮带扣	盒	120	1800.00	
黄血盐	部	120	1380.00	
红纸板	部	320	1152.00	

续表

损失项目	单位	数量	价值（国币元）	备考
生财			5608.00	
同事□□			6200.00	
合计			120420.00	

受损失商号：重庆元益公司

68. 重庆市五金电料商业同业公会会员重庆义昌五金号财产损失报告单（1945年8月30日）

事件：为宜昌沦陷，自长沙装太古公司双腾轮货物被日人强行拖去，全部损失

日期：二十九年五月三日至五月二十五日

地点：宜昌

填送日期：三十四年八月三十日

损失项目	单位	数量	价值（国币元）	备考
圆铁	225.00/市斤	37582.50	8456062.50	所报之损失货物有太古公司证明信件，并呈报重庆直接税局有案，其价依照生产局核定
竹节铁	160.00/市斤	3931	628960.00	
方铁	225.00/市斤	2769	623025.00	
扁铁	225.00/市斤	42	9450.00	
8#铝丝	970.00/市斤	6249.50	6062015.00	
16#铝丝	1080.00/市斤	2646	2857680.00	
白铁管	1800.00/市尺	42	75600.00	
合计			18712792.50	

受损失商号：重庆义昌五金号

69. 重庆市五金电料商业同业公会会员□昌五金贸易行财产损失报告单（1945年8月30日）

事件：由上海经香港运渝被英人扣留（系德国货），香港沦陷后被日军没收

日期：民国二十九年十月

地点：香港

填送日期：三十四年八月三十日

损失项目	单位	数量	价值（国币元）	备考
12"沱牌锯条	打	600	1440000.00	
15号德皮带扣	盒	30	360000.00	
25号德皮带扣	盒	150	2070000.00	
27号德皮带扣	盒	144	2246400.00	
35号德皮带扣	盒	95	1662500.00	
45号德皮带扣	盒	50	1225000.00	
3"链条管子钳	把	6	216000.00	左列各货共计19件，在香港被扣时曾向香港海关交涉多次，结果仍未发还。有证件备查
6"链条管子钳	把	6	288000.00	
6"德四板纳	把	60	216000.00	
8"德四板纳	把	77	369600.00	
10"德四板纳	把	90	540000.00	
12"德四板纳	把	60	432000.00	
14"德四板纳	把	18	151200.00	
14"德管子钳	把	12	151200.00	
18"德管子钳	把	12	194400.00	
24"德管子钳	把	6	158400.00	
合计			11720700.00	

受损失商号：□昌五金贸易行

70. 重庆市五金电料商业同业公会会员重庆永光电料行财产损失报告单（1945年8月30日）

事件："五三""五四"第二年（即民国二十九年）

日期：民国二十九年七月

地点：民族路237号

填送日期：三十四年八月三十日

损失项目	单位	数量	价值（国币元）	备考
房子	间	1	10000.00	3楼1底
家具	全堂		5000.00	
货品	全部		18000.00	

续表

损失项目	单位	数量	价值(国币元)	备考
职员衣物等			12000.00	5人共计
合计			45000.00	以上均系该时之价值

受损失商号:重庆永光电料行　陈耀光

71. 重庆市五金电料商业同业公会会员重庆德华贸易公司财产损失报告单(1945年9月10日)

事件:德华贸易行[①]

日期:民国二十九年八月二十日

地点:渝公园路1号

填送日期:民国三十四年九月十日

损失项目	单位	数量	价值(国币元)	备考
1—$\frac{1}{2}$"紫铜管	磅	340	1360000.00	查1940年8月20日,敝行正在公园路1号营业,遭值〔致〕被敌机投掷燃烧弹,□□延烧至公园路青年会一带,以致敝行全部被毁,除□□带细软逃警报外,其余屋中货物损失国币4900000.00元,拟恳赔偿如上数
$\frac{3}{4}$"黑风钢	磅	200	1000000.00	
大沙发	个	1	100000.00	
小沙发	个	5	100000.00	
方桌	个	1	20000.00	
凳子	个	10	10000.00	
锉床	个	4	100000.00	
铺板	付	4	10000.00	
马达	个	1	100000.00	
衣箱	个	4	1000000.00	
门面装修	堂	1	500000.00	
货柜	个	6	600000.00	
合计	总值国币		4900000.00	

受损失商号:重庆德华贸易公司

---

①原文如此,为误填。

72. 重庆市五金电料商业同业公会会员重庆裕生公司财产损失报告单(1945年9月21日)

日期:三十三年十月

地点:湘潭炭塘子湘潭锰矿公司转运处

填送日期:三十四年九月二十一日

损失项目	单位	数量	价值(国币元)	备考
听装笔铅粉	吨	10	2000000.00	
合计			2000000.00	

受损失商号:重庆裕生公司

73. 重庆市五金电料商业同业公会会员重庆裕生公司海防财产损失报告单(1945年9月21日)

日期:二十九年

地点:海防

填送日期:三十四年九月二十一日

损失项目	单位	数量	价值(国币元)	备考
天秤、长锯等			15309.50	
橡皮带、白铁管等			101427.30	
洋元、锉刀等			20051.30	
黄铜元、圆钢等			16752.40	
紫铜管、辛养粉等			66668.70	
砂布、元钉等			148400.00	
青铅皮、锋钢等			791963.30	
皮线、花线、板更等			296135.50	
砂轮、皮带扣等			2990463.30	
白蜡纸、柏线等			170676.30	
汽表、钢丝等			103750.00	
电灯器材等			76225.00	
八角钢、钢扣等			561821.10	
洋元、钢板等			372127.10	
合计			3040353.80	

受损失商号:重庆裕生公司

74. 重庆市五金电料商业同业公会会员重庆裕生公司1939年5月财产损失报告单(1945年9月21日)

日期:二十八年五月

地点:重庆陕西路

填送日期:三十四年九月二十一日

损失项目	单位	数量	价值(国币元)	备考
房屋			750000.00	
设备			500000.00	
合计			1250000.00	

受损失商号:重庆裕生公司

75. 重庆市五金电料商业同业公会会员重庆裕生公司1940年财产损失报告单(1945年9月21日)

日期:二十九年

地点:宜昌太古洋行轮栈

填送日期:三十四年九月二十一日

损失项目	单位	数量	价值(国币元)	备考
紫铜	吨	5	1200000.00	
合计	总值国币		1200000.00	

受损失商号:重庆裕生公司

76. 重庆市五金电料商业同业公会会员重庆百乐门电器行香港、金华运货损失报告单(1945年9月21日)

事件:香港、金华运货损失

日期:三十年、三十一年

地点:香港及金华移渝途中

填送日期:三十四年九月二十一日

损失项目	单位	数量	价值(国币元)	备考
220V 50W飞利浦插口泡	只	6750	6750000.00	1941年11月11日,申接孟渝报装北海轮运港
220V 32W飞利浦插口泡	只	9840	7872000.00	同上
220V 25W飞利浦插口泡	只	9240	7392000.00	同上
$\frac{1}{18}$油皮线	卷	3000	84000000.00	同上
22YD花线	卷	1000	45000000.00	同上
矮脚灯头	只	5952	11904000.00	1942年1月30日,申转绍兴运金华在漓渚途中被敌房劫
开关灯头	只	7200	18000000.00	同上
木轧灯头	只	6400	11520000.00	同上
双用扑落	只	2400	4320000.00	同上
先令	只	1200	720000.00	同上
$\frac{1}{2}$"螺丝灯头	只	1200	3600000.00	同上
三火扑落	只	2000	1200000.00	同上
床开关	只	1192	1788000.00	同上
保险盒	只	432	648000.00	同上
熨斗插头	只	240	600000.00	同上
双速平开关	只	24	57600.00	同上
平开关	只	888	1332000.00	同上
火炉扑落	只	240	1440000.00	同上
合计			208143600.00	

受损失商号:重庆百乐门电器行

77. 重庆市五金电料商业同业公会会员重庆百乐门电器行海防、香港运货损失报告单(1945年9月21日)

事件:海防香港运货损失

日期:二十九年、三十年

地点:海防香港转渝途中

填送日期:三十四年九月二十一日

损失项目	单位	数量	价值（国币元）	备考
5"5层申一橡皮带	尺	1058	5819000.00	1940年6月10日，申装琼州轮运海防
$\frac{5}{8}$"5#民同木螺丝	笋	300	324000.00	同上
$\frac{3}{4}$"5#民同木螺丝	笋	200	259200.00	同上
1"6#民同木螺丝	笋	100	240000.00	同上
$\frac{1}{4}$"6#民同木螺丝	笋	100	288000.00	同上
$\frac{1}{4}$"7#民同木螺丝	笋	100	288000.00	同上
2"8#民同木螺丝	笋	200	1080000.00	同上
B405飞利浦真空管	只	20	640000.00	1941年1月17日，大中华邮寄香港转渝
50W 10000IRC丝扰电阻	只	30	762000.00	同上
100W 10000IRC丝扰电阻	只	20	144000.00	同上
50W 5000IRC丝扰电阻	只	20	108000.00	同上
60W 5000IRC丝扰电阻	只	20	108000.00	同上
0—100MA DC SIMPSON千分安培表	只	6	420000.00	1941年1月25日，港欧亚航邮寄渝
0—150MA DC SIMPSON千分安培表	只	6	420000.00	同上
0—200MA DC SIMPSON千分安培表	只	6	420000.00	同上
0—1 PF SIMPSON天线输出表	只	4	256000.00	同上
0—2 PF SIMPSON天线输出表	只	4	256000.00	同上
220V60W飞利浦插口泡	只	9900	9900000.00	1941年11月11日，申接孟渝报装北海轮运港
合计			21132200.00	

受损失商号：重庆百乐门电器行

78. 重庆市五金电料商业同业公会会员重庆百乐门电器行西贡、海防运货财产损失报告单（1945年9月21日）

事件：西贡海防运货损失

日期：二十八年、二十九年

地点：西贡转滇及海防途中

填送日期：三十四年九月二十一日

二、重庆市五金电料商业同业公会及所属抗战财产损失

损失项目	单位	数量	价值(国币元)	备考
5眼号头箱	只	5	37500.00	
6眼号头箱	只	5	45000.00	
8眼号头箱	只	5	60000.00	
10眼号头箱	只	5	75000.00	
15眼号头箱	只	5	112500.00	
永备A电	只	1250	10000000.00	
永备B电	只	115	2760000.00	
2"4层申一橡皮带	尺	1708	2732800.00	
$2\frac{1}{2}$"4层申一橡皮带	尺	683	1366000.00	
3"4层申一橡皮带	尺	3474	8337600.00	
1"3层申一橡皮带	尺	660	396000.00	
$1\frac{1}{4}$"3层申一橡皮带	尺	1009	726480.00	
$1\frac{1}{2}$"3层申一橡皮带	尺	1655	1489500.00	
$1\frac{1}{4}$"4层申一橡皮带	尺	341	327360.00	
2"3层申一橡皮带	尺	2067	2480400.00	
$2\frac{1}{2}$"3层申一橡皮带	尺	337	505500.00	
2"4层申一橡皮带	尺	659	1054400.00	
4"4层申一橡皮带	只	660	2112000.00	
合计	总值国币		34618040.00	

受损失商号：重庆百乐门电器行

79. 重庆市五金电料商业同业公会会员华孚五金号财产损失报告单(1945年9月30日)

日期：三十年至三十一年

地点：中正路604

填送日期：三十四年九月三十日

损失项目	单位	数量	价值(国币元)	备考
房屋		重建修理	156000.00	
生财		橱窗玻璃用具	120000.00	

续表

损失项目	单位	数量	价值(国币元)	备考
衣履			85000.00	
设备		水电设备	35000.00	
洋钉	桶	30	135000.00	
门锁	打	50	150000.00	
砂布	打	200	80000.00	
木螺丝	箩	600	120000.00	
洋灰	桶	20	30000.00	
皮带	呎	500	7500.00	
窗纱	卷	5	20000.00	
螺丝批	打	60	9000.00	
胶片	尺	200	48000.00	
洋漆	听	400	16000.00	
牛油	尺	200	20000.00	
洋锁	打	50	60000.00	
合计	总值国币		1091500.00	

受损失商号：华孚五金号

80. 重庆市五金电料商业同业公会会员□隆五金号财产损失报告单(1945年9月)

日期：民国二十九年十月二十五日

地点：炸焚时门牌中正路86号，后改中正路88号

填送日期：三十四年九月

损失项目	单位	数量	价值(国币元)	备考
白铁管	150.00/平呎	1500	225000.00	
黑铁管	130.00/平呎	1800	234000.00	
橡皮管	300.00/平呎	500	150000.00	
钢丝绳	100.00/磅	2500	250000.00	
红纸板	150.00/磅	500	75000.00	
橡皮布	150.00/磅	1500	225000.00	
14"细扁锉	4000.00/打	50	200000.00	

续表

损失项目	单位	数量	价值(国币元)	备考
12"细扁锉	3600.00/打	50	180000.00	
10"细扁锉	3000.00/打	50	150000.00	
外货洋干漆	200.00/磅	700	140000.00	
外货油磁漆	300.00/听	500	150000.00	
外货占花	800.00/打	200	160000.00	
钢珠	700.00/笥	500	350000.00	
洋钉	2500.00/桶	100	250000.00	
白铁皮	500.00/张	500	250000.00	
白网罩	400.00/部	300	120000.00	
管子零件	100.00/只	2000	20000.00	
合计			3309000.00	

受损失商号:□隆五金号

81. 重庆市五金电料商业同业公会会员达昌五金号财产损失报告单(1945年10月1日)

事件:敌机炸毁

日期:二十九年八月十九日

地点:重庆中正路614号

填送日期:三十四年十月一日

损失项目	单位	数量	价值(国币元)	备考
土砂纸	6.00/打	100	600.00	
洋锁、国货锁	300.00/打	12	3600.00	
土门扣	6.00/打	100	600.00	
切面机器	350.00/部	6	2100.00	
面刀	100.00/把	30	3000.00	
货架	100.00/个	3	300.00	
全屋装置			1200.00	
衣服被盖			800.00	
机器木架	50.00/个	6	300.00	
机器木斗	40.00/副	30	1200.00	

续表

损失项目	单位	数量	价值(国币元)	备考
大小齿轮、铜瓦	40.00/个	130	5200.00	
合计	总值国币		18900.00	

受损失商号：达昌五金号

82. 重庆市五金电料商业同业公会会员重庆永泰五金号财产损失报告单(1945年10月3日)

事件：由申运渝在越被劫

日期：民国二十九年十一月

地点：越南海防

填送日期：三十四年十月三日

损失项目	单位	数量	价值(国币元)	备考
汽表	只	100	4000000.00	
紫铜丝布	卷	18	18000000.00	
皮带扣	盒	600	6000000.00	
红纸柏	磅	8000	32000000.00	
钢占头	分	10000	4000000.00	共计23件，提单、税单、关单等俱在。
黑纸柏	磅	1000	4000000.00	
木螺丝	罗	2000	6000000.00	
砂轮	块	400	12000000.00	
油石	块	500	5000000.00	
白钢丝	磅	500	7500000.00	
汽车板钳	套	1000	5000000.00	
合计			103500000.00	

受损失商号：重庆永泰五金号

83. 重庆市五金电料商业同业公会会员重庆中华鑫记汽车材料商行财产损失报告单(1945年10月5日)

事件:空袭被炸

日期:民国三十年六月二十九日

地点:重庆中山一路102号(当时为中一路86号)

填送日期:三十四年十月五日

损失项目	单位	数量	价值(国币元)	备考
房屋(后进)	间	4	2368600.00	该进房屋系炸后以59215.00元造价,于1942年建筑工竣,今折合时价照加上40倍计价
床	张	2	35000.00	
五斗橱	只	2	30000.00	
挂衣架	只	3	13000.00	
百灵柜	只	3	18000.00	
方凳	只	12	14400.00	
沙发	套	3	90000.00	
茶几	只	6	14400.00	
书桌		2	24000.00	
写字台	只	1	31000.00	
着衣镜	面	1	32000.00	
直体书柜	只	1	12400.00	
厨房用具	间	1	160000.00	
修理(前进)	间	6	295000.00	
电灯连电线	盏	6	12000.00	
三摆台	只	1	27000.00	
合计			3180800.00	

受损失商号:重庆中华鑫记汽车材料商行

84. 重庆市五金电料商业同业公会会员重庆民新五金电料行重庆总行财产损失报告单(1945年11月3日)

事件：运货及本行之直接损失

日期：二十八年至三十年

地点：海防、仰光、重庆

填送日期：三十四年十一月三日

损失项目	单位	数量	价值(国币元)	备考
五金材料			3000000.00	1939年海防，以成本计
车料(内外胎)	对	3000	15000000.00	1941年仰光，以成本计
3层楼房	座	1	500000.00	1940年被焚，当时计
货物、生财、家具			1000000.00	1940年，当时计
合计			24000000.00	

受损失商号：重庆民新五金电料行重庆总行

85. 重庆市五金电料商业同业公会会员益康商号财产损失报告单(1945年11月4日)

事件：被炸被烧

日期：二十八年五月三日

地点：重庆下新丰街41号(即现在林森路)

填送日期：三十四年十一月四日

损失项目	单位[1]	数量	价值(国币元)	备考
房屋	6000000.00	1栋	6000000.00	
各种家具			2000000.00	花名繁多，不及详载
1"—3"洋钉	100000.00	150桶	15000000.00	
$\frac{3}{4}$"—3"白铅螺丝	10000.00	500篓	5000000.00	
20#新铝丝	120000.00	15市担	1800000.00	
18#、19#新铝丝	120000.00	20市担	2400000.00	
8#、9#、10#新铝丝	80000.00	30市担	2400000.00	
$\frac{3}{8}$"洋钉	270000.00	15桶	4050000.00	

[1] 此列注为"单位"，实为单价。

二、重庆市五金电料商业同业公会及所属抗战财产损失

续表

损失项目	单位	数量	价值(国币元)	备考
$\frac{1}{2}$"、$\frac{5}{8}$"、$\frac{3}{4}$"洋钉	140000.00	30桶	4200000.00	
$\frac{3}{8}$"、$\frac{1}{2}$"、$\frac{5}{8}$"、$\frac{3}{4}$"芝麻钉	1000.00	12000盒	12000000.00	
28#、30#白铁皮	20000.00	200张	4000000.00	
16眼鸡牌窗纱	100000.00	50卷	5000000.00	
1"—4"铁铰链	5000.00	7000盒	3500000.00①	
4"—12"砂轮	250000.00	50只	12500000.00	
$\frac{1}{18}$#里皮线	8000.00	500卷	4000000.00	
$\frac{1}{16}$#里皮线	25000.00	150卷	3750000.00	
$\frac{3}{8}$"—4"木□丝	1500.00	5000箩	7500000.00	
花线	28000.00	200卷	5600000.00	
$\frac{7}{16}$#皮线	90000.00	20卷	18000000.00②	
$\frac{7}{18}$#皮线	80000.00	20卷	1600000.00	
$\frac{7}{20}$#皮线	60000.00	30卷	1200000.00③	
人头砂带	100000.00	100令	10000000.00	
黄油	3500.00	5000部	17500000.00	
25#—65#皮带机	25000.00	500盒	12500000.00	
加力克□更	30000.00	400部	12000000.00	
黑粉□更	12000.00	320部	3840000.00	
牛油□更	6000.00	400部	2400000.00	
黑粉橡皮□更	10000.00	200部	2000000.00	
红橡皮	6000.00	700部	4200000.00	
夹带橡皮	5000.00	800部	4000000.00	
邓禄普黄包车内外胎	50000.00	500套	25000000.00	
金钱牌黄包车内外胎	45000.00	300套	13500000.00	
金钱牌脚踏车内外胎	20000.00	500套	10000000.00	
其他零碎杂物			25000000.00	名目繁多,不及详载

---

① 根据前文,此处应为35000000.00。
② 根据上文,此处应为1800000.00。
③ 根据上文,此处应为1800000.00。

续表

损失项目	单位	数量	价值(国币元)	备考
衣物等件			5000000.00	名目繁多,不及详载
宜昌房屋	3000000.00	7栋	21000000.00	
宜昌货物			14000000.00	名目繁多,不及详载
合计			186540000.00	

受损失商号:益康商号

86. 重庆市五金电料商业同业公会会员重庆华记行港粤财产损失报告单(1945年11月15日)

事件:港粤损失(香港、广州)

日期:三十一年一月八日、二十九年九月十日

地点:太古堆栈、日昇电筒厂

填送日期:三十四年十一月十五日

损失项目	单位	数量	价值(港币)	备考
钢丝绳		4250	2550.00	香港,1942年1月8日
钢板		7200	936.00	同上
日昇手电筒	打	100	1440.00	广州,1940年9月10日
大号钢水枪	支	48	1200.00	同上
老人头内外胎	副	100	1600.00	同上
合计			港币7726.00	

受损失商号:重庆华记行

87. 重庆市五金电料商业同业公会会员重庆华记行越缅财产损失报告单(1945年11月15日)

事件:越缅损失(越南中法快运社、腊戍中国旅□□)

日期:三十年二月十日、三十一年五月五日

填送日期:三十四年十一月十五日

损失项目	单位	数量	价值(港币)	备考
道林纸	件	12	1200.00	单价港币600.00

续表

损失项目	单位	数量	价值（港币）	备考
文具	箱	2	6000.00	
烧碱	桶	8	640.00	单价港币80.00
红□	盒	15	1050.00	单价港币70.00
羊干漆		300	90.00	单价港币0.30
载重车胎	对	30	4800.00	单价港币160.00
合计			港币19780.00	

受损失商号：重庆华记行

88. 重庆市五金电料商业同业公会会员重庆华记行被炸财产损失报告单（1945年11月15日）

事件：历年轰炸本行及外庄损失

填送日期：三十四年十一月十五日

损失项目	单位	数量	价值（国币元）	备考
（一）渝总行及李家沱仓库部分				
生财家具			25400.00	
玻璃器皿			3800.00	
仓库房屋			18400.00	
生财家具			6400.00	
玻花吊灯			13000.00	
（二）自流井分行部分				
货品			46000.00	
生财用具			20000.00	
（三）乐山分行部分				
生财装修			3400.00	
吊灯台灯			4600.00	
合计			141000.00	

受损失商号：重庆华记行

89. 重庆市五金电料商业同业公会会员永利贸易股份有限公司财产损失报告单（1945年11月16日）

事件：被敌机炸毁

日期：三十年五月十八日

地点：米花街17号

填送日期：三十四年十一月十六日

损失项目	单位	数量	价值（国币元）	备考
货物			2500000.00	
生财			800000.00	
家庭什物及行李			1000000.00	
同人行李			600000.00	
合计			4900000.00	

受损失商号：永利贸易股份有限公司

90. 重庆市五金电料商业同业公会会员永利贸易股份有限公司行号财产损失报告单（1945年11月16日）

事件：敌人侵陷香港致所购材料全部损失

日期：三十一年十二月八日

地点：香港货栈

填送日期：三十四年十一月十六日

损失项目	单位	数量	价值（国币元）	备考
货物损失			12000000.00	
合计			12000000.00	

受损失商号：永利贸易股份有限公司